Kohlhammer

Sucht: Risiken – Formen – Interventionen

Interdisziplinäre Ansätze von der Prävention zur Therapie

Herausgegeben von

Oliver Bilke-Hentsch
Euphrosyne Gouzoulis-Mayfrank
Michael Klein

Daniel Passow
Detlef Schläfke

Delinquenz und Sucht

Eine Einführung in die forensisch-psychiatrische Praxis

Mit einem Beitrag von
Oliver Bilke-Hentsch

Verlag W. Kohlhammer

Dieses Werk einschließlich aller seiner Teile ist urheberrechtlich geschützt. Jede Verwendung außerhalb der engen Grenzen des Urheberrechts ist ohne Zustimmung des Verlags unzulässig und strafbar. Das gilt insbesondere für Vervielfältigungen, Übersetzungen, Mikroverfilmungen und für die Einspeicherung und Verarbeitung in elektronischen Systemen.

Pharmakologische Daten, d. h. u. a. Angaben von Medikamenten, ihren Dosierungen und Applikationen, verändern sich fortlaufend durch klinische Erfahrung, pharmakologische Forschung und Änderung von Produktionsverfahren. Verlag und Autoren haben große Sorgfalt darauf gelegt, dass alle in diesem Buch gemachten Angaben dem derzeitigen Wissensstand entsprechen. Da jedoch die Medizin als Wissenschaft ständig im Fluss ist, da menschliche Irrtümer und Druckfehler nie völlig auszuschließen sind, können Verlag und Autoren hierfür jedoch keine Gewähr und Haftung übernehmen. Jeder Benutzer ist daher dringend angehalten, die gemachten Angaben, insbesondere in Hinsicht auf Arzneimittelnamen, enthaltene Wirkstoffe, spezifische Anwendungsbereiche und Dosierungen anhand des Medikamentenbeipackzettels und der entsprechenden Fachinformationen zu überprüfen und in eigener Verantwortung im Bereich der Patientenversorgung zu handeln. Aufgrund der Auswahl häufig angewendeter Arzneimittel besteht kein Anspruch auf Vollständigkeit.

Die Wiedergabe von Warenbezeichnungen, Handelsnamen und sonstigen Kennzeichen in diesem Buch berechtigt nicht zu der Annahme, dass diese von jedermann frei benutzt werden dürfen. Vielmehr kann es sich auch dann um eingetragene Warenzeichen oder sonstige geschützte Kennzeichen handeln, wenn sie nicht eigens als solche gekennzeichnet sind.

Dieses Werk enthält Hinweise/Links zu externen Websites Dritter, auf deren Inhalt der Verlag keinen Einfluss hat und die der Haftung der jeweiligen Seitenanbieter oder -betreiber unterliegen. Zum Zeitpunkt der Verlinkung wurden die externen Websites auf mögliche Rechtsverstöße überprüft und dabei keine Rechtsverletzung festgestellt. Ohne konkrete Hinweise auf eine solche Rechtsverletzung ist eine permanente inhaltliche Kontrolle der verlinkten Seiten nicht zumutbar. Sollten jedoch Rechtsverletzungen bekannt werden, werden die betroffenen externen Links soweit möglich unverzüglich entfernt.

1. Auflage 2018

Alle Rechte vorbehalten
© W. Kohlhammer GmbH, Stuttgart
Gesamtherstellung: W. Kohlhammer GmbH, Stuttgart

Print:
ISBN 978-3-17-030067-5

E-Book-Formate:
pdf: ISBN 978-3-17-030068-2
epub: ISBN 978-3-17-030069-9
mobi: ISBN 978-3-17-030070-5

Geleitwort der Reihenherausgeber

Die Entwicklungen der letzten Jahrzehnte im Suchtbereich sind beachtlich und erfreulich. Dies gilt für Prävention, Diagnostik und Therapie, aber auch für die Suchtforschung in den Bereichen Biologie, Medizin, Psychologie und den Sozialwissenschaften. Dabei wird vielfältig und interdisziplinär an den Themen der Abhängigkeit, des schädlichen Gebrauchs und der gesellschaftlichen, persönlichen und biologischen Risikofaktoren gearbeitet. In den unterschiedlichen Alters- und Entwicklungsphasen sowie in den unterschiedlichen familiären, beruflichen und sozialen Kontexten zeigen sich teils überlappende, teils sehr unterschiedliche Herausforderungen.

Um diesen vielen neuen Entwicklungen im Suchtbereich gerecht zu werden, wurde die Reihe »Sucht: Risiken – Formen – Interventionen« konzipiert. In jedem einzelnen Band wird von ausgewiesenen Expertinnen und Experten ein Schwerpunktthema bearbeitet.

Die Reihe gliedert sich konzeptionell in drei Hauptbereiche, sog. »tracks«:

Track 1: Grundlagen und Interventionsansätze
Track 2: Substanzabhängige Störungen und Verhaltenssüchte im Einzelnen
Track 3: Gefährdete Personengruppen und Komorbiditäten

In jedem Band wird auf die interdisziplinären und praxisrelevanten Aspekte fokussiert, es werden aber auch die neuesten wissenschaftlichen Grundlagen des Themas umfassend und verständlich dargestellt. Die Leserinnen und Leser haben so die Möglichkeit, sich entweder Stück für Stück ihre »persönliche Suchtbibliothek« zusammenzustellen oder aber mit einzelnen Bänden Wissen und Können in einem bestimmten Bereich zu erweitern.

Geleitwort der Reihenherausgeber

Unsere Reihe »Sucht« ist geeignet und besonders gedacht für Fachleute und Praktiker aus den unterschiedlichen Arbeitsfeldern der Suchtberatung, der ambulanten und stationären Therapie, der Rehabilitation und nicht zuletzt der Prävention. Sie ist aber auch gleichermaßen geeignet für Studierende der Psychologie, der Pädagogik, der Medizin, der Pflege und anderer Fachbereiche, die sich intensiver mit Suchtgefährdeten und Suchtkranken beschäftigen wollen.

Die Herausgeber möchten mit diesem interdisziplinären Konzept der Sucht-Reihe einen Beitrag in der Aus- und Weiterbildung in diesem anspruchsvollen Feld leisten. Wir bedanken uns beim Verlag für die Umsetzung dieses innovativen Konzepts und bei allen Autoren für die sehr anspruchsvollen, aber dennoch gut lesbaren und praxisrelevanten Werke.

Im Bereich der Kriminalität, Delinquenz und forensischen Psychiatrie spielten und spielen Suchtmittelgebrauch und Suchterkrankungen eine wichtige Rolle. Die Erfassung derartiger Problematiken in einem eigenen Strafrechtsparagraphen (§64 StGB) im deutschen Strafrecht unterstreicht hier die auch gesellschaftlich anerkannte Bedeutung. Im vorliegenden Band wird von langjährig in der Forensischen Psychiatrie erfahrenen Autoren die Thematik umfassend, nachvollziehbar und stets am konkreten Handeln orientiert dargestellt. Nicht nur für forensische Fachpersonen im engeren Sinne, sondern auch für Suchtberatungsstellen, Juristinnen und Juristen und Kriminologen ist dieser Band hilfreich. Ein exemplarisches Fallbeispiel erleichtert den praktischen Zugang zu dieser komplexen Thematik.

Oliver Bilke-Hentsch, Winterthur/Zürich
Euphrosyne Gouzoulis-Mayfrank, Köln
Michael Klein, Köln

Inhalt

Geleitwort der Reihenherausgeber   5

1	**Einleitung**	**11**
1.1	Sucht – Drogen – psychotrope Substanzen	13
1.2	Devianz – Delinquenz – Kriminalität – Kriminalisierung – Sozialkontrolle	15
1.3	Zusammenhang von Sucht und Delinquenz	16
1.4	Erkenntnismöglichkeiten	18
1.5	Rechtsbereiche und rechtliche Rahmenbedingungen	20

2	**Fallvignette**	**22**

3	**Allgemeine und klinische Epidemiologie**	**27**
3.1	Konsum psychotroper Substanzen und Sucht in der Allgemeinbevölkerung	27
3.2	Dunkel- und Hellfeldkriminalität in der Allgemeinbevölkerung	29
3.3	Suchtstörungen in bestimmten Straftäterstichproben und Straftaten bei Süchtigen	33
3.4	Strafjustizielle Reaktionen bei Straftätern mit Suchtstörungen	38

4 Klinik, Verlauf, Prognose, Komorbiditäten 42

4.1 Darstellung klinischer Störungen durch Substanzgebrauch 42
4.2 Verläufe von Sucht und Kriminalität 54

5 Ätiologie 66

5.1 Überblick zur Ätiologie delinquenten Verhaltens 66
5.2 Überblick zur Ätiologie von Sucht 76
5.3 Zusammenfassende Überlegungen 84

6 Diagnostisches Prozedere im forensischen Kontext 87

6.1 Forensisch-psychiatrische Begutachtung im Strafrecht 93
6.2 Zivil- und sozialrechtliche Gutachtenfragen 103
6.3 Spezielle Begutachtungsfragen 106

7 Interventionsplanung, interdisziplinäre Ansätze 109

7.1 Allgemeine Grundlagen 109
7.2 Spezifische forensische Interventionen 124

8 Präventive Ansätze 152

8.1 Allgemeine Begriffe und Grundlagen 152
8.2 Spezielle Ansätze bei Sucht und Delinquenz 155

9	**Kinder- und jugendpsychiatrische Aspekte**	**170**

von Oliver Bilke-Hentsch

9.1	Symptomatologie	170
9.2	Teilleistungsstörungen im Jugendalter	172
9.3	Intelligenzprofil als Prädiktor für Integrationsleistungen	173
9.4	Forensische Aspekte im Jugendalter	173
9.5	Besonderheiten forensisch untergebrachter Jugendlicher	174
9.6	Therapieplanung	175
9.7	Therapieschritte nach den Leitlinien	177
9.8	Nachsorge und Case Management	178

10	**Ausblick**	**180**

Literatur	**185**

Anhang: Ausfilterung im Strafverfahren 2013	**207**

Stichwortverzeichnis	**209**

1
Einleitung

Die Forensische Psychiatrie ist in vielerlei Hinsicht mit Sucht konfrontiert, wobei sich dieser Band auf die stoffgebundenen Süchte beschränkt. Auch wenn forensisch-psychiatrische Zusammenhänge verschiedene Rechtsbereiche tangieren, liegt der Schwerpunkt dieses Buchs auf strafrechtlichen Aspekten. Auf wichtige Fragestellungen anderer Gebiete, wie beispielsweise im Sozialrecht oder Betreuungsrecht, wird jedoch auch eingegangen.

Das Hauptanliegen ist die Vermittlung von Grundlagenwissen für die verschiedenen Berufsgruppen, die in der Praxis mit Menschen arbeiten, welche Drogen konsumieren und strafbares Verhalten zeigen. Dabei scheint die adressierte Leserschaft ebenso breit gefächert, vom ambulanten Suchtberater über Mitarbeiter der Justiz bis zur interdisziplinären Belegschaft einer Klinik des Maßregelvollzugs, wie die Facetten von

1 Einleitung

Menschen, die im Zusammenhang mit Suchtmittelkonsum delinquent handeln. Wir wollen den verschiedenen Lesern die jeweils fachfremden Zusammenhänge verständlich aufzeigen und somit den alltäglichen Dialog zwischen Medizinern und Juristen, Bewährungshelfern und Suchtberatung, allgemeiner und Forensischer Psychiatrie etc. vereinfachen, versachlichen und nicht zuletzt auch Ressentiments ausräumen, welche aus unrealistischen Erwartungen aneinander resultieren. Letztlich soll es darum gehen, anhand fachübergreifender Informationen aus Medizin, Soziologie, Kriminologie und Justiz ein erweitertes Fallverständnis für die Klienten zu ermöglichen und einen sachgerechten und fortschrittlichen Umgang mit ihnen zu fördern.

Die einzelnen Kapitel des Buchs werden thematisch kurz vorgestellt, da sie durchaus separat und je nach individuellem Interessengebiet gelesen werden können. Wir hoffen, für jede Berufsgruppe erstmalige, vertiefende oder auch Zusammenhänge herstellende Informationen zusammengestellt zu haben.

Die Einleitung nimmt zunächst kapitelübergreifende Definitionen und Sachverhalte vorweg, welche die Einbettung einzelner Kapitel in das gesamte Thema erleichtern sollen. Vielfach verwendete Gesetzestexte sind mannigfaltig im Internet abrufbar, eine Aufführung im Anhang ist aus Kapazitätsgründen nicht möglich. Im zweiten Kapitel werden anhand eines anonymisierten Fallbeispiels das individuelle Ausmaß von Sucht und Kriminalität einerseits und die Tragweite gesellschaftlicher Zusammenhänge mit Beteiligung unterschiedlichster Berufsgruppen andererseits dargestellt. Das dritte Kapitel berichtet Ergebnisse zur Häufigkeit von Suchtmittelkonsum und -abhängigkeit sowie Zahlen und Kennwerte zur Delinquenz. Dabei wird von der Allgemeinbevölkerung hin zu spezielleren Stichproben vorgegangen, damit ein möglichst ganzheitliches Bild über die Umfänge entstehen kann. Im vierten Kapitel werden zu Beginn Definitionen und Einteilungshilfen für suchtspezifische Begriffe wie Substanzwirkungen und Suchtfolgen erläutert, um auch nicht klinisch tätigen Personen über das Alltagsverständnis hinaus detaillierte Vorstellungen hierzu zu ermöglichen. Des Weiteren kann der Leser hier einen Überblick gewinnen, welche Informationen bislang zum Verlauf von Sucht und

Delinquenz über die Lebensspanne vorliegen. Kapitel fünf beschäftigt sich mit der Frage, wie Sucht, Delinquenz und das Zusammentreffen von beiden entstehen könnte. Die aufgezeigten Vorstellungen können dabei allerdings nur die theoretischen Grundannahmen verständlich machen, eindeutige Ursache-Wirkungs-Nachweise sind auf diesem Gebiet erwartungsgemäß ausstehend. Im sechsten Kapitel beschäftigen wir uns mit speziellen forensischen Fragestellungen an psychiatrische Sachverständige in verschiedenen Gerichtsfragen. Neben den Aspekten zum Strafrecht, wie beispielsweise die Frage zur Schuldfähigkeit oder Unterbringung in einer Entziehungsanstalt, werden auch zivil- und sozialrechtliche Belange, die Fahreignung und Gewahrsams- sowie Verhandlungsfähigkeit bearbeitet. Das Kapitel ist auch geeignet, die Möglichkeiten und Grenzen forensischer Sachverständigentätigkeit zu verstehen. Das siebte Kapitel beschreibt relevante Reaktionsmöglichkeiten auf Sucht und Kriminalität im forensischen Kontext mit Ergänzungen um gesellschaftliche Blickwinkel. Im achten Kapitel wird dann darauf eingegangen, welche Möglichkeiten der Vorbeugung bestehen, und zwar auf jeweils unterschiedlichen Ebenen der Entwicklungsverläufe von Sucht und Delinquenz. Kapitel neun nähert sich dem Thema ergänzend aus kinder- und jugendpsychiatrischer Sicht. Im zehnten Kapitel wird die Notwendigkeit des interdisziplinären Austauschs erläutert und ein Ausblick zur Unterbringung in einer Entziehungsanstalt nach § 64 StGB aus Sicht der Autoren gegeben.

1.1 Sucht – Drogen – psychotrope Substanzen

Pragmatisch und allgemein zitiert Tretter (2012, S. 5) den Suchtforscher Wanke[1]: »Sucht ist ein unabweisbares Verlangen nach einem

---

1 Klaus Wanke (1933–2011), Suchtforscher und Pionier der Drogenberatungsstelle.

1 Einleitung

bestimmten Erlebniszustand, dem die Kräfte des Verstandes untergeordnet werden. Es verhindert die freie Entfaltung der Persönlichkeit und mindert die sozialen Chancen des Individuums.«. Dieser seelische Erlebniszustand wird häufig durch Substanzen herbeigeführt, die folglich psychoaktiv oder psychotrop genannt werden. Etwas Verwirrung kann die Unterscheidung der Begriffe Sucht, Missbrauch, Abhängigkeit oder neuerdings Substanzkonsumstörung (Falkai und Wittchen 2015) stiften. Dabei kann es im allgemeinen Sprachgebrauch ausreichen, die Begriffe synonym zu verwenden, bei konkreteren Fragestellungen sind dann Differenzierungen sinnvoll. Auf dem Kontinuum von Abstinenz – Gelegenheitskonsum – Gewohnheitskonsum – Missbrauch/schädlicher Gebrauch – Abhängigkeit umfasst der ältere Suchtbegriff den Missbrauch/schädlichen Gebrauch und die Abhängigkeit von psychotropen Substanzen. Für klinische und wissenschaftliche Zwecke bedarf es einer scharf begrenzten Definition und so ist das Abhängigkeitssyndrom im ICD-10 (Dilling et al. 2006) durch folgende Kriterien definiert, wovon mindestens drei zusammen einen Monat vorgelegen haben sollten:

1. starkes Verlangen oder Zwang zum Substanzkonsum,
2. verminderte Kontrolle über Beginn, Ende oder Menge des Konsums,
3. körperliche Entzugssymptome,
4. Toleranzentwicklung gegenüber der Substanz,
5. Einengung von Interessen und Aktivitäten auf Substanzgebrauch,
6. anhaltender Konsum trotz eindeutig schädlicher Folgen.

Letzteres Kriterium definiert unter anderem den Begriff des schädlichen Gebrauchs. Aufgrund der Erkenntnisse zu Ursachen, Symptomen, Verlauf, Therapiemöglichkeiten und Prognose gilt Sucht allgemein und die Abhängigkeit von einer psychotropen Substanz im Speziellen als abgrenzbares, eigenständiges psychiatrisches Krankheitsbild. Der Begriff Drogen wird allgemein synonym für psychotrope Substanzen gebraucht, unterliegt damit aber auch den Vorstellungen und Bewertungen der Allgemeinheit. Demnach zählen Alkohol und

Nikotin wohl zu den mengenmäßig relevantesten psychotropen Substanzen, diese würden aber allgemein weit hinter Heroin, Cannabis, Kokain, Amphetaminen etc. als Drogen benannt.

> **Merke**
> Sucht beschreibt allgemein Erlebnis- und Verhaltensweisen sowie Konsequenzen, die aus der Umsetzung eines unabweisbaren Verlangens resultieren. Dieser breite Begriff umfasst auch die konkreten Begriffe schädlicher Gebrauch/Missbrauch und Abhängigkeit. Für Praxis und Forschung existieren gegenwärtig ein dimensionales Modell der Substanzkonsumstörung (DSM-5) mit Kontinuum zwischen schädlichem Gebrauch und Abhängigkeit sowie ein kategoriales Modell (ICD-10) mit Abgrenzung schädlichen Gebrauchs von Abhängigkeit.

1.2 Devianz – Delinquenz – Kriminalität – Kriminalisierung – Sozialkontrolle

Das gesellschaftliche Zusammenleben im Sozial- und Rechtsstaat erfordert von dessen Bürgern ein Verständnis der gemeinsamen Normen und Wertvorstellungen. Verhaltensweisen, die nicht normkonform sind, werden zunächst als abweichend oder deviant beschrieben. Devianz kann somit auf mannigfaltige Weise vorliegen. Demgegenüber ist der unscharfe Begriff Delinquenz eher reserviert für den soziologischen Verbrechensbegriff, wird für per se rechtlich relevantes Fehlverhalten gebraucht und häufig synonym mit Kriminalität verwendet. Letztere definiert sich jedoch streng genommen am geltenden Strafrecht. Für besonders schützenswerte Rechtsgüter, bspw. Leben, körperliche Unversehrtheit, Freiheit, werden im Strafgesetzbuch (StGB) Tatbestände und Sanktionen als Gesetze verankert und somit wird eine Sonderform sozialer Normen als Rechtsnorm geschaffen. Ein Verstoß gegen ein im Strafrecht (syn. Kriminalrecht) festgelegtes Gesetz stellt dann neben deviantem Verhalten zugleich kriminelles (auch delinquentes) Verhalten dar, nämlich das Begehen einer Straftat beziehungsweise Kriminalität. Man spricht auch von Kriminalisierung und Entkriminalisierung, wenn bestimmte Verhaltensweisen als Straftatbestände in das StGB aufgenommen werden oder wieder entfernt werden. Beispielsweise wurde Homosexualität entkriminalisiert und der Konsum neuerer psychotroper Substanzen durch deren Aufnahme in das Betäubungsmittelgesetz (BtMG)[2] kriminalisiert. In dem Maße, wie das Kriminalrecht mit dem Strafgesetzbuch nur einen Auszug aller sozialen Normen und Wertvorstellungen als Gesetze enthält, stellt es auch nur die Ultima Ratio der gesellschaftlichen Normkontrolle dar. Diese letzte Instanz wird durch die Träger der formellen Sozialkontrolle – Polizei, Staatsanwaltschaft, Gericht – repräsentiert. Das entscheidende Gewicht kommt jedoch der informellen sozialen Normkontrolle zu, welche durch die persönlichen Entwicklungsinstanzen – Familie, Lehrinstitutionen, soziales Umfeld – bestimmt wird.

1.3 Zusammenhang von Sucht und Delinquenz

Aus obigen Ausführungen kann resümiert werden, dass die strafrechtlichen Vorschriften und formellen Kontroll- und Sanktionsinstanzen den gesellschaftlichen Umgang mit psychotropen Substanzen zumindest mitgestalten und gravierend von der sozialen Norm abweichendes Konsumverhalten nach den Gesetzestexten als Kriminalität bewertet werden kann. Dieser einfache Zusammenhang von Substanzkonsum

---

[2] Das Betäubungsmittelgesetz zählt an sich zu den Verwaltungsrechten, wird jedoch als ein Nebenstrafrecht bezeichnet, da es auch Strafnormen enthält.

1.3 Zusammenhang von Sucht und Delinquenz

und Kriminalität wird durch komplexere Sachverhalte und Zusammenhänge übertroffen. Nach Wankes Definition (siehe oben) bedingt Sucht mitunter eine Unterordnung des Verstandes, sodass sich hieraus individuell und situativ Verschiebungen von sozialen Norm- und Wertvorstellungen im Handeln ergeben können, was dann wiederum als Straftatbestände und Kriminalität gewertet werden kann. In diesem Fall wird also ein gerichteter Zusammenhang angenommen, Sucht bedingt Kriminalität. Demgegenüber existiert die Annahme, dass die Kriminalität eines Individuums die Wahrscheinlichkeit des Auftretens von Sucht erhöht. Dies zum Beispiel, indem über Ausbildung einer kriminellen Identität deviante Norm- und Wertvorstellungen angenommen werden, die auch einen abweichenden Gebrauch psychotroper Substanzen legitimieren. Insbesondere letzterer Zusammenhang verdeutlicht allerdings schon den unausblendbaren sozialen Kontext, in dem Kriminalität und Sucht stattfindet. Daher kann in dieser Einleitung bereits vorweggenommen werden, das sowohl Delinquenz, schädlicher Gebrauch und Abhängigkeit von psychotropen Substanzen als auch deren paralleles Antreffen durch andere soziale Faktoren bedingt und mitgestaltet werden. An Arten von »Drogenkriminalität« lassen sich unterscheiden:

1. Kriminalität, die das Betäubungsmittelgesetz quasi selbst generiert, indem es bspw. Erwerb, Anbau, Herstellung und Inverkehrbringen von Betäubungsmitteln unter Strafe stellt (§ 29 BtMG);
2. strafbare Handlungen, um den Konsum psychotroper Substanzen zu unterhalten oder negative Konsequenzen zu vermindern, bspw. Beschaffungskriminalität[3]; sowie

---

3 Als direkte Beschaffungskriminalität werden Handlungen verstanden, die den unmittelbaren Substanzerwerb anstreben (Erwerb, Besitz von Drogen mit Verstoß gegen das BtMG, aber auch Apothekeneinbrüche, Rezeptfälschung etc.). Indirekte Beschaffungskriminalität dient in der Regel zur Bereitstellung von Mitteln für den Erwerb psychotroper Substanzen (Einbruch, Diebstahl, Raub, Dealen etc.).

3. Straftaten im akut oder langfristig durch psychotrope Substanzen veränderten Erlebniszustand, bspw. Trunkenheit im Straßenverkehr und Formen von Gewalttätigkeit im intoxikierten Zustand.

1.4 Erkenntnismöglichkeiten

Wesentliche Erkenntnisse über die Klientel der Forensischen Psychiatrie stammen aus Analysen von Maßregel- oder Gutachtenpopulationen. Dabei ist zu berücksichtigen, dass diese Klientel eine extreme Selektion in Bezug auf alle Delinquenten darstellt: Beispielsweise wurden im Jahr 2012 von allen Aburteilungen bei 0.25 % die Unterbringung in einer Entziehungsanstalt (§ 64 StGB) sowie bei 0.09 % die Unterbringung im psychiatrischen Krankenhaus (§ 63 StGB) angeordnet (Heinz 2012). Die Abbildung 1 stellt dar, auf welcher Ebene der Strafverfahren diese Klientel selektiert wird und dass in der Folge die jeweilige Repräsentanz solcher Analysen zu beachten ist (▶ Abb. 10 im Anhang).

Das sogenannte Dunkelfeld der Delinquenz und Kriminalität beschreibt den Umstand, dass nicht alle rechtsrelevanten Normbrüche als solche erkannt werden, angezeigt werden oder anderweitig zugänglich sind. Dunkelfeldforschung, bspw. durch Opferbefragungen, kann auch nur eine Teilerkenntnis bringen, sodass man auch von relativem und absolutem Dunkelfeld spricht. Ebenso eingeschränkt ist die Generalisierbarkeit von Aussagen zur Kriminalität, die ins Hellfeld gerückt wird. Dies geschieht in über 90 % der Fälle nämlich durch Anzeigen von Privatleuten und nur in der Minderheit durch offizielle Organe wie Polizei, Staatsanwaltschaft, Finanzbehörden etc. »Hell- und Dunkelfeld sind [...] zwei Scheinwerfer, die in das Dunkel des Unwissens leuchten, dabei aber die ›echte‹ Kriminalität nicht zu erfassen vermögen.« (Neubacher 2014, S. 36). Analog dazu kann man Einschränkungen der Erkenntnis auch bei Informationen zu Menschen mit Abhängigkeitserkrankungen verstehen. Nicht die

1.4 Erkenntnismöglichkeiten

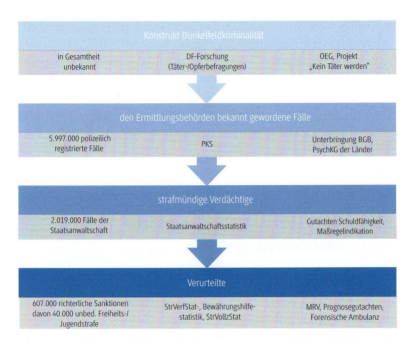

Abb. 1: Zusammenhang von Dunkelfeld, Ausfilterung im Strafverfahren und Beispiele forensischer Aspekte. Links: Anzahl der Fälle 2012 (Statistisches Bundesamt 2014); Mitte: mögliche Erkenntnisquellen; rechts: forensische Aspekte. Abkürzungen: DF = Dunkelfeld, OEG = Opferentschädigungsgesetz, PKS = Polizeiliche Kriminalstatistik, PsychKG = Psychisch-Kranken-Gesetz, StrVerfStat = Strafverfolgungsstatistik, StrVollzStat = Strafvollzugsstatistik, MRV = Maßregelvollzug

Gesamtheit all dieser Menschen befindet sich in Begleitung der Suchthilfe oder im Kontakt zur Suchttherapie. Beispielsweise schätzt man bei Personen mit Alkoholabhängigkeit in Deutschland, dass sich nur 10 % in einer suchtmedizinischen Behandlung befinden (Mann et al. 2015). Es muss also bei Aussagen über Sucht und Delinquenz stets berücksichtigt werden, aus welcher Erkenntnisquelle die Informationen stammen, und Generalisierungen muss mit Skepsis begegnet werden. Am bedeutsamsten werden für die Frage des Zusammenhangs von Sucht und Delinquenz Untersuchungen erachtet, welche Menschen zukünftig über einen längeren Abschnitt hinweg beobachten. Diese prospektiven Längsschnittstudien sind bereits aus Zeitgründen relativ aufwendig und so werden häufig Querschnittsuntersuchungen oder in die Vergangenheit gerichtete, retrospektive Analysen durchgeführt. Letztere sind jedoch anfällig für Verzerrung von zeitlichen Zusammenhängen und erschweren Ursache-Wirkungs-Analysen.

1.5 Rechtsbereiche und rechtliche Rahmenbedingungen

Der rechtliche Rahmen für forensisch-psychiatrische Aspekte der Sucht in Deutschland ergibt sich im Wesentlichen aus dem Grundgesetz (GG), dem Strafgesetzbuch (StGB), dem Jugendgerichtsgesetz (JGG), den Strafvollzugsgesetzen der Länder (StVollzG) und dem Betäubungsmittelgesetz (BtMG). Des Weiteren kann eine grundlegende Kenntnis der Straftheorien aus dem Sanktionenrecht zur Versachlichung der Frage beitragen, welche Straftäter warum wie von der Justiz behandelt werden. Die Unterbringung in einer Entziehungsanstalt nach § 64 StGB soll die Legalbewährung bei Straftätern verbessern, die im Zusammenhang mit einem Hang zu übermäßigem Konsum psychotroper Substanzen Delikte begangen haben und ein erhöhtes Risiko erneuter Straffälligkeit aufweisen. Die in der Regel stationäre Behandlung ist auf zwei Jahre ausgelegt und wird bis zu zwei Dritteln auf eine etwaige parallele Freiheitsstrafe angerechnet. Die §§ 35, 36 BtMG zielen auf eine Zurückstellung der Strafvollstreckung bzw. Anrechnung von Therapiezeit auf verurteilte Strafe von nicht mehr als zwei Jahren ab. Auch richterliche Weisungen, bspw. im Rahmen der Führungsaufsicht nach § 68b StGB, stellen eine justizielle Reaktion auf den Zusammenhang von psychotropen Substanzen und Delinquenz dar. Letztere Weisungen und Maßnahmen nach § 35 BtMG führen Straftäter und allgemeinpsychiatrische Suchthilfe zusammen, wohingegen die eigentliche Unterbringung in einer Entziehungsanstalt zunächst in einem eher abgekapselten Bereich verortet ist.

2

Fallvignette

Im Folgenden soll eine Lebens- und Krankheitsgeschichte eines forensisch-psychiatrischen Patienten pseudonymisiert dargestellt werden, die leider nicht untypisch ist.

Herr X ist 38 Jahre alt und wartet nach Verbüßung einer langen Freiheitsstrafe auf den Wechsel in die Sicherungsverwahrung, falls es nicht doch noch gelingt, durch Therapie das Risiko für weitere schwere Straftaten zu senken. Er hat seit dem 13. Lebensjahr ein Suchtproblem und in Verbindung mit diesem begeht er auch immer wieder Straftaten.

Herr X stammt aus unauffälligen primären Familienverhältnissen und beschreibt selbst eine schöne Kindheit. Nach zeitgerechter Einschulung kommt es bereits ab der 3. Klasse zu Verhaltensauffälligkeiten, Schulschwänzen und ersten »kleineren« Diebstählen. Diese negative Entwicklung setzt sich trotz Intervention der Eltern, der Schule und des Jugendamts fort, mit 13 Jahren gehört er zu einer größeren Peergroup, in der erheblich Alkohol konsumiert wird und Straftaten aus dem Bereich schwerer Diebstahl und Raub begangen werden. Da er noch nicht strafmündig ist, müssen ihn die Eltern von der Polizei abholen und für die Schäden einstehen. In der Schule erreicht er die Klassenziele nicht und wird letztlich mit 15 Jahren und aus der 7. Klasse ausgeschult.

Wegen fortgesetzter delinquenter Handlungen wird er mit 15 Jahren erstmals inhaftiert. Gleichzeitig setzt ein Drogenkonsum ein, der sowohl Haschisch, LSD, Ecstasy, Speed, Kokain und Heroin in unterschiedlicher Menge und Frequenz betraf. Wegen einer zusätzlichen Angstkomponente erfolgte mit 16/17 Jahren eine stationäre kinder- und jugendpsychiatrische Behandlung, jedoch ohne erfolgreiche Lebensänderung bzw. Abstinenz.

Weitere Inhaftierungen folgen, aber in der Jugendhaftanstalt kann er mit ca. 20 Jahren eine zeitweilig positive Entwicklung nehmen und seinen Hauptschulabschluss erreichen. Eine daran anschließende berufliche Ausbildung oder Integration gibt es nicht, der Einflussnahme durch den Sozialdienst bzw. der Jugendbewährungshilfe entzieht er sich stets schnell, die Eltern erscheinen eher hilflos.

Wegen des multiplen Substanzkonsums erfolgt mit 22 Jahren die erste stationäre Entgiftungsmaßnahme in der Allgemeinpsychiatrie und Herr X erlebt die für ihn positive Wirkung von Psychopharmaka. In den folgenden Jahren versucht er immer wieder, sowohl Benzodiazepine, Schlafmittel als auch (opioidhaltige) Schmerzmittel verschrieben zu bekommen oder besorgt sie sich illegal. Eine dauerhafte Abstinenz wird durch Entgiftungsmaßnahmen nicht erreicht. Die Delinquenzentwicklung verläuft parallel weiter, selbst in der Haftanstalt kommt es zu Körperverletzungen, BtMG-Verstößen und anderen Disziplinarmaßnahmen, in Freiheit wird er durch Diebstahlshandlungen, Raub, Körperverletzungen und anderes auffällig, Strafhandlungen, die zum Teil im Sinne von indirekten Beschaffungsdelikten begangen wurden.

2 Fallvignette

Dies führt mit 24 Jahren zur Verurteilung zu einer bedingten Freiheitsstrafe mit gleichzeitiger Unterbringung in der Entziehungsmaßregel. Dazu wurde eine forensisch-psychiatrische Begutachtung veranlasst, die im Ergebnis zur Frage der Schuldfähigkeit zur erheblich verminderten Steuerungsfähigkeit infolge der Berauschung kam. Trotz einer gutachterlich angezweifelten Therapiefähigkeit bzw. -motivation erhält Herr X erneut eine Chance auf Veränderung und Rehabilitation in der Entziehungsanstalt gemäß § 64 StGB.

In der forensisch-psychiatrischen Klinik wird deutlich, dass Herr X allein schon wegen einer Lernbehinderung große Probleme hat, die Lerninhalte zu verstehen und zu verinnerlichen, und dass neben einer Störung durch multiplen Substanzgebrauch und Konsum anderer psychotroper Substanzen komorbid auch eine kombinierte Persönlichkeitsstörung (dissoziale, zwanghafte und passiv-aggressive Anteile) sowie eine Angststörung zu diagnostizieren waren. Die Beziehungsfähigkeit des Herrn X war erheblich beeinträchtigt, Partnerschaften vor und nach der Maßregel konnte er trotz jeweils gemeinsamen Kindes nicht halten. Gleichwohl wurde er in alle üblichen Behandlungsmaßnahmen der Klinik integriert, absolvierte sowohl Suchtgruppen als auch Gruppentherapien zur Förderung der sozialen Kompetenz und Vermeidung von Aggressivität und wurde in komplementäre Behandlungen (Ergotherapie, Arbeitsmaßnahmen, Sport) eingebunden. Die Fortschritte in der Unterbringung waren aber trotz umfangreicher Therapie und durchaus positiver und stabiler Beteiligung des Herrn X nicht so umfassend, dass eine Entlassung in einen eigenen Wohnraum und vorherige Erprobung unter Lockerung ohne Aufsicht möglich wurde. Stattdessen musste er in eine Nachsorgeeinrichtung der allgemeinen Suchthilfe entlassen werden, um sich unter den dortigen kontrollierenden Bedingungen weiterzuentwickeln.

Die positive Entwicklung dort hielt wiederum nicht lange an. Neben dem Rückfall in den Konsum von Alkohol und Drogen verließ er die Nachsorgeeinrichtung, beging eine Körperverletzung gegenüber seiner Partnerin im Rausch (wobei die Beziehung hoch konfliktbesetzt war), geriet immer stärker in die Suchtmittelabhängigkeit, suchte keine Hilfen (z. B. um eine Entgiftung und Langzeitbehandlung einzuleiten), sondern verkehrte im dissozialen Milieu. Aus diesem heraus kam es zu einem Tötungsdelikt. Gemeinsam mit zwei Freunden trank er erheblich Alkohol, der mit Benzodiazepinen versetzt war, und man geriet aus nicht bekannten Gründen in Streit. Herr X verletzte zusammen mit einem Freund den dritten Beteiligten so schwer, dass er an den Folgen verstarb nachdem sie die Wohnung verlassen hatten. Herr X bestreitet eine größere Tatbeteiligung. Er wurde zu einer 10-jährigen Freiheitsstrafe mit anschließender Sicherungsverwahrung im Alter von 28 Jahren verurteilt. Die Chance auf Veränderung durch eine erneute Entziehungsmaßregel wurde sowohl vom Gutachter als auch vom Gericht nicht gesehen.

Im Strafvollzug hat Herr X lange Zeit jegliche sozialtherapeutischen Interventionen abgewehrt, illegal weiter konsumiert, viele Disziplinarverstöße begangen und es immer wieder erreicht, psychotrope Medikamente in zum Teil hoher Dosierung verschrieben zu bekommen. Als Grund nennt er seine Angstsymptomatik, hohen Suchtdruck und eine soziale Isolation. Erst nach fast 8 Jahren Haft stimmt er einer ambulanten Psychotherapie zu, die aufgrund des legalen und illegalen Suchtmittelkonsums nicht effektiv erscheint. Nach Abstimmung mit dem Justizministerium wird er zur Langzeitentgiftung und Vorbereitung einer weiteren psychotherapeutischen Maßnahme in eine forensisch-psychiatrische Klinik aufgenommen und das Therapieziel wird erfolgreich umgesetzt. Die Rückverlegung erfolgt in die sozialtherapeutische Anstalt der zuständigen Justizvollzugsanstalt. Ziel dieser Intervention ist eine so weitreichende Stabilisierung, dass von Herrn X keine Gefahr mehr für die Allgemeinheit ausgeht, die Sicherungsverwahrung also vermieden werden kann.

Ob dies gelingt, bleibt abzuwarten. Herrn X wurden im Laufe seines Lebens immer wieder viele Hilfen zuteil, die leider nur kurzfristig zu einer Veränderung und Stabilisierung führten. Sicher hängt dies mit der frühen negativen Persönlichkeitsentwicklung und den komorbiden Störungsbildern zusammen, inklusive der mangelnden intellektuellen Fähigkeiten. Trotzdem wurde der Klient nie aufgegeben, sondern erhielt stets neue Angebote der entsprechenden sozialen Träger und Institutionen.

2 Fallvignette

Das Fallbeispiel verdeutlicht die Vielzahl der Berufsgruppen, die mit dem Thema Sucht und Kriminalität konfrontiert sind. Neben Polizei und Justiz sind dies bereits in frühen Jahren das Lehrpersonal im Schulsystem und Mitarbeiter des Jugendamts. Im weiteren Verlauf bedurfte es allgemeinpsychiatrischer Behandlungen in der Kinder- und Jugendpsychiatrie sowie Entgiftungsmaßnahmen in der Erwachsenenpsychiatrie. Aus dem allgemeinen Versorgungssystem erfolgten Behandlungen im Rahmen einer stationären Nachsorge. Spezifische Kontakte ergaben sich mit dem sozialpädagogischen Personal der Sozialdienste und der Bewährungshilfe oder eben mit der Forensischen Psychiatrie im Rahmen der Begutachtung und der interdisziplinären Behandlung in der Entziehungsanstalt (Ärzte, Psychologen, Sozialdienst, Pflegekräfte, Ergotherapeuten, Lehrer).

Wir werden in den folgenden Kapiteln diesen exemplarischen Fall immer wieder aufgreifen und die Zusammenhänge erläutern.

3

Allgemeine und klinische Epidemiologie

3.1 Konsum psychotroper Substanzen und Sucht in der Allgemeinbevölkerung

Größeren Untersuchungen zufolge tritt bei 8,5 % der Bevölkerung in Deutschland ein Alkoholmissbrauch oder eine Alkoholabhängigkeit auf (Meyer et al. 2014; Jacobi et al. 2004). Dabei sind Männer offenbar deutlich stärker betroffen (14,4 %) als Frauen (2,6 %). Zu einem Missbrauch oder einer Abhängigkeit von illegalen Drogen kommt es bei 2,1 % der Bevölkerung (männliche Bevölkerung 2,3 %, weibliche Bevölkerung 1,9 %).

Repräsentative Schülerbefragungen der 9. und 10. Klassen (Kraus et al. 2011) zeigen, dass 93,6 % Erfahrungen mit Alkohol und 63,4 %

Erfahrungen mit Nikotinkonsum aufwiesen. 50 % berichteten Trunkenheitserfahrungen vor dem 15. Lebensjahr. Cannabis wurde von 22,2 % mindestens einmalig gebraucht. An Gebrauchsraten anderer Substanzen wurde angegeben: Amphetamine 6 %, XTC 3 %, LSD 2,6 %, Kokain 3,1 %, Drogenpilze 3,8 %, Sedativa/Tranquillizer 2,3 % und Schnüffelstoffe 10,6 %. Der Konsum illegaler Drogen begann beim Großteil nach dem 14. Lebensjahr. Bei Kindern und Jugendlichen ist somit die häufigste und am frühesten genutzte psychotrope Substanz Alkohol. Knapp ein Viertel hat Erfahrung im Konsum von Cannabis, immerhin knapp 9 % haben andere, vorrangig stimulierende Substanzen probiert.

Es existieren repräsentative Daten zur Häufigkeit und Menge des Konsums legaler und illegaler psychotroper Substanzen sowie zur Rate substanzbedingter Störungen, klassifiziert nach DSM-IV für die häufigsten Substanzen bei 18- bis 64-Jährigen in Deutschland (Kraus et al. 2013; Pabst et al. 2013). Nur 3,6 % gaben an, noch nie Alkohol konsumiert zu haben. 14,2 % hatten einen riskanten Konsum (bei letzterem 18- bis 20-Jährige 16,7 %, 30- bis 39-Jährige 11,9 %). Die 12-Monats-Prävalenz für Alkoholmissbrauch und -abhängigkeit lag in den jungen Altersgruppen am höchsten mit etwa je 6 % und fiel in den folgenden Dekaden dezent und nahezu kontinuierlich ab, bis auf etwa 1 % bei den 60- bis 64-Jährigen. Beide Diagnosen sind bei Männern deutlich häufiger vertreten als bei Frauen.

> **Merke**
> Im Laufe des Lebens tritt innerhalb der deutschen Bevölkerung eine Suchtstörung bezüglich Alkohol bei etwa 8 von 100 Personen auf und bezüglich illegaler Drogen bei 2 von 100 Personen. Männer sind insbesondere bei der Alkoholsucht häufiger betroffen.
>
> Alkoholabstinent bleiben unter 3 % der Menschen in Deutschland. Im jungen und mittleren Erwachsenenalter findet sich die höchste Rate an Rauschtagen, die mit dem Alter ebenso abnimmt wie die Rate derjenigen, die jeweils im zurückliegenden Jahr als abhängig oder schädlich konsumierend eingeschätzt wurden.

Die 12-Monats-Prävalenz einer Abhängigkeit gemäß DSM-IV bei der Gesamtstichprobe betrug für Cannabis 0,5 %, für Kokain 0,2 % und für Amphetamine 0,1 %, die Raten für Missbrauch waren dem nahezu identisch. Alterseffekte lagen hier insbesondere bei Cannabis (Abhängigkeit 20- bis 29-Jährige 1,4 % bis 2,3 %) und Kokain (Abhängigkeit 25- bis 29-Jährige 0,6 %) vor. Konsum illegaler Drogen ist somit ein vorrangiges Phänomen bei unter 40-Jährigen. Stimulanzien werden am häufigsten gebraucht. Die Raten von Abhängigkeit und Missbrauch innerhalb des zurückliegenden Jahres liegen zumeist deutlich unter 1 %.

Die Daten dürften eher zurückhaltenden Schätzungen entsprechen, da Konsumenten mit etwaigen schwereren somatischen, psychischen und sozialen Folgeerscheinungen Befragungen nicht zugänglich sind.

3.2 Dunkel- und Hellfeldkriminalität in der Allgemeinbevölkerung

Das gesamte Ausmaß von kriminellem Verhalten kann weder durch Dunkelfelduntersuchung noch Analysen der registrierten Kriminalität (Hellfeld) dargestellt werden. Abbildbar ist stets nur ein Ausschnitt der Realität, sodass bei Bewertungen und vergleichenden Gegenüberstellungen stets die grundlegenden Limitationen der jeweiligen Erhebungsmethoden berücksichtigt werden sollten (Neubacher 2014). Der nachfolgende allgemeine Überblick zur Struktur der Kriminalität soll helfen, die Angaben zu den Konsumenten psychotroper Substanzen angemessen einzuordnen.

3 Allgemeine und klinische Epidemiologie

> **Merke**
>
> Bezogen auf die Lebenszeit hat etwa ein Viertel aller 16- bis 40-Jährigen Erfahrungen als Opfer physischer Gewalt, 3 von 100 Personen sind Opfer sexueller Gewalt geworden. Betrug und Diebstahl machten den größten Anteil erlebter Delinquenz in den zurückliegenden zwölf Monaten in einer weiteren repräsentativen Opferbefragung aus.

Der deutsche Viktimisierungssurvey (Birkel et al. 2012) ergibt repräsentative Angaben zu ausgewählten Deliktbereichen von Privathaushalten mit Personen über 16 Jahren. Für die zurückliegenden zwölf Monate vor der Opferbefragung ergaben sich folgende Prävalenzraten: 4,6 % Waren-/Dienstleistungsbetrug, 3,8 % Fahrraddiebstahl, 3,1 % persönlicher Diebstahl, 2,8 % Körperverletzung, 0,7 % Raub. In einer repräsentativen Befragungsstudie (Hellmann 2014) 16- bis 40-Jähriger zu Opfererfahrungen betrug die Prävalenzrate bei physischer Gewalt für die Lebenszeit 27,2 % und für die letzten 5 Jahre 12,6 %. 35,7 % der Befragten erlebten leichte Gewalt durch elterliche oder weitere Erziehungspersonen bis zum 16. Lebensjahr, 13 % schwere Gewalt. Sexuellen Missbrauch bis zum 16. Lebensjahr gaben 6,0 % an (4,2 % mit Körperkontakt). Die Lebenszeitprävalenz sexueller Gewalt betrug 2,7 % und die 5-Jahresprävalenz hierfür 1,3 %. Vergleiche mit der Polizeilichen Kriminalstatistik (PKS) sind aufgrund unterschiedlicher inhaltlicher und methodischer Aspekte allenfalls eingeschränkt möglich.

Die PKS (Bundeskriminalamt 2014) berichtete 6.082.064 registrierte Straftaten für das Jahr 2014. Eigentumsdelinquenz führt die Verteilung der Deliktgruppen mit Diebstahl (40,1 %) und Betrug (15,9 %) mit mehr als der Hälfte der Fälle an. Körperverletzung macht 8,7 % der Fälle aus, Rauschgiftdelikte 4,6 %. Sexualdelikte wurden in 0,8 % der Fälle registriert und Straftaten gegen das Leben in weniger als 0,1 %. Die durchschnittliche Tatverdächtigenbelastungszahl (TVBZ, Anzahl Tatverdächtiger/100.000 dt. Wohnbevölkerung) von 2.230 weist in weiterer Differenzierung einen sogenannten Alters-

3.2 Dunkel- und Hellfeldkriminalität in der Allgemeinbevölkerung

Kriminalitäts-Zusammenhang auf (▶ Abb. 2). Im jungen Alter von 14 bis 21 Jahren zeigt sich eine starke Zunahme der TVBZ bis auf 6.239, die bis zum 30. Lebensjahr rasch (4.348) und in den folgenden Jahren langsamer abfällt. Dies bedeutet, dass die insgesamt kleine Bevölkerungsgruppe der Jugendlichen und Heranwachsenden einen wesentlich höheren Anteil registrierter Kriminalität aufweist als die erwachsenen Bevölkerungsgruppen. Hieraus und aus der Deliktstruktur dieser Altersgruppe (überwiegend Diebstahl, Leistungserschleichung, Sachbeschädigung) wird die Trias ubiquitär – bagatellhaft – episodenhaft zur Jugenddelinquenz abgeleitet (BMI und BMJ 2006). Knapp ein Drittel aller Tatverdächtigen im Berichtsjahr 2014 waren einmal auffällig, etwa 22 % 2 bis 5 Mal, 2,4 % 6 bis 10 Mal und etwa 1,3 % wurden 11 Mal oder häufiger auffällig. Diesen Mehrfachauffälligen kommt in überwiegender Hinsicht die größte Bedeutung zu, da sich aus ihnen die unscharf definierte Gruppe der Mehrfach- und Intensivtäter rekrutiert, deren Zeitpunkt der Spontanremission wenig vorhersehbar ist.

3.2.1 Straftaten unter Alkoholeinfluss sowie von Konsumenten harter Drogen

Als begangen durch »Konsumenten harter Drogen« wurden insgesamt 7,6 % der aufgeklärten Fälle klassifiziert. Verübt unter »Alkoholeinfluss« wurden 10,2 % der aufgeklärten Fälle registriert (▶ Tab. 1). Die Raten werden insgesamt als untererfasst bewertet, da das Merkmal »Konsument harter Drogen« naturgemäß nicht augenscheinlich ist und auch Alkoholeinfluss nicht in jedem Fall registriert werden muss.

3 Allgemeine und klinische Epidemiologie

Tab. 1: Deliktspezifische Häufigkeitsanteile an aufgeklärten Fällen von »Konsumenten harter Drogen« und »Tatverdächtiger unter Alkoholeinfluss« gemäß PKS (Bundeskriminalamt 2014)

	Konsumenten harter Drogen (7,6 % aufgeklärter Fälle)	Tatverdächtiger unter Alkoholeinfluss (10,2 % aufgeklärter Fälle)
Straftaten gegen das Leben	7,8 %	24,2 %
Vergewaltigung und sexuelle Nötigung	4,5 %	24,3 %
sexueller Missbrauch	2,2 %	11,4 %
Raubdelikte	14,6 %	16,2 %
Körperverletzungsdelikte	3,8 %	28,9 %
Diebstahl unter erschwerenden Umständen	19,4 %	5,5 %
Diebstahl ohne erschwerende Umstände	8,7 %	6,8 %
Betrug	4,4 %	1,4 %
Widerstand gegen die Staatsgewalt und Straftaten gegen die öffentliche Ordnung	8,0 %	25,6 %
Brandstiftung und Herbeiführen einer Brandgefahr	3,1 %	12,8 %
Beleidigung	2,7 %	14,9 %
Rauschgiftdelikte	30,2 %	5,0 %

> **Merke**
> Polizeilich registriert wurden im Jahr 2014 6.082.064 Deliktfälle. Davon entfielen 56 % auf Eigentumsdelinquenz, etwa 9 % auf Körperverletzung, 5 % auf Rauschgiftdelikte und weniger als 1 % auf Sexualdelikte und Straftaten gegen das Leben. Die stark deliktabhängige Aufklärungsquote beträgt im Mittel etwa 55 %. Bezogen auf die Altersgruppen weisen Jugendliche und junge Erwachsene die höchsten Tatverdächtigenbelastungszahlen auf.
> In der Polizeilichen Kriminalstatistik ist der Anteil von Konsumenten harter Drogen und Tatverdächtiger unter Alkoholeinfluss bei Gewaltstraftaten am höchsten (Maximalwert knapp ein Drittel bei Körperverletzung), der Anteil derjenigen ohne festgestellten psychotropen Substanzkonsum ist jedoch vielfach größer.

3.3 Suchtstörungen in bestimmten Straftäterstichproben und Straftaten bei Süchtigen

Wie im vorangegangenen Abschnitt beschrieben, wurde in 2014 durchschnittlich bei 7,6 % der Fälle registrierter Kriminalität ein Konsument harter Drogen verzeichnet und in 10,2 % der Fälle stand der Tatverdächtige unter Alkohol. Diese »Momentaufnahmen« zum Zeitpunkt der Deliktbegehung sagen aber noch nichts über die Häufigkeit von relevanten klinischen Störungen des Intoxikationssyndroms, etwaiger Entzugssyndrome, des Missbrauchs oder der Abhängigkeit psychotroper Substanzen aus bzw. ob Straftäter insgesamt ein anderes Konsummuster zeigen, als dies für die Allgemeinbevölkerung weiter oben dargelegt wurde. Den Angaben kann auch nicht entnommen werden, welches Ausmaß der im Querschnitt erfasste Konsum psychotroper Substanzen auf die Leistungsfähigkeit der Tatverdächtigen hatte.

Repräsentative Daten zu psychiatrisch substanziiert erhobenen Prävalenzraten von Suchterkrankungen für die Gesamtheit aller Straftäter liegen nicht vor. Dies ergibt sich aus methodischen Aspekten, die aus dem Prozess der differenziellen Entkriminalisierung (▶ Kap. 1 Einleitung sowie ▶ Abb. 10 im Anhang) resultieren. Demzufolge setzen die meisten Erhebungen auf späteren Stufen im Prozess der Strafverfolgung ein, sodass bei folgenden Angaben dieser Selektionsprozess mitbedacht werden muss, wenn Daten zum Vorliegen von Suchtproblemen »erst« auf Ebene der Inhaftierung gewonnen werden. Allgemeine Schätzungen geben eine Häufigkeit problematischen Drogengebrauchs von etwa 20 % der deutschen Haftpopulation an (Stöver 2002). Darüber hinaus werden Abhängigkeitserkrankungen mitunter in systematischen Erhebungen bei Strafgefangenen ausgeklammert, da sie höchstwahrscheinlich Fehlern bei der Selbstauskunft und Erhebung der Befragten unterliegen (Fazel und Danesh 2002). Die wenigen vorliegenden Arbeiten zur Prävalenz von Abhängigkeitserkrankungen inhaftierter Straftäter weisen dem folgend eine hohe Heterogenität in ihren Ergebnissen auf. Die erhobenen 1-Jahres-Prävalenzraten von Fazel et al. (2006) aus einer Übersichtsarbeit, die die Häufigkeiten von Suchterkrankungen kurze Zeit nach Haftantritt in vier englischsprachigen Nationen zusammenfasst, liegen bei Männern zwischen 17,7 % und 30 % für Alkoholabhängigkeit und bei 10 % bis 48 % für Drogenabhängigkeit. Bei inhaftierten Straftäterinnen lag die 1-Jahres-Prävalenz für Alkoholabhängigkeit zwischen 10 % und 23,9 % sowie für Drogenabhängigkeit zwischen 30,3 % und 60,4 %. Diese Angaben waren insbesondere für Alkohol deutlich höher, verglichen mit Prävalenzen aus Querschnittserhebungen aus der Zeit der Inhaftierung.

> **Merke**
> In der selektiven Stichprobe von Straftätern im Freiheitsentzug liegt die Häufigkeit von Suchtstörungen vielfach über der Ausprägung in der Allgemeinbevölkerung. Missbrauch und Abhängigkeit von illegalen Substanzen scheinen dabei mitunter häufiger vorzuliegen als von Alkohol.

3.3 Suchtstörungen in bestimmten Straftäterstichproben

Eine Studie zur Erhebung psychiatrischer Störungen bei Jugendlichen in Deutschland, die kurz nach Aufnahme in die Untersuchungshaft oder angeordneter Freiheitsstrafe untersucht wurden (Köhler et al. 2008), ergab für unter 18-Jährige folgende Prävalenzraten bezüglich Substanzabhängigkeit: Alkohol 18,4 %, Cannabis 44,7 %, Amphetamine, Opiate, Kokain je 7,9 %, Halluzinogene und Polytoxikomanie je 15,8 %. Bei den Heranwachsenden (Jugendliche über 18 Jahre) nahm die Häufigkeit insgesamt moderat zu, stieg insbesondere jedoch stark an auf je etwa 27 % bei Opiaten, Kokain und Polytoxikomanie. In einer Studie über vor maximal vier Tagen inhaftierte Jugendliche zwischen 14 und 21 Jahren in Österreich wurde ohne weitere Differenzierung eine Häufigkeit von 16,4 % für Alkoholmissbrauch und 49,1 % für Drogenmissbrauch der männlichen Probanden berichtet (Plattner et al. 2011), wobei schädlicher Gebrauch und Abhängigkeit zusammengefasst worden seien. Diese Angaben aus europäisch-deutschsprachigen Regionen decken sich mit denen einer systematischen Übersichtsarbeit (Colins et al. 2010) zur Häufigkeit psychiatrischer Störungen inhaftierter Jugendlicher, unter Einbezug zehn verschiedener Nationen. Hierbei wurde für Substanzkonsumstörungen allgemein 43,5 % bis 53,5 %, Alkoholgebrauchsstörung 24,7 % bis 31,2 % und Marihuanagebrauchsstörung 39 % bis 45,9 % als Prävalenzrate angegeben.

Neben Daten aus Haftpopulationen sind auch Angaben aus Daten der letzten Stichtagserhebung 2012 von Leipziger zu Maßregelpatienten vorhanden (Klaus Leipziger, Bayreuth, persönliche Mitteilung). Der Anteil der Untergebrachten nach § 63 StGB (Unterbringung in einem psychiatrischen Krankenhaus), die neben ihrer eigentlichen psychiatrischen Einweisungsdiagnose zusätzlich eine nicht näher erläuterte Suchtkrankung hatten, betrug 38 % (vgl. Passow et al. 2015a). Knapp 60 % hiervon entfielen auf die Doppeldiagnose Psychose und Sucht. Gemäß der Stichtagserhebung in der Maßregel nach § 64 StGB (von der Haar 2015) sind in der Entziehungsanstalt vorrangig Personen untergebracht, die als alleinige Diagnose eine Suchtkrankung aufweisen (60 % ohne weitere psychiatrische Komorbidität). Das statistische Bundesamt (2015b) weist aus, dass ab dem Jahr 2003 die Anzahl der »Entziehungsfälle ohne Trunksucht«, also Konsumenten illegaler Drogen, bei den jährlichen Anordnungen über den Fällen mit »Trunksucht«, also Alkoholkonsumenten, liegt. Die Daten für 2014 belegen, dass bezüglich Suchtstoffen die gegenwärtige Verteilung bei Unterbringung in der Entziehungsanstalt etwa zwei Drittel illegale Drogen (n = 2464) gegenüber ein Drittel Alkohol (n = 1358) beträgt. Detaillierte Aufschlüsselungen zu den Suchtmitteln liegen nicht vor.

> **Merke**
> Im forensischen Maßregelvollzug der Entziehungsanstalt (§ 64 StGB) dominieren psychische Störungen durch illegale Suchtstoffe (zwei Drittel der Fälle) gegenüber Störungen durch Alkohol (ein Drittel der Fälle).

Die Angaben über Tatverdächtige, Inhaftierte und Maßregelpatienten zum Vorliegen von Suchtstörungen erfolgen mit gedachtem Bezug zur Grundgesamtheit von Straftätern. Ein Perspektivwechsel ist hingegen notwendig, wenn man Informationen über das Ausmaß von Kriminalität bei der gedachten Grundgesamtheit der Menschen mit einer Suchterkrankung erhalten möchte. Für Angaben zur Kriminalität von Menschen mit Substanzabhängigkeit sind Informationen zu strafbaren Verhaltensweisen von denjenigen erforderlich, bei denen gesichert ein schädlicher Gebrauch oder eine Abhängigkeitserkrankung vorliegt. Auch hier existieren keine repräsentativen, generalisierbaren Daten. Die verfügbaren Untersuchungen weisen hohe Selektionseffekte auf, wie beispielsweise intravenösen (i.v.) Drogenkonsum, Zugang zu Behandlungsinstitutionen oder Vorhandensein von Einsicht in eine Suchtstörung. Zudem stammen die Angaben in der Regel aus dem Hellfeld der Menschen mit Substanzstörungen, das heißt von Menschen, die sich im Behandlungs-, Unterstützungs- oder Justizsystem befinden und somit für Erhebungen zugänglich sind. Beispielhaft genannt seien die Untersuchungen von Kreuzer (2009) an einer kleineren Gruppe von i.v. Drogenab-

3.3 Suchtstörungen in bestimmten Straftäterstichproben

hängigen, wobei er für die männliche Stichprobe folgende Häufigkeiten – einschl. Versuch, Mittäterschaft und Teilnahme – für die vorherigen 12 Monate festhielt: Drogenverkauf und -vermittlung 100 %, Ladendiebstahl 77 %, Gebäude- und Wohnungseinbruch 58 %, Scheck- und Kreditkartenbetrug 30 %, Prostitution 9 %, Hehlerei 39 %, sonstige Betrugsdelikte 48 %, Raub innerhalb der Drogenszene 27 %, Raub außerhalb der Drogenszene 23 %, Körperverletzung 52 %, Zuhälterei 24 %. Die Stichprobe und deren Delinquenzbelastung scheint sich mehrfach problembelasteten Drogenabhängigen – und somit einem Extrempol – stark anzunähern. Vergleichsuntersuchungen von Kreuzer an einer Stichprobe von Teilnehmern am Bundesmodell heroingestützter Behandlung Opiatabhängiger erbrachten deutlich geringere Delinquenzbelastungen, außer für Raub innerhalb der Drogenszene. Neben einer Positivselektion durch die Einschlusskriterien des Programms verweist dieser Unterschied auf die Existenz eines anderen Extrempols mit weit weniger Kriminalitätsbelastung.

> **Merke**
>
> Das nur wenig erfasste Ausmaß von Delinquenz in der Gesamtgruppe von Menschen mit Suchtstörungen scheint stark zu variieren je nach Ausmaß weiterer Problembelastungen.

Unser Beispielpatient Herr X weist in der Kindheit eine kombinierte frühe Störung des Sozialverhaltens auf. Diese umfasst sowohl ein oppositionelles Verhalten in der Schule und eine Schulverweigerung als auch den Beginn des Alkoholkonsums mit ca. 13 Jahren bei gleichzeitiger Begehung verschiedener Delikte aus den Bereichen Diebstahl, Einbruch und Raub. Die Taten erfolgten aus einer Peergroup heraus, in der Alkohol eine wichtige Rolle spielte und die Straftaten vor Erreichen der Strafmündigkeit begangen wurden. Die erste Inhaftierung erfolgt mit 15 Jahren. Zu dieser Zeit kommt er dann auch mit Drogen in Kontakt. Der Konsum steigert sich bis zum 17. Lebensjahr allmählich, wobei noch Haschisch, LSD, Speed und Ecstasy im Vordergrund stehen. Nach dem 18.

Lebensjahr nimmt die Konsummenge stetig zu und betrifft auch den Gebrauch von Kokain, Heroin und synthetischen Drogen sowie Medikamenten aus dem Benzodiazepinspektrum. Bereits mit ca. 17 Jahren wird er wegen einer Angststörung stationär kinder- und jugendpsychiatrisch behandelt.

3.4 Strafjustizielle Reaktionen bei Straftätern mit Suchtstörungen

Von den strafrechtlichen Folgen bei Straftaten im Zusammenhang mit Suchtstörungen ist vor allem die Unterbringung in einer Entziehungsanstalt relevant für die Forensische Psychiatrie, da letztere bei richterlicher Anordnung der Maßregel sowohl in der Begutachtung als auch in der Therapiedurchführung involviert ist. Demgegenüber sind die Möglichkeiten der Zurückstellung einer Strafe nach den §§ 35, 38 Betäubungsmittelgesetz indirekt von Bedeutung, da sie zumindest in der Strafrechtspraxis eine Alternative zu einer Maßregelunterbringung darstellen können, wenngleich dies der Rechtsauffassung des Bundesgerichtshofes widerspricht (vgl. Jehle 2007 mit weiteren Nachweisen).

Die Unterbringung in einer Entziehungsanstalt gemäß § 64 StGB im Jahr 2013 wurde in 2.457 Fällen angeordnet (Statistisches Bundesamt 2015a). Bei insgesamt 935.788 registrierten Aburteilungen in dem Bezugsjahr entspricht dies 0,26 % der Fälle gerichtlicher Entscheidungen. Die Anzahl der Untergebrachten in einer Entziehungsanstalt ist in den vergangenen Jahren mehr oder weniger kontinuierlich gestiegen (Statistisches Bundesamt 2015b): Zum Stichtag des 31.03. waren im Jahr 2004 insgesamt 2.412 in der Entziehungsanstalt nach § 64 StGB untergebracht, für 2014 wurden 3.822 Personen in dieser Maßregel registriert. Es scheint als wurde die Unterbringung nach § 64 StGB zunehmend auf Konsumenten illegaler Drogen ausgeweitet (▶ Kap. 3.3). Hierfür spricht auch, dass 2013 in 627 Fällen ein Verstoß gegen das Betäubungsmittelgesetz als Anlassdelikt der Unterbringung zugrunde gelegt wurde.

> **Merke**
> Eine Anordnung der Unterbringung in einer Entziehungsanstalt erfolgt bei 0,26 % aller gerichtlichen Entscheidungen bei Straftaten nach dem StGB. Für die Häufigkeit einer Anwendung der §§ 35 und 38 BtMG liegen keine Zahlen vor. Etwa 60.000 Verfahren pro Jahr werden von der Staatsanwaltschaft wegen Geringfügigkeit nach § 31a BtMG erledigt.

Im Betäubungsmittelgesetz selbst sind bestimmte Sanktionsmöglichkeiten benannt, wenn eine Abhängigkeit von illegalen Suchtmitteln als ursächlich für eine Straftat erachtet wird. Hierzu zählen die §§ 35, 38 BtMG, welche eine Zurückstellung einer vollstreckbaren Freiheitsstrafe (die zwei Jahre nicht übersteigen darf) ermöglichen, wenn der Verurteilte sich in einer staatlich anerkannten Abhängigkeitsbehandlung befindet oder sich in eine derartige begeben wird (▶ Kap. 7). Die frühere Sonderauswertung des Generalbundesanwaltes aus dem Bundeszentralregister wurde vor mehreren Jahren eingestellt, sodass keine offiziellen Zahlen darüber vorliegen, bei wieviel Personen diese Paragraphen Anwendung finden. Gemäß zurückliegender Darstellungen wurde im Jahr 2003 in 10.957 Fällen die Möglichkeit des §§ 35, 38 BtMG angewendet, dies hatte sich somit seit 1987 versechsfacht (damals 1.802 Entscheidungen, Jehle 2007). Allerdings scheint sich eine Trendwende dergestalt eingeleitet zu haben, als dass kein weiterer Anstieg zu verzeichnen gewesen wäre, sondern die Anwendungshäufigkeit konstant geblieben sein mag. In einer Analyse zu Wirksamkeit und Trends im Bereich des § 35 BtMG (Zurhold et al. 2013) wurden Rechtspflegestatistiken untersucht, die indirekt auf die Häufigkeit der Anwendung schließen lassen. So belegen beispielsweise die Daten zu Abgängen aus den Justizvollzugsanstalten, dass die Fälle, bei denen dies aufgrund einer Zurückstellung nach § 35 BtMG dokumentiert wurde, von 2003 bis 2011 um etwa 400 pro Jahr schwankten und die 319 Fälle im Jahr 2012 am ehesten einer Talsohle entsprechen. Nicht unwesentlich für die Relation zur verfahrensrechtlichen Entkriminalisierung (▶ Abb. 10 im Anhang) ist zudem die Erledigungspraxis durch die Staatsanwaltschaft gemäß § 31a BtMG (Absehen von Verfolgung wegen Geringfügigkeit), welche gewissen Schwankungen unterliegt. Nach einem Hoch von etwa 72.000 erledigten Verfahren im Jahr 2005 pegelte sich die Anzahl der diesbezüglichen Erledigungen zwischen 2008 und 2011 auf etwa 52.000 Fälle pro Jahr ein (Zurhold et al. 2013) und lag zuletzt im Jahr 2014 wieder bei 63.202 (Statistisches Bundesamt 2015c). Das eher marginale Absehen von einer Anklage bei Nachweis therapeutischer Maßnahmen (§§ 37, 38 BtMG) durch die Staatsanwaltschaften ist von 102 Fällen im Jahr 2001 auf 24 Fälle im Jahr 2011 gesunken (Zurhold et al. 2013).

Merke
Im Behandlungssystem der Suchthilfe werden Behandlungsauflagen durch das BtMG zahlenmäßig vorrangig im ambulanten Bereich und weniger im stationären Setting umgesetzt. Demgegenüber ist im stationären Bereich der relative Anteil von Patienten mit Behandlungsauflagen wesentlich größer.

Für das Jahr 2014 weist der Jahresbericht der deutschen Suchthilfestatistik (Brand et al. 2015) Zahlen an Therapieteilnehmern mit Behandlungsauflagen nach BtMG aus, welche allerdings nicht näher differenziert sind und somit nur einen bedingten Eindruck über die Praxis und Anordnungshäufigkeit der §§ 35, 38 BtMG (zum Teil des Vorjahres) vermitteln können. Neben Auflagen nach § 35 BtMG sind nämlich auch niederschwellige Beratungsmaßnahmen erfasst. Dabei liegen für den ambulanten und stationären Bereich jeweils Angaben aus etwa zwei Drittel der Einrichtungen der Suchtkrankenhilfe in Deutschland vor. Im ambulanten Bereich betrug der Anteil derjenigen mit Behandlungsauflage 16,7 % (3.138/18.795) bei Opiatabhängigen, 24,3 % (5.496/22.616) bei Cannabisabhängigkeit, 23,6 % (594/2.515) bei Kokainabhängigkeit und 15,2 % (1.279/8.400) bei anderen Stimulanzien. Für den stationären Bereich betragen die Anteile 41,4 % (1.044/2.522) bei Opiatabhängigen, 20,8 % (661/3.176) bei Cannabisabhängigen, 34,8 % (261/749) bei Kokainabhängigen sowie 22,5 % (478/2.125) bei anderen Stimulanzien. Die Zahlen verweisen auf einen hohen Anteil ambulant (in Beratungs- und Behandlungsstellen, Fach- und Institutsambulanzen) durchgeführter Behandlungsauflagen gegenüber stationären Maßnahmen (teilstationäre/stationäre Rehabilitation, Adaption).

4

Klinik, Verlauf, Prognose, Komorbiditäten

4.1 Darstellung klinischer Störungen durch Substanzgebrauch

Mit Stimulanzien, Dämpfern und Halluzinogenen können grob drei Gruppen von psychotropen Substanzen nach ihrer dominierenden Wirkung eingeteilt werden (Schläfke und Giggel 2015). Diese Unterscheidungen erlauben, natürlich mit gewissen Einschränkungen, einen allgemeinen Überblick über die klinisch relevanten Symptome bei Konsum und Entzug der zugehörigen Substanzen (Kiefer und Soyka 2011; Werner et al. 2012; Kienast et al. 2011).

4.1 Darstellung klinischer Störungen durch Substanzgebrauch

Die Gruppe der Stimulanzien (»Upper«, Aufputschmittel) hat gemeinhin eine aktivierende Wirkung. Psychischerseits kommt es zur Stimmungsaufhellung bis Euphorisierung, die passagere Zunahme kognitiver Leistungsfähigkeit und Antriebssteigerung mit dem Gefühl von körperlicher Leistungssteigerung geht auch mit einer Selbstwertsteigerung einher. Die körperliche Wirkung besteht vorwiegend in einer Aktivierung des sympathischen Nervensystems, also beispielsweise Wachheit, Steigerung des Herz-Kreislauf-Systems, Appetitminderung. Demzufolge sind die klinischen und von außen wahrnehmbaren Wirkungen häufig Unruhe, Antriebssteigerung, Herzrhythmusstörungen, Bluthochdruck, Pupillenweitung. Als akute Komplikationen können dann körperlicherseits Krampfanfälle, Durchblutungsstörungen in verschiedenen Organsystemen mit Schlaganfällen und Herzinfarkt auftreten, psychische Komplikationen bestehen in Wahrnehmungsstörungen (Halluzinationen), Angst- und Verwirrtheitszuständen sowie Verfolgungswahn. Die Folgen des Entzugs sind den Wirkungen nahezu entgegengesetzt und umfassen depressive Verstimmung, Antriebslosigkeit, Ängstlichkeit, Müdigkeit aber auch Unruhe und starkes Substanzverlangen (Craving). Die Nebenwirkungen variieren aber in ihrer Intensität stark zwischen den Substanzen. In diese Stimulanziengruppe lassen sich einordnen: Kokain und Crack, Amphetamin (Speed) und Derivate wie Methamphetamin, MDMA/XTC und viele weitere Abkömmlinge.

Die Gruppe der dämpfenden Substanzen (»Downer«, Sedativa, Hypnotika) hat vor allem eine beruhigende, ausgleichende Wirkung. Psychische Wirkungen bestehen weiterhin aus teils euphorisierender und dennoch beruhigender Stimmung, intensive Zufriedenheit und Glückszustände werden von Konsumenten beschrieben, daneben Bewusstseinsminderung, Denkverlangsamung, Konzentrationsschwierigkeiten. Körperlicherseits tritt überwiegend Antriebsminderung auf, bei Opiaten Schmerzlinderung, Übelkeit, Verzögerung der Verdauungsfunktionen, meist Pupillenengstellung, aber auch -weitung ist je nach Substanz möglich. Die körperlichen Komplikationen umfassen zuvorderst Dämpfung bis Hemmung des Atemzentrums mit Todesfolge, Kreislaufschwäche, Stoffwechselstörungen, Harn-/

Stuhlverhalt, muskuläre Schwäche. Psychische Komplikationen umfassen Bewusstseinsminderung, akute Verwirrtheit und Angst-/Unruhezustände, Reduktion der Aufmerksamkeit, Konzentration und Merkfähigkeit bis zu Gedächtnislücken, möglich sind auch paradoxe Reaktionen mit akuter Aggression und Antriebssteigerung besonders bei Mischkonsum mit Alkohol. Entzugserscheinungen umfassen vor allem bei Opiaten sämtliche Körperfunktionen, neben einem starken Craving Gliederschmerzen, Schlafstörungen, Kälteempfinden, Schwitzen, Kreislauf- und Atemsteigerung, Magenkrämpfe, Durchfälle, Unruhe und Angstzustände; Krampfanfälle sind bei Benzodiazepinentzug möglich. Als dämpfende Substanzen können eingeordnet werden: Benzodiazepine, Barbiturate, Heroin/Opiate, Cannabis und synthetische Cannabinoide, Liquid Ecstasy (GHB/GBL).

Bei der Gruppe der Halluzinogene (Halluzination, lat. gedankenloses, verwirrtes Reden, Faselei, Träumerei; psychiatrisch reserviert für Wahrnehmungsstörungen/Sinnestäuschungen) steht das Hervorrufen einer Veränderung der Sinneswahrnehmung bis hin zu Wahrnehmungsstörungen im Vordergrund. Psychische Wirkungen bestehen vorrangig in optischen Wahrnehmungsstörungen, aber auch Körperhalluzinationen und Veränderung der Wahrnehmung von Raum, Zeit, Bewegung bewirken »Trip«-Erlebnisse. Hinzu treten vielfältige, unzusammenhängende Denkinhalte, rasche Stimmungsschwankungen, Enthemmungen. Körperliche Symptome resultieren durch Beimischungen von Amphetaminen oder anderen Stoffen (siehe oben). Körperliche Komplikationen bestehen aus neurologischen Störungen mit Seh- und Muskelstörungen, vegetative Störungen mit Schwitzen, Zittern, Magenkrämpfen und Müdigkeit, daraus können lebensbedrohliche Komplikationen erwachsen. Psychische Komplikationen umfassen Horrortrips mit ausgeprägten Angst- und Panikzuständen, unkontrolliert anhaltende oder wiederkehrende Zustände mit Wahrnehmungsstörungen und beeinträchtigtem Realitätssinn (Psychosen, Flashbacks), was dann entsprechende Fehlverhaltensweisen nach sich zieht. Entzugserscheinungen umfassen in der Regel allenfalls psychische Symptome wie Unruhe, kognitive Defizite, Gereiztheit und depresssive Verstimmungen. Zu dieser

4.1 Darstellung klinischer Störungen durch Substanzgebrauch

Wirkgruppe zählen hauptsächlich LSD, Psilocin, Psylocybin, Phencyclidin (PCP).

> **Merke**
> Bei der Vielzahl unterschiedlicher psychotroper Substanzen kann eine stark vereinfachte Einteilung vorgenommen werden in stimulierende (aktivierende), sedierende (dämpfende) und vorrangig die Wahrnehmung verändernde (halluzinogene) Arten.

Auch wenn mit dieser Dreiteilung ein guter Überblick möglich ist, lassen sich nicht alle Substanzen eindeutig nach diesem Schema zuordnen. So weist beispielsweise Cannabis sowohl dämpfende als auch halluzinogene Wirkungen auf, Ecstasy und Kokain führen ebenfalls gelegentlich zu Halluzinationen. Alkohol lässt sich nur schwerlich einordnen, da die Wirkung stark von der Konsummenge abhängt. Aber selbst geringe Mengen können sowohl beruhigend und dämpfend als auch seltener enthemmend und antriebssteigernd wirken, während bei höherer Dosis neben regelmäßiger Enthemmung auch sofortige Gegenreaktionen mit Erschöpfung auftreten können. Diese unterschiedlichen Symptome entstehen aufgrund zahlreicher Einflussfaktoren der Drogenwirkung über die eigentliche Substanzklasse hinaus (vgl. beispielsweise Sucht-Dreieck, ▶ Kap. 5 Ätiologie).

Die Effekte des Konsums psychotroper Substanzen können aus mehreren Perspektiven betrachtet werden, mit jeweils eigener Relevanz. Dabei sind zum einen Rauschzustände und Intoxikation (griech. Vergiftung) von schädlichem Gebrauch und Abhängigkeitssyndromen sowie Entzugserscheinungen mit verschiedenen Schweregraden abzugrenzen. In engen Zusammenhang mit Substanzkonsum wird zudem die Entwicklung einer psychotischen Störung, eines amnestischen Syndroms oder einer anhaltenden Persönlichkeitsänderung gestellt. In den nächsten Abschnitten sollen die Konsumfolgen psychotroper Substanzen allgemeinverständlich erläutert werden, detailliertere diagnostische Vorgehensweisen unter Einbezug internationaler Klassifikationssysteme mit spezifischen Kriterien der

Begutachtung einzelner klinischer Störungen werden in Kapitel 6 vorgestellt.

Die Aufnahme psychotroper Substanzen in den Körper, ob in geringen oder höheren Mengen, kann per se als Vergiftung (Intoxikation) aufgefasst werden, wenn körpereigene Stoffwechsel- und Abbauvorgänge eine Wirkungsentfaltung nicht verhindern können. Gegenüber dieser rein physiologischen Betrachtungsweise ist psychiatrischerseits relevant, ob eine Substanzzufuhr mit subjektiv oder gar objektiv beschreibbaren Symptomen einhergeht. Von einer akuten Intoxikation oder einem Rauschzustand wird klinisch dann gesprochen, wenn – zurückführbar auf den Substanzkonsum – die körperliche und psychische Funktionsfähigkeit so stark beeinträchtigt ist, dass Bewusstsein, Kognition, Wahrnehmung, Umgang mit Gefühlen und Stimmung oder das Verhalten gestört sind (nach ICD-10, Dilling et al. 2006). In diesen Bereichen können Störungen jeweils substanzspezifisch (siehe oben) und in unterschiedlicher Intensität und Ausprägung vorliegen. Forensisch-psychiatrisch kommt es somit zunächst nicht auf Dosismengen an, sondern auf das Vorliegen und die Ausprägung psychopathologischer Symptome, anhand derer verschiedene Schweregrade beurteilt werden können (► Kap. 6 Diagnostisches Prozedere). Pragmatisch kann der Begriff Rausch somit für Intoxikationszustände benutzt werden, die mit einem gewissen Ausmaß an Beeinträchtigung psychischer und physischer Funktionalität einhergehen.

Ein stoffgebundenes Abhängigkeitssyndrom beschreibt den Zustand, dass eine Person in ihrer Funktionalität und Lebensweise an eine bestimmte Substanzzufuhr gebunden ist. Dabei erlangt die Bedeutung und Beschäftigung mit der Substanz Priorität gegenüber zuvor wichtigeren Verhaltensweisen, Beziehungen oder Einstellungen. In diesem Sinne wird häufig auch eine Verminderung der Freiheitsgrade im Denken und Handeln einer abhängigen Person beschrieben (Hoff und Sass 2011) oder auf eine Präferenzstörung abgestellt, bei der substanzassoziierte Dinge gegenüber Alltäglichem bevorzugt werden. Man kann dabei psychische von körperlicher Abhängigkeit unterscheiden. Psychische Abhängigkeit beschreibt ein Substanzverlangen und typisches Beschaffungsverhalten mit patho-

4.1 Darstellung klinischer Störungen durch Substanzgebrauch

logischen Einnahmemustern, während körperliche Abhängigkeit vor allem durch Anpassungsvorgänge des Organismus entsteht, wie Gewöhnung und Entzugserscheinungen (Schmidt 1999). Die diagnostischen Kriterien eines Abhängigkeitssyndroms nach ICD-10 lassen zum einen die Präferenzstörung (starker Wunsch oder Zwang zum Substanzkonsum, verminderte Kontrolle über Konsum, Vernachlässigung anderer Interessen zugunsten des Konsums, Konsum trotz Nachweis schädlicher Folgen) als auch die körperliche Abhängigkeit (körperliches Entzugssyndrom, Toleranzbildung) erkennen (Dilling et al. 2006). Schädlicher Gebrauch beziehungsweise Missbrauch wird eingrenzend dann angenommen, wenn trotz nachgewiesener Schäden (in verschiedenen Bereichen) weiter konsumiert wird und Kontrollversuche scheitern.

Entzugssyndrome entstehen dann, wenn eine Person über längere Zeit eine psychotrope Substanz konsumiert und es in der Folge zu physiologischen Anpassungsvorgängen im Körper der Person kommt, um wieder ein Gleichgewicht zu dem Substanzeinfluss herzustellen. Der Kompensationsversuch des Körpers, dessen Wirkung den Substanzeffekten vereinfacht entgegengesetzt ist, bewirkt zudem eine Gewöhnung (Toleranz) und in der Folge bedarf es einer Dosissteigerung für gleiche Wirkeffekte der Substanz. Wird nach längerem Konsum nun die Substanz nicht mehr zugeführt, hängt die Gegenregulation des Körpers quasi hinterher und es entsteht erneut ein Ungleichgewicht in körperlichen Regulationsvorgängen. Die hieraus resultierenden Entzugssymptome können je nach Substanz gering oder stark ausfallen, ebenso hat die Abhängigkeitsdauer und Häufigkeit vorheriger Entzüge Einfluss auf die Schwere der Entzugserscheinungen. Schwere Entzugserscheinungen können in einen Verwirrtheitszustand (Delir) münden, welcher in 10 bis 20 % der Fälle tödlich verlaufen kann. Ein (Entzugs-)Delir umschreibt den typischerweise wellenförmig verlaufenden Komplex eines fehlregulierten vegetativen Nervensystems (u. a. sympathikusbetont, Blutdruckkrisen, Herzrhythmusstörungen, Temperaturregulationsstörungen, Schlaf-Wach-Störungen) zusammen mit Bewusstseinsstörungen, Wahrnehmungsstörungen, Erregungszuständen, Aufmerksamkeits-

und Gedächtnisstörungen, Desorientiertheit und Störungen des inhaltlichen Denkens.

Bei einem Konsum über lange Zeit kann es zu charakteristischen Änderungen der Persönlichkeit der Konsumenten kommen, welche als eigenständiges Depravationssyndrom (lat. Verzerrung, Verunstaltung) imponieren können. Dieses entspricht im Wesentlichen einer organischen Persönlichkeitsstörung, mit jedoch besserer Prognose und Reduktion bei anhaltender Abstinenz. Prägend sind ungehemmte Bedürfnis- und Impulsumsetzung, Reduktion von Planungs- und zielgerichtetem Verhalten, Störung der Gefühls- und Stimmungskomponente mit flacher Euphorie, Reizbarkeit, Labilität oder Apathie sowie kognitive Störungen mit Misstrauen oder thematischen Einengungen. Für die Person früher kennzeichnende Wesenszüge und Charakteristika verlieren sich zunehmend mit entsprechendem Einfluss auf das Norm-, Wert- und Motivationsgefüge. Soziale Konventionen haben zunehmend weniger Einfluss.

Eine vergleichsweise seltene, aber schwerwiegende Folge der Einnahme psychotroper Substanzen stellt eine psychotische Störung (Fehlwahrnehmung der Umwelt und eigener Person mit entsprechend veränderten Reaktions- und Verhaltensweisen) dar, die in einem charakteristischen zeitlichen Zusammenhang mit dem Konsum aufgetreten ist. Einige Substanzen, bspw. Kokain, bewirken mit höherer Wahrscheinlichkeit das Auftreten einer psychotischen Störung. Es kann bei einigen Konsumenten auch zu unerwartet plötzlichen Wiederholungen von psychotischen Phasen kommen (Flashback, Echopsychose), ohne dass direkt zuvor eine psychotrope Substanz gebraucht wurde. Letztlich sind psychotische Störungen im Zusammenhang mit Substanzkonsum nicht zu verwechseln mit psychiatrischen Erkrankungen wie einer schizophrenen, manischen oder depressiven Störung. Für einige dieser Störungen stellt Substanzkonsum zwar ein erhöhtes Auftretensrisiko dar, ansonsten bestehen aber zum Teil erhebliche Unterschiede bezüglich Therapie, Verlauf und Prognose. Der Begriff Doppel- oder Dualdiagnose beschreibt in der Psychiatrie das Vorliegen zweier psychiatrischer Störungen bei einer Person. Die akademische Abgrenzung vom sonst gebräuchlichen Be-

4.1 Darstellung klinischer Störungen durch Substanzgebrauch

griff Komorbidität (zeitgleich vorliegende verschiedene Krankheiten) erfolgt, da genaue Ursachen psychiatrischer Störungen in der Regel unbekannt sind und offen bleiben muss, ob es tatsächlich zwei verschiedene Störungen sind, die gemeinsam vorliegen. In der alltäglichen Praxis werden beide Begriffe synonym verwendet.

> **Merke**
> Psychiatrische Störungen im Zusammenhang mit Konsum psychotroper Substanzen sind vielfältig. Neben unmittelbaren Intoxikationen und Rauschzuständen sowie Entwicklung von schädlichem Gebrauch und Abhängigkeit mit etwaigen Komplikationen (Entzug, Delir) können Persönlichkeitsveränderungen und psychotische Störungen manifest werden. Wichtig ist zudem die Abgrenzung zu häufig parallel vorliegenden weiteren psychischen Störungen.

Bedeutsam ist auch die Betrachtung zusätzlicher psychiatrischer Krankheitsbilder, die bei Personen mit einer Missbrauchs- oder Abhängigkeitserkrankung zusammen auftreten, da das gemeinsame Vorkommen von Sucht und anderen psychiatrischen Erkrankungen häufig ist und den jeweiligen Krankheitsverlauf in zahlreichen Aspekten mitbestimmt (Beginn, Aufrechterhaltung, Ansprechbarkeit auf Therapie, Prognose etc.). Bei 18- bis 65-jährigen Menschen aus einer Bevölkerungsstichprobe mit der Diagnose von Substanzmissbrauch oder -abhängigkeit kommt dies als alleinige Störung zu 45 % bis 56 % vor, 23 % bis 29 % haben eine, 6 % bis 13 % haben zwei und etwa 14 % drei oder mehr zusätzliche psychiatrische Störungen (Jacobi et al. 2004). Die Lebenszeitprävalenz weiterer psychischer Störungen scheint bei Menschen mit Drogensucht generell höher zu sein (Regier et al. 1990): Affektive Störungen (z. B. Depression, Manie, bipolare Erkrankung) treten bei Alkoholsucht zu etwa 13 % auf, bei Sucht von illegalen psychotropen Substanzen ist der Anteil doppelt so hoch (etwa 26 %). Schizophrenie wird zu etwa 4 % bei Alkoholsucht festgestellt, bei Sucht von illegalen Drogen beträgt die Rate knapp 7 %. Auch Angsterkrankungen treten häufiger bei letztgenannter Gruppe

4 Klinik, Verlauf, Prognose, Komorbiditäten

auf mit 28 % gegenüber 19 % bei Alkoholsucht. Demgegenüber sind die angegebenen Häufigkeiten von der forensisch besonders bedeutsamen antisozialen Persönlichkeitsstörung (▶ Kasten Vertiefung) ähnlich, bei Alkoholsucht 14 % und bei Drogensucht knapp 18 %. Weiterhin gehäuft bei Suchterkrankungen kommen Posttraumatische Belastungsstörungen oder auch ADHS vor. Es ist wichtig, die »Richtung« der Komorbidität zu beachten: Beispielsweise entwickelt sich bei etwa 5 % suchtkranker Menschen eine Schizophrenie; untersucht man demgegenüber Personen mit einer schizophrenen Erkrankung, wird die Lebenszeithäufigkeit einer Suchterkrankung mit etwa 50 % angegeben (a. a. O.). Die Angaben zur Häufigkeit von Mehrfachdiagnosen hängen auch stark von der Stichprobe ab. So wird beispielsweise bei klinischen Stichproben Abhängigkeitskranker eine deutlich höhere Rate an Persönlichkeitsstörungen gefunden (Schläfke und Giggel 2015). Zudem gibt es Spezifika je nach Substanz, bei Kokainmissbrauch oder -abhängigkeit würde so besonders häufig eine antisoziale Persönlichkeitsstörung vorliegen (ca. 43 %, Gouzoulis-Mayfrank 2008). Am höchsten ist die Komorbidität von Sucht mit anderen psychiatrischen Störungen bei Gefängnisinsassen, bei denen ein höherer Anteil antisozialer Persönlichkeitsstörung, Schizophrenie und bipolarer Störung vorliegt (Regier et al. 1990).

Patient X hat Drogen aus verschiedenen Stoffklassen konsumiert. Er ist heute aber kaum noch dazu in der Lage, die konkreten Effekte und Wirkungen zu beschreiben. Er gibt an, bezogen auf Alkohol bereits mit ca. 15 Jahren erste Entzugssymptome bemerkt zu haben. Den Drogenkonsum verbindet er entweder mit Partyatmosphären oder Langeweile und »Zudröhnenwollen« in der Haft. Typischerweise entwickelt der Patient bereits mit knapp über 20 Jahren eine Abhängigkeit und muss dann auch erstmals stationär entgiftet werden. Bereits zu diesem Zeitpunkt geht man diagnostisch von einem Abhängigkeitssyndrom bei multiplem Substanzgebrauch aus.

Parallel dazu kann sich Herr X sozial und beruflich nicht integrieren und zeigt bald Anzeichen für die Manifestation einer

Persönlichkeitsstörung, die sowohl dissoziale als auch zwanghafte und passiv-aggressive Züge aufweist. Daraus entwickelte sich dann auch noch eine Angststörung, die insbesondere sozialphobische Anteile hat. Diese komorbiden Störungen der Sucht werden oft mit dem Konsum aus der Sicht einer »Selbstmedikation« in Verbindung gebracht. Bei Herrn X schien aber ein gleichzeitiges Auftreten der Sucht und der komorbiden Störungen zu bestehen. Hinzu kommt bei ihm seine Lernbehinderung.

Innerhalb von Haftanstalten werden nicht nur Komorbiditäten mit Sucht, sondern auch einzelne psychiatrische Störungsbilder häufiger als in der Allgemeinbevölkerung gesehen. Internationale Querschnittserhebungen berichten beispielsweise Diagnosehäufigkeiten von 3 % bis 7 % für psychotische Störungen (Schizophrenie, wahnhafte Störung, Manie), 10 % für depressive Episoden und 65 % für Persönlichkeitsstörungen, wovon 47 % auf antisoziale Persönlichkeitsstörungen entfallen (Fazel und Danesh 2002). Repräsentative Untersuchungen in Deutschland stehen aus oder umfassen spezielle Gruppen wie Verbüßer von Ersatzfreiheitsstrafen oder (nicht verurteilte) Untersuchungsgefangene (Konrad und Opitz-Welke 2015).

Vertiefung: Antisoziale und dissoziale Persönlichkeitsstörung, *psychopathy*
Die Begriffe antisozial oder dissozial werden im Zusammenhang von Delinquenz und Sucht häufig verwendet, bedürfen allerdings einer sorgfältigen Abwägung. Denn obgleich diese Begriffe oberflächlich auf gesellschaftsschädigende Einstellungs- und Verhaltensweisen hinweisen, haben sie eine erhebliche aufrechterhaltende, etikettierende Wirkung auf die Betroffenen und deren Wahrnehmung in jeglichem Behandlungsumfeld. Des Weiteren sind diese Begrifflichkeiten im forensisch-psychiatrischen Rahmen reserviert für Personengruppen, bei denen Besonderheiten der Therapie und Prognose zu beachten sind.

Von einer Persönlichkeitsstörung spricht man im klinischen Bereich, wenn »durch überdauernde Persönlichkeitszüge erhebliche subjektive Beschwerden oder nachhaltige Einschränkungen der sozialen Kompetenz entstehen« (Sass 1986). Die Vergabe einer Persönlichkeitsstörung als psychiatrische Diagnose bedarf nach der ICD-10 zunächst des Vorhandenseins aller folgenden allgemeinen Kriterien:

1. dauerhafte und charakteristische Verhaltens- und Erfahrensmuster (in Kognition, Affektivität, Impulskontrolle und Bedürfnisbefriedigung, zwischenmenschliche Beziehungsfähigkeit) weichen deutlich von der kulturell vereinbarten Norm ab,
2. viele persönliche und soziale Situationen sind von den starren, unzweckmäßigen Verhaltensmustern betroffen,
3. daraus resultiert persönlicher Leidensdruck und/oder nachteiliger Einfluss auf die Umwelt,
4. die Abweichung soll stabil, von langer Dauer und mit Beginn in Kindheit oder Jugend nachweisbar sein,
5. eine ursächliche andersartige psychiatrische Störung liegt nicht vor,
6. organische Erkrankungen und Funktionsstörungen des Gehirns liegen ursächlich nicht vor (Dilling et al. 2006).

Für die alltägliche Praxis bedeutet dies, dass die Diagnose einer Persönlichkeitsstörung fundiert erhobener Informationen zum Längsschnitt und klinischer Befunde bedarf. (Vorschnelle) Diagnosen aus der Querschnittsbetrachtung sind unzulässig und bergen die Gefahr des Übersehens anderer psychiatrischer Störungsbilder, die episodenhaft mit normabweichendem Verhalten einhergehen können (beispielsweise schizophrene Störungen mit paranoider Symptomatik, manische Syndrome oder eben auch Wesensänderungen im Zusammenhang mit psychotropen Substanzen). Neben den Allgemeinkriterien einer Persönlichkeitsstörung müssen für die Spezifikation als dissoziale Persönlichkeitsstörung mindestens drei der folgenden Eigenschaften oder Verhaltensweisen zutreffen:

1. herzloses Unbeteiligtsein gegenüber den Gefühlen anderer,
2. deutliche und andauernde verantwortungslose Haltung und Missachtung sozialer Normen, Regeln und Verpflichtungen,
3. Unfähigkeit zur Aufrechterhaltung von Beziehungen,
4. sehr geringe Frustrationstoleranz und niedrige Schwelle für aggressives, einschließlich gewalttätiges Verhalten,
5. fehlendes Schuldbewusstsein oder Unfähigkeit, aus negativer Erfahrung/Bestrafung zu lernen,
6. deutliche Neigung, andere zu beschuldigen oder plausible Rationalisierungen anzubieten für das konflikthafte Verhalten.

Es wird plausibel, dass bei einer alleinigen Querschnittsbetrachtung insbesondere die Kriterien 2., 5. und 6. für einen Großteil der Haftpopulation, aber auch andere Konstellationen für Suchtstörungen schnell zuschreibbar erscheinen. Dies unterstreicht die fachgerechte Diagnostik und Beachtung der Allgemeinkriterien, wenn sozial störendes Verhalten als dissoziale Persönlichkeitsstörung benannt wird (Habermeyer und Herpertz 2006). Während antisozial und dissozial allgemein synonym verwendet werden, ist die antisoziale Persönlichkeitsstörung des angloamerikanischen Klassifikationssystems DSM (Falkai und Wittchen 2015) das Pendant zur dissozialen Persönlichkeitsstörung in der ICD-10. Am DSM-Modell wird allerdings die Fokussierung auf sozial schädliche Verhaltensweisen und eine Vernachlässigung tiefergehender Charakterbeschreibungen kritisiert (Müller-Isberner et al. 2003).

Die forensische Relevanz dissozialen Verhaltens erklärt sich dadurch, dass in der kriminologischen Literatur folgende vier Faktoren als »Big Four« hauptsächlich mit Vorhersage und Ursache individuellen kriminellen Verhaltens verbunden werden: antisoziales Verhalten in der Vergangenheit, antisoziale Persönlichkeitsmuster, antisoziale Kognitionen und Beziehungen zu antisozialem

> Umfeld (Andrews und Bonta 2010). Diese Faktoren können in vielen Fällen auch in einer antisozialen Persönlichkeitsstörung kondensiert sein.
>
> Ebenso forensisch relevant und leicht missverständlich gebraucht ist der Begriff *psychopathy* (engl., im Sinne des Beschreibers Robert Hare, vgl. Mokros 2013). Er beschreibt ein Konzept zur Erfassung von spezifischen Persönlichkeitsauffälligkeiten, die bei Vorliegen mit einer erhöhten Rückfälligkeit in kriminelles Verhalten und ungünstigen Therapieergebnissen einhergehen (Mokros et al. 2014; Mokros und Habermeyer 2012). Typische Eigenschaften sind beispielsweise Impulsivität, Empathiemangel und Gefühlskälte, Egozentrik, ausnutzendes Verhalten oder mangelnde Verantwortungsübernahme. Eine Person die die Kriterien einer *psychopathy* erfüllt, wird in den meisten Fällen auch die Kriterien einer antisozialen Persönlichkeitsstörung erfüllen, umgekehrt liegt bei etwa einem Drittel der Menschen mit antisozialer Persönlichkeitsstörung eine *psychopathy* vor (Dreßing und Habermeyer 2015).

4.2 Verläufe von Sucht und Kriminalität

Die überwiegend lange Krankheitsdauer bei der Sucht führt eher zu der klinischen Annahme einer chronischen, lebenslang anhaltenden Störung, deren Schwere Schwankungen unterliegt zwischen Abstinenz, abgrenzbaren Konsumvorfällen, reduziertem Konsum und Rückfällen in alte Konsummuster. Der wissenschaftliche Nachweis dieser traditionellen Annahme ist jedoch schwierig, denn für Abhängigkeitserkrankungen liegen nur wenige empirische Erkenntnisse zu Verlauf und Prognose vor (Kienast et al. 2001; Scherbaum und Specka 2008). Einige Autoren diskutieren mitunter auch die Möglichkeit einer Heilung aus der Sucht (Heyman 2013). Heilung (Remission) wird in diesen Untersuchungen oft als Phase ohne Krankheitszeichen mit einer bestimmten

Mindestdauer verstanden, ohne dass man den langjährigen Verlauf über Dekaden mit etwaigen Rückfallereignissen tatsächlich beobachtet. Die Remissionsraten variieren dabei zwischen den Substanzen und auch zwischen den Studien (Calabria et al. 2010; Lopez-Quintero et al. 2011). Bei der Alkoholabhängigkeit geht man von etwa 5 % bis 40 % erreichter Abstinenz oder Beschwerdebesserung im Lauf der Erkrankung aus, je nach Schwere der Abhängigkeit und Behandlungsinterventionen (Ebert und Loew 2008; Mann et al. 2005). Längerfristig abstinent bleiben Menschen mit Alkoholabhängigkeit insbesondere dann, wenn es Ihnen gelingt, die ersten Monate nach einer Behandlung ohne Rückfall zu leben (Körkel und Schindler 2003). Demgegenüber steht eine deutlich erhöhte Sterblichkeitsrate Suchtkranker sowie eine unzureichende Erkennung und Einbindung in suchtspezifische Behandlungsmaßnahmen (Lindenmeyer 2005). Niedrigdosisabhängigkeit oder auch Langzeitkonsum im Niedrigdosisbereich ist gekennzeichnet durch eine häufig extern aufrechterhaltene Kontrolle zumindest über die Dosierung oder Häufigkeit der Substanzeinnahme. Ein Beispiel sind fortgesetzte ärztlich kontrollierte Benzodiazepinverschreibungen, bei denen eine unkontrollierte Dosissteigerung nur begrenzt möglich scheint. Dennoch treten bei Absetzen Entzugserscheinungen, bei fortgesetzt längerer Einnahme kognitive und Gedächtnisstörungen sowie Antriebsdefizite auf (Glaeske et al. 2015).

Merke
Der Verlauf von Abhängigkeitserkrankungen ist vielfältig in seinem Erscheinungsbild und dem Ausmaß an biologischen, psychischen und sozialen Folgen. Neben der häufigen, jedoch falschen Einschätzung von Sucht als gesetzmäßig chronisch-fortschreitendes Krankheitsbild kommen sowohl wellenförmige Verlaufsformen zwischen Verschlechterung und Konsumkontrolle, aber auch länger anhaltende Abstinenz und Spontanremission vor. Rückfälle gehören in der Mehrzahl der Fälle zum Verlauf von Suchterkrankungen, müssen jedoch je nach Ausmaß, Folgen und Aufnahmen von Interventionsmaßnahmen unterschiedlich betrachtet werden.

4 Klinik, Verlauf, Prognose, Komorbiditäten

Zum Verlauf kriminellen Verhaltens sind grundsätzlich folgende allgemeine Aussagen voranzustellen. Die deutliche Mehrheit der Täter wird mit einem oder wenigen Delikten auffällig. Spontanabbrüche sind häufig. Demgegenüber ist eine sehr kleine Gruppe (< 10 %) für etwa die Hälfte der Delinquenz einer Altersgruppe verantwortlich (BMI und BMJ 2006), sie werden mitunter als Intensiv- oder Karrieretäter bezeichnet. Auch bei dieser Gruppe kommt es im zeitlichen Verlauf häufig zur zwischenzeitlichen Abkehr vom kriminellen Verhalten.

In der Arbeit zur Nachuntersuchung einer längeren deutschen Verlaufsstudie zu kriminellem Verhalten (Tübinger Jungtäter Vergleichsuntersuchung – TJVU, Stelly und Jürgen 2005) werden vorangehend die empirischen Erkenntnisse zum Verlauf von Kriminalität unter Einbezug renommierter Untersuchungen zusammengefasst: Bis etwa zum Ende des 30. Lebensjahrs wird durchschnittlich jeder Dritte einer männlichen Geburtskohorte mindestens einmal mit kriminellem Verhalten registriert. Dabei kann knapp die Hälfte als Einmaltäter bezeichnet werden und ein Großteil der Wiederholungstäter bleibt begrenzt im Jugend- und Heranwachsendenalter auffällig. Von den 3 % bis 6 % der Jugendlichen einer männlichen Geburtskohorte, die als Intensivtäter aufgefallen sind, beendeten 18 % bis 35 % diese Entwicklung und wurden als Heranwachsende oder junge Erwachsene nicht erneut auffällig. Auch bei strafrechtlich aufgefallenen Kindern wird etwa ein Drittel in der Jugend und über die Hälfte im Erwachsenenalter nicht mehr mit Kriminalität registriert. Erstmals im Erwachsenenalter werden etwa 10 % einer männlichen Geburtskohorte als straffällig registriert. Diese Gruppe trägt mit etwa einem Drittel zur Gruppe der erwachsenen Wiederholungstäter bei. Als chronisch Auffällige lassen sich 1–2 % einer Kohorte bis zum 30. Lebensjahr identifizieren. Diese Verteilungsmuster offiziell registrierter Straftaten finden sich grundsätzlich auch bei Dunkelfeldstudien mit Selbstangaben zur Delinquenz, wenn auch mit naturgemäß höherer Kriminalitätsbelastung. Schwere und wiederholte Kriminalität führt in der Regel zu Inhaftierungen und Nachbeobachtungen von Haftentlassenen stellen daher eine besondere Selektion dar. Aber auch nach Haftentlassung kommt es bei

4.2 Verläufe von Sucht und Kriminalität

mehr als fünfjähriger Beobachtungszeit in etwa der Hälfte der Fälle zum Ende kriminellen Verhaltens. Dem folgend findet ein Abbruch intensiv kriminellen Verhaltens auch in späteren Lebensabschnitten statt und bleibt nicht auf die Übergänge von Jugend- zum Erwachsenenalter beschränkt.

Die eigentlichen Verlaufsdaten der TJVU bestätigen die oben genannten Befunde und belegen, dass »selbst bei einer stark mit Kriminalität belasteten Population im Zeitverlauf das Ende oder ein deutlicher Rückgang der straftrechtlichen Auffälligkeiten ein häufig vorkommendes Entwicklungsmuster ist« (Stelly und Jürgen 2005, S. 260). Nachbeobachtet wurden 200 männliche inhaftierte Probanden, von der Erstuntersuchung im Alter von durchschnittlich 24,9 Jahren bis mindestens zum 32. Lebensjahr, bis zum 39. Lebensjahr (n=176) und längstens bis zum 46. Lebensjahr (n=61). Zu erneuter Inhaftierung kam es zunächst noch bei 74 % zwischen dem 26. und 32. Lebensjahr, im folgenden Lebensabschnitt zwischen dem 33. und 39. Lebensjahr sank dieser Anteil auf 40 %. Die allgemeinere Wiederverurteilungsrate sank für diese Zeiträume von 85 % auf 58 %. Von denjenigen, die als Heranwachsende (19. bis 25. Lebensjahr) dreimal oder häufiger verurteilt wurden, setzte sich dies bei etwa einem Drittel bis in das mittlere Erwachsenenalter fort. Bei den Verläufen, bei denen wiederholt auch im Erwachsenenalter Verurteilungen auftreten, gehen die Autoren von einer Eigendynamik der Rückfälligkeit aus, die losgelöst erscheint von vorangehenden sozialen Auffälligkeiten in der Jugend- und Heranwachsendenzeit.

> **Merke**
> Eine wesentliche kriminologische Erkenntnis aus der Zusammenfassung von Längsschnittuntersuchungen von Personen bezüglich kriminellen Verhaltens ist, »dass selbst bei sogenannten Intensivtätern der Abbruch einer kriminellen Karriere (desistance from crime) nicht die Ausnahme, sondern – wenn auch im Einzelfall etwas später und nach erhöhter Frequenz – die Regel ist« (Neubacher 2014, S. 73). Kontinuitätsannahmen, wie die des lebenslang

> anhaltend Straffälligen (life-course persistent offender) gegenüber auf Jugend begrenzt Auffällige (adolescent-limited offender) sind damit größtenteils entkräftet.

Der Aspekt Sucht wurde insofern miterfasst, als dass das Merkmal »intensiver Alkoholkonsum« bei Konsum von mehr als zwei Flaschen Bier oder einem Viertel Liter Wein pro Tag erhoben wurde. Gegenüber den sozialen Belastungsfaktoren unregelmäßige Berufstätigkeit oder Milieukontakte, deren prozentuale Häufigkeit nahezu linear mit Anzahl der Inhaftierungen über die Zeit zunahm, war dies für Alkoholkonsum nicht der Fall. Diejenigen mit 1 bis 6 Inhaftierungen zwischen dem 15. und 32. Lebensjahr hatten in 33 % bis 36 % der Fälle intensiven Alkoholkonsum um das 35. Lebensjahr angegeben, nur jene mit 7 oder mehr Inhaftierungen berichteten dies vermehrt zu 52 %. Jene Probanden, die über alle Lebensabschnitte hinweg erneute Verurteilungen aufwiesen, gaben um das 25. Lebensjahr in 69 % der Fälle und um das 35. Lebensjahr in 57 % der Fälle intensiven Alkoholkonsum an. Hingegen lagen diese Zahlen bei den anderen Haftentlassenen ohne durchgehende Neuverurteilungen bei 49 % um das 25. Lebensjahr und bei 33 % um das 35. Lebensjahr. Über die gesamte Untersuchungsgruppe hinweg reduziert sich der Anteil intensiv Alkohol Konsumierender von 45 % um das 25. Lebensjahr auf 24 % um das 45. Lebensjahr. Der beschriebene Alkoholkonsum wurde von den Autoren nicht als ursächlicher Faktor für Kriminalität interpretiert. Vielmehr wurde er in einen Gesamtkomplex sozialer Auffälligkeit integriert, indem sich jedoch Faktoren um soziale Einbindung als relevanter herausstellten. Zudem lässt sich anhand der Informationen keine Unterscheidung zwischen tatsächlicher Abhängigkeit und phasenhafter Trinkmengensteigerung feststellen. Keinesfalls genügen die Daten, um eine Parallele zwischen den beschriebenen Konsummustern und Kriminalitätsverläufen, inklusive deren Entwicklung und Abbruch herzuleiten.

Zu den international bedeutsamsten Untersuchungen über Kriminalität im Lebensverlauf zählt die Studie von Sampson und Laub

4.2 Verläufe von Sucht und Kriminalität

(2003). Sie konnten knapp 500 Verläufe vom 7. bis zum 70. Lebensjahr ehemals delinquenter Jungen überschauen. Dabei zeigte sich ein kontinuierlicher Rückgang kriminellen Verhaltens in der Gesamtstichprobe auf 84 % im Alter von 17 bis 24 Jahren, auf 44 % zwischen 40 und 49 Jahren und schließlich 12 % im Alter von 60 bis 69 Jahren. Dieses Verteilungsmuster zeigte sich grundsätzlich sowohl in verschiedenen Deliktkategorien, als auch bei verschiedenen Intensitätskategorien, allerdings verschob sich mitunter der Häufigkeitsgipfel Richtung mittleres Erwachsenenalter.

Die Tatsache, dass Kriminalität kein kontinuierliches Phänomen ist, sondern in der Regel die Häufigkeit von Straftaten mit dem Alter abnehmen, wird am anschaulichsten bei Betrachtung der sogenannten Alters-Kriminalitätskurve (▶ Abb. 2).

Je nach Bezugsstichprobe und Kriminalitätsmerkmal erhält man leicht abweichende Varianten, die Grundform bleibt jedoch kon-

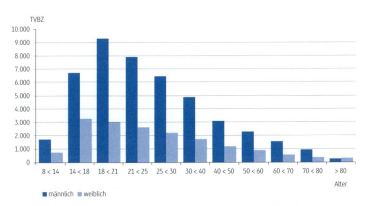

Abb. 2: Alters-Kriminalitätskurve (Bundeskriminalamt 2014, S. 117), hier exemplarische Darstellung der zunächst raschen Zunahme der Tatverdächtigen/100.000 der Altersgruppe und dann kontinuierlicher Abnahme mit weiter steigendem Alter. Beachtenswert ist der für beide Geschlechter prinzipiell gleiche Verlauf, mit jedoch Unterschieden der Häufigkeiten und des Zeitpunkts des Gipfels.

stant.[4] Demnach steigt die Häufigkeit kriminellen Verhaltens rasch bis zu einem Gipfel an, von dem es dann zu einem kontinuierlichen Abfall der Häufigkeitszahlen kommt. Bei dieser Darstellung ist natürlich zu berücksichtigen, dass es sich um eine grobe Zusammenfassung verschiedener individueller Verläufe handelt, die häufig im Querschnitt erhoben werden. Aber auch Längsschnittuntersuchungen belegen, wie oben ausgeführt, diesen typischen Verlauf. Es muss jedoch auch hervorgehoben werden, dass einerseits demografische Veränderungen, wie beispielsweise zunehmende Lebenserwartung, aber auch spezielle Deliktarten, wie beispielsweise bestimmte Formen der Sexualdelinquenz, zu berücksichtigen sind und sich dem scheinbaren Automatismus einer Kriminalitätsabnahme im Alter entziehen (Janka 2012; De Tribolet-Hardy et al. in Vorb.).

> **Merke**
> Das Auftreten von Kriminalität über die verschiedenen Lebensabschnitte hinweg unterliegt zusammengefasst einer Linksverschiebung, mit kontinuierlicher Abnahme im zunehmenden Alter nach einem Häufigkeitsgipfel bei Heranwachsenden. Einzelne Deliktbereiche unterliegen dabei Besonderheiten.

Verdienstvolle Erkenntnisse zum Verlauf der Delinquenz von Menschen mit Abhängigkeit von illegalen psychotropen Substanzen stammen aus den Untersuchungen der Arbeitsgruppe um Kreuzer (2009). In mehreren Erhebungswellen (1972, 1978, 1988) wurden Drogenabhängige mit intravenösem Konsum befragt und Informationen zum Delinquenzverlauf und zur Konsumgeschichte aufgearbeitet. Es zeigte sich bei dieser Klientel, dass viele verschiedene Deliktarten vorkommen (▶ Kap. 3), wovon ein größerer Teil auf direkte Beschaffungsdelikte und Straftaten im Milieu entfallen würde. Der kleinere Teil

---

4 Detaillierte Zahlen und Angaben zur Kriminalitätsentwicklung und Sanktionsforschung unter http://www.ki.uni-konstanz.de/kik/ (Zugriff am 06.06.2017).

4.2 Verläufe von Sucht und Kriminalität

der von den untersuchten Drogenabhängigen begangenen Kriminalität entfiel auf Raub, Erpressung, Körperverletzung oder Diebstahl unter erschwerten Umständen. Insbesondere die weniger schweren Delikte wie Schwarzfahren, Ladendiebstahl oder kleine Drogengeschäfte trugen zur hohen Delinquenzbelastung der untersuchten Probanden bei und wurden als alltagsbestimmend benannt. Im Weiteren wurde von der Arbeitsgruppe um Kreuzer dann versucht, Delinquenz- und Drogenentwicklung parallel im Längsschnitt systematisiert darzustellen. Es wurden vier verschiedene Verlaufsmodelle (Kreuzer et al. 1991) festgestellt, 1. Drogenabhängigkeit ohne vorherige oder sich parallel entwickelnde Delinquenz, 2. Drogenabhängigkeit und Delinquenz entwickeln sich parallel, 3. bei vorbestehender leichter Delinquenzentwicklung wird diese durch Drogenabhängigkeit verstärkt und 4. Drogenabhängigkeit entwickelt sich bei bereits ausgeprägter Delinquenzbelastung. Wie zu erwarten, zeigte sich ein viel komplexeres Geschehen als eine regelhaft vorangehende Substanzabhängigkeit mit nachfolgend einsetzender Kriminalitätsentwicklung. Einbezogen wurden Delikte, die über jugendtypische Delinquenz hinausgehen, und ausgeklammert wurden Drogenkonsum-assoziierte Straftaten (Erwerb, Besitz). Der Beginn der »Drogenkarriere« wurde zunächst auf den Erstkonsum von Heroin oder Kokain gesetzt. Bei Beobachtung von insgesamt 217 Personen der drei Erhebungswellen (147 Männer, 40 Frauen) kam der erste Verlaufstyp, der Drogenabhängigkeit ohne Delinquenzentwicklung beschreibt, praktisch nicht vor (0,5 %). Der zweite Verlaufstyp, gekennzeichnet durch wechselseitige Bedingtheit oder gleichzeitigen Beginn von Drogenabhängigkeit und Delinquenzentwicklung, wurde in 53 % der Fälle beobachtet. Der dritten Kategorie, die zugrunde legt, dass eine bereits angebahnte kriminelle Entwicklung durch eine später einsetzende Drogenabhängigkeit verstärkt wird, wurden 27 % zugeordnet. Der vierte Verlaufstyp mit ausgeprägter Delinquenzentwicklung und erst deutlich späterem Beginn einer Drogenabhängigkeit traf auf 19 % der Gesamtstichprobe zu. Bereits diese Verteilung verweist darauf, dass Suchtentwicklung kaum als alleinige Ursache für kriminelles Verhalten herangezogen werden kann, wenn doch ein Großteil der Probanden vorher Straftaten beging.

Allerdings war das Merkmal »erstmaliger Konsum« von Heroin oder Kokain nicht sehr spezifisch und konnte nicht automatisch für eine Abhängigkeitsentwicklung von diesen Substanzen gelten. In einer weiteren Analyse wurde der Beginn der Drogenabhängigkeit dann anders operationalisiert. Es wurde nicht mehr der Erstkonsum, sondern der regelmäßige Konsum von Heroin oder Kokain zugrunde gelegt (a. a. O.). Diese Betrachtungsweise scheint sich dem Gesamtkomplex Sucht realistischer zu nähern und ergab in der letzten Erhebungswelle von 1988 eine deutliche Verschiebung vom zweiten zum vierten Verlaufstyp. Abbildung 3 stellt die Häufigkeitsverteilung dar.

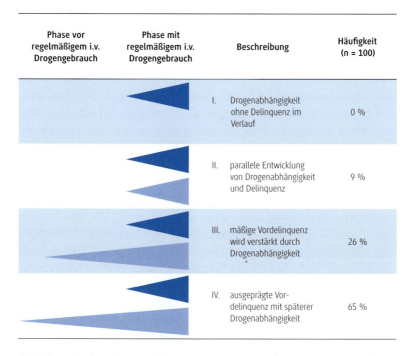

Abb. 3: Zeitliche Zusammenhänge der Entwicklung von Abhängigkeit und Delinquenzentwicklung bei i.v.-Drogenkonsumenten. Entwicklung der Abhängigkeit dargestellt durch dunkle Dreiecke, Entwicklung der Delinquenz durch helle Dreiecke (modifiziert nach Kreuzer et al. 1991, Kreuzer 2009)

4.2 Verläufe von Sucht und Kriminalität

Auch wenn die Ergebnisse keinesfalls das Gesamtfeld der Drogenkriminalität geschweige denn das der Menschen mit Abhängigkeit von illegalen Substanzen erfassen können, lassen sich zumindest Hinweise auf die Verbindung von Abhängigkeit und Delinquenz finden. Der Großteil der abhängigen Probanden wies bereits im Vorfeld eine mäßige oder stärkere Delinquenzbelastung auf. Drogenabhängigkeit als ursächlicher Faktor für die Entwicklung von Delinquenz erscheint hier nicht plausibel, vielmehr kann diskutiert werden, inwiefern eine zusätzlich aufgetretene Drogenabhängigkeit Delinquenzentwicklungen verstärkt oder aufrechterhält. Ein kleinerer Teil der Stichprobe zeigte eine vermutlich gegenseitig sich verstärkende, da gleichzeitig beginnende Entwicklung von Sucht und Delinquenz. Es ist zu vermuten, dass eine Suchtproblematik eine Delinquenzabnahme über die Lebensspanne – wie oben beschrieben – zumindest erheblich verzögern kann. Kein Proband zeigte innerhalb dieser Stichprobe, dass auch Suchtverläufe ohne Delinquenzentwicklung vorliegen. Dies verweist auf die extreme Selektion dieser Stichprobe i.v.-Drogenabhängiger aus Therapie und Haftanstalten und Grenzen der Verallgemeinerung auf sozial besser situierte Suchtkranke (Kreuzer 2015), denn in einer späteren Vergleichsuntersuchung mit Teilnehmern kontrollierter Heroinvergabe im Rahmen eines Modellprojektes lag dieser Anteil ohne berichteter Delinquenz bei 13 % (Kreuzer 2009). Exemplarische Verläufe aus der Gesamtstichprobe zeigten allerdings auch Widersprüchlichkeiten auf und können als Beispiele dafür gelten, dass man den Gesamtkomplex Delinquenz und Sucht in all seiner Vielfältigkeit wohl kaum jemals vollständig erschließen wird. So wurde beschrieben, dass bei ausgeprägter Kriminalität eine Drogenabhängigkeit den Delinquenzverlauf abschwächen kann, da die Sucht mit ihren körperlichen und geistigen Auswirkungen zu einer verminderten Leistungsfähigkeit führte und größere illegale Geschäfte schlichtweg nicht mehr geplant oder längerfristig zielgerichtet durchgeführt werden konnten. Letztlich wird dann auch zusammenfassend festgehalten:

»In der Regel kann man davon ausgehen, dass mit Beginn der Drogenabhängigkeit eine Intensivierung delinquenten Verhaltens einhergeht. [...] Eine kausale Beziehung zwischen Abhängigkeitsstatus und Ausmaß der Kriminalität konnte allgemeingültig nicht festgestellt werden. Der Umfang der Kriminalität und das Ausmaß des Drogengebrauchs schienen sich eher wechselseitig zu beeinflussen.« (Kreuzer et al. 1991, S. 323).

Da also ein großer Teil der Kriminalität bei Drogenabhängigkeit nicht primär durch die Sucht allein verursacht scheint, wirkt es für Kreuzer (2009) auch widersinnig, diese Delinquenz zwangsläufig mit dem Prozess der Kriminalisierung (bspw. durch das BtMG) zu verbinden und strafrechtliche Maßnahmen als prinzipiell ungeeignet zu betrachten.

Merke
Ein großer Teil der Delinquenz suchtmittelabhängiger Menschen kann nicht allein mit der Sucht erklärt werden. Suchtverhalten kann in vielen Fällen Kriminalität verstärken und aufrechterhalten sowie andersherum. Weitere soziale Problembelastungen scheinen das Ausmaß der Delinquenzbelastung eher zu beeinflussen.

Unser Herr X hatte eine stetige Zunahme der Delinquenz zu verzeichnen. Dies bedeutete, dass er bereits mit 18/19 Jahren gefährliche und vorsätzliche Körperverletzungen beging, nach dem 20. Lebensjahr auch schweren Raub und eine Vielzahl von Delikten, die neben Beschaffungskriminalität weitere Körperverletzungen, Widerstand gegen Vollstreckungsbeamte und sogar ein Sexualdelikt betrafen. Er war durch Strafmaßnahmen, die mehrfache Haftstrafen beinhalteten, nicht zu beeindrucken und verbrachte bis zum 29. Lebensjahr insgesamt sechs Jahre in Haft und zweieinhalb Jahre in der Unterbringung in der Entziehungsmaßregel. Auch letztere Behandlung erbrachte keine durchgreifende Veränderung, er konsumierte weiter Alkohol, Drogen und Medikamente und beging Straftaten. Die Delinquenzentwicklung kulminierte dann in einem Tötungsdelikt mit 29 Jahren. Herr X ist jetzt 38 Jahre alt und konsumiert selbst in der Haftanstalt weiter. Ein Versuch, ihn zu entgiften, gelang aktuell. Ob dies eine Auswirkung auf weitere Therapiemaßnahmen und ein Durchbrechen der Delinquenz hat, muss offenbleiben.

5
Ätiologie

5.1 Überblick zur Ätiologie delinquenten Verhaltens

Es gibt eine Vielzahl von Theorien zur Erklärung abweichenden und kriminellen Verhaltens, die jedoch jeweils nur auf bestimmte Kriminalitätsbereiche plausibel anwendbar sind. Sie können mitunter je nach Disziplin ihrer Vertreter in (neuro-)biologische, soziologische oder psychologische Modelle kategorisiert werden. Keine von ihnen kann für sich beanspruchen, eine alles erklärende Annahme darüber zu liefern, wie Kriminalität entsteht, aufrechterhalten wird oder sich wieder einstellt. Nachfolgende integrative Ansätze aus entwicklungs-

5.1 Überblick zur Ätiologie delinquenten Verhaltens

bezogener und handlungsbezogener Perspektive bieten dabei eine gewisse Ausnahme und entwickeln zunehmende Bedeutung innerhalb der Kriminologie.

Da das Phänomen Kriminalität menschliches Handeln betrifft und in einem erweiterten sozialen Kontext als normabweichendes Verhalten zu betrachten ist, stellen sich vor allem solche Modelle und Theorien zur Kriminalitätsentwicklung als hilfreich dar, welche die beiden Aspekte Mensch und soziale Umgebungsfaktoren kombiniert betrachten. Als entwicklungskriminologische Theorie stellt das Modell von Lösel (2012) dabei eine Integration verschiedenartiger Risikofaktoren dar, die diese beiden Aspekte berücksichtigt. Es erläutert vor allem die Entwicklungsstufen zu anhaltender Dissozialität, deren Folge dann (auch schwerste) Kriminalität sein kann.[5] Vieles spricht für solche kumulativen Modelle, die die Prädisposition zu und Wahrscheinlichkeit für kriminelles Verhalten erhellen können. Hinzu kommt jedoch, dass der situative Charakter vieler Straftaten sich nur schwerlich in längerfristige Entstehungsbedingungen einordnen lässt und daher der Faktor Situation häufig eine große Bedeutung in der einzelnen Delinquenzanalyse darstellen kann. Die Situational Action Theory (nach Wikström) zählt zu den handlungstheoretischen Erklärungsansätzen für Kriminalität und bezeichnet als Situation eine individuelle Person (oder Personen) mit ihrer Wahrnehmung von Handlungsalternativen innerhalb eines bestimmten Settings. Erst durch die Interaktion von beidem wird ein Wahrnehmungs-Entscheidungs-Prozess ausgelöst, der dann Handeln (auch kriminelles) steuert.

> **Merke**
>
> Das entwicklungskriminologische Modell zur Kumulation biopsycho-sozialer Risikofaktoren (nebst Schutzfaktoren) sowie die

---

5 Vgl. auch Weiterentwicklung und Modifikation durch Beelman und Raabe (2003).

5 Ätiologie

handlungstheoretische Situational Action Theory bieten vielversprechende integrative Erklärungsansätze zur Entstehung von Kriminalität. Zur Erklärung von kriminellem Verhalten sind multimodale Ansätze erforderlich. Neben personellen Aspekten sind für eine Vielzahl krimineller Handlungen zudem situative Gegebenheiten von entscheidendem Gewicht.

5.1.1 Kumulation bio-psycho-sozialer Risikofaktoren der Dissozialität und Schutzfaktoren

Dieses Modell nach Lösel und Bliesener (2007) betrachtet vor allem die Hintergründe devianter Entwicklungen von Jugendlichen, die kriminelles Verhalten zeigen können. Ein hohes Risiko, über längere Zeit anhaltende Neigung zu dissozialem Verhalten zu zeigen und einen antisozialen Lebensstil zu entwickeln, resultiert nach den Autoren aus Lernbedingungen für aggressives und delinquentes Verhalten, Persönlichkeitsdispositionen und deren Wechselwirkungen mit sozialen Erfahrungen. Es werden 14 differenzierbare Faktoren benannt aus den Bereichen biologischer, psychologischer und sozialer Risikobelastungen, die in geringer Anzahl und Ausprägung auch zur Erklärung jugendtypischer Delinquenz (gekennzeichnet durch die Trias: Ubiquitär – Bagatellhaft – Spontanremission) heranziehbar sein können (▶ Abb. 4). Ihre stärkere Ausprägung und vor allem das gehäufte Auftreten vieler dieser Merkmale in einem Lebensweg können dann jedoch zu gravierendem und längerfristigem aggressivem und delinquentem Verhalten führen, also einem Lebensstil der sogenannten Intensivtäterschaft. Das Bedeutsame an diesem Modell ist, dass es die Komplexität und Verbindung der unterschiedlichen Merkmalsebenen aufzeigt. Dies ist relevant für Präventions- und Interventionsprogramme, die ebenfalls multimodal orientiert sein sollten, um effektiv zu wirken (vgl. Multisystemtherapie im Jugendbereich). Andererseits zeigt dies auch die Bereiche, an denen sogenannte Wendepunkte (turning points) zum Abbruch

5.1 Überblick zur Ätiologie delinquenten Verhaltens

krimineller Karrieren führen können, zu denen die Aufnahme von geregelt entlohnter Arbeit, soziale Verpflichtung in stabiler Partnerschaft/Familie sowie das Aufgeben von Milieukontakten mit zu den relevantesten gehören können. Die Autoren sehen auf den verschiedenen biologischen, sozialen und psychologischen Ebenen eine Weitergabemöglichkeit eines persistierend antisozialen Lebensstils an die nächste Generation, was diese dann zu deviantem und somit auch kriminellem Verhalten prädisponiert. In dem Modell wird die Manifestation der Antisozialität differenziert nach Kindheit, Jugend und jungem Erwachsenenalter betrachtet. Analog zur fortschreitenden Kumulation der Risikofaktoren über die persönliche Entwicklung hinweg kommt es über diese drei Alterskategorien zu einer Entwicklung schwerer Kriminalität und antisozialer Persönlichkeit im Erwachsenenalter, nach vorheriger erheblicher Delinquenz und Gewalt mit früher offizieller Straffälligkeit und Problemverhalten (Substanzmissbrauch, Risikoverhalten) in der Jugend sowie davorliegender offen-aggressiver oder verdeckter Störung des Sozialverhaltens und Autoritätsproblemen in der Kindheit.

Es wird hervorgehoben, dass es vor allem die Verbindung einzelner Risikomerkmale im Entstehen miteinander ist, im Sinne einer Kettenreaktion, die dann zu prototypischen Verläufen mit Verfestigung längerfristiger Dissozialität beiträgt. Diesem können natürlich auch

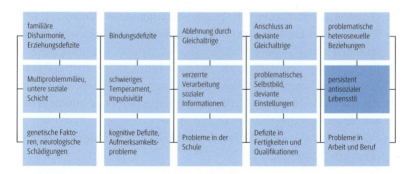

Abb. 4: Bio-psycho-soziale Risikofaktoren (modifiziert nach Lösel und Bliesener 2003, S. 11)

Einzelfälle gegenüberstehen, die kaum Risikoprädisposition aufweisen, dann aber stärkere Persönlichkeitsauffälligkeiten zeigen. Die Tatsache, dass selbstverständlich nicht alle Kinder und Jugendlichen mit hohem Risiko im weiteren Verlauf einzelne Straftaten begehen oder gar Karriere- oder Intensivtäter werden, hat mehrere Gründe. Ein Aspekt sind die den Prognosen besonders über lange Zeiträume innewohnenden erhöhten Raten falschpositiver und falschnegativer Einschätzungen. Ein weiterer bedeutsamerer Aspekt ist jedoch die daraus ableitbare Flexibilität und das Auftreten von Wendepunkten in der Entwicklung (► Kap. 4 Verlauf), dass also negative Kettenreaktionen verhindert, abgeschwächt oder unterbrochen werden können. Dies kann unter anderem durch folgende Schutzfaktoren erklärt werden, die analog zu obigem Risikomodell vor allem im gemeinsamen Auftreten mehrerer Faktoren einflussreich erscheinen.

Protektive Faktoren gegen dissoziale Entwicklung (nach Lösel und Bliesener 2003):

- einfaches Temperament
- überdurchschnittliche Intelligenz und gutes Planungsverhalten
- sichere Bindung an Bezugspersonen (auch außerfamiliär)
- emotionale Zuwendung und zugleich Kontrolle in Erziehung
- Vorbilder, die sich in widrigen Umständen positiv bewähren
- soziale Unterstützung durch nicht-delinquente Personen
- Vorzug eines aktiven gegenüber einem passiven Bewältigungsverhalten
- Erfolg in der Schule/Ausbildung und Bindung an dort geltende Werte und Normen
- Zugehörigkeit zu nicht-delinquenten Gruppen oder eine gewisse soziale Isolation
- Wahrnehmung von Selbstwirksamkeit in nicht-delinquenten (Freizeit-)Aktivitäten
- positives, aber nicht unrealistisch überhöhtes Selbstwerterleben
- Gefühl von Sinn und Struktur im eigenen Leben

5.1 Überblick zur Ätiologie delinquenten Verhaltens

Viele Instrumente zur Vorhersage kriminellen Verhaltens oder Hervorhebung von Schutzfaktoren beinhalten oben genannte Inhalte in modifizierter Form (bspw. HCR-20, Webster et al. 1997, deutsche Version Müller-Isberner et al. 1998 und Folgeversionen; SAPROF, de Vogel et al. 2010), und auch gegenwärtige Rehabilitationstheorien zur Wiedereingliederung von Straftätern decken sich in bestimmten Ansätzen (▶ Kap. 7).

5.1.2 Situational Action Theory (SAT)

Wikström selbst fasst seine handlungsbezogene Theorie folgendermaßen zusammen:

>»Kriminelle Handlungen entstehen, weil Menschen sie unter gegebenen Umständen als moralisch akzeptable Handlungsalternativen betrachten (und es keine ausreichende Abschreckung gibt) oder weil Menschen es versäumen, an persönlichen Moralvorstellungen festzuhalten (d. h. nicht in der Lage sind, Selbstkontrolle auszuüben), wenn sie extern dazu verleitet werden, in anderer Weise zu handeln.« (Wikström 2015, S. 177).

Das situative Modell[6] der SAT basiert auf den zentralen Annahmen, dass 1. Handeln das Ergebnis eines Wahrnehmungs-Entscheidungs-Prozesses darstellt und 2. relevante Aspekte einer Person-Umwelt-Interaktion diesen Wahrnehmungs-Entscheidungs-Prozess auslösen und steuern. Abbildung 5 skizziert den Ablauf der zentralen Elemente der Verursachung von Kriminalität, die nachfolgend erläutert werden.

Zwei Arten von Motivation sind für die SAT als Initiatoren eines Handlungsprozesses bedeutsam, nämlich Versuchung und Provokation. Versuchung resultiert aus dem Wunsch nach Bedürfnisbefriedigung oder Einlösung von Verpflichtungen. Provokation entspricht Ärger oder Zorn, ausgelöst durch ungewollte Beeinträchtigung. Biologische Bedürfnisse, sozial entwickelte Präferenzen, Umstände sozialer

---

6 Weitere Annahmen beziehen sich auf das hier nicht weiter erläuterte soziale Modell der SAT, beide Modelle hängen jedoch zusammen.

5 Ätiologie

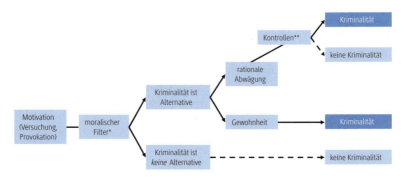

Abb. 5: Situativer Prozess im SAT (modifiziert nach Wikström 2015)
  * besteht aus persönlichen verinnerlichten Verhaltensregeln und moralischen Normen des Settings
  ** externale Abschreckung, Fähigkeit zur Ausübung von Selbstkontrolle

Verpflichtungen und Empfindlichkeiten für Provokation sind individuell durchaus verschieden und beeinflussen auch die Auswahl der Gelegenheiten, die zu Versuchung oder Herausforderung führen.

Die Auswahl an Handlungsalternativen, die auf die bestimmte Motivation angewendet werden soll, wird durch zweierlei beeinflusst. Zum einen sind die persönlich verinnerlichten Verhaltensregeln des Individuums als persönliche Moralvorstellungen relevant. Zum anderen ist bedeutsam, welche Verhaltensregeln in dem Setting, in dem sich die Person befindet, relevant sind und auch durchgesetzt werden. Diese moralischen Regeln selektieren die Wahrnehmung von Handlungsalternativen, was als moralischer Filter bezeichnet wird. Solange keine der internalisierten oder im Setting vorgegebenen Handlungsalternativen Straftaten mit einschließen, wird keine Kriminalität auftreten.

Wenn eine der Handlungsalternativen Kriminalität umfasst, kann der Auswahlprozess entweder gewohnheitsmäßig, quasi automatisiert ablaufen, oder unter Abwägung von Vor- und Nachteilen erfolgen, wobei dann Kontrollmechanismen das Auftreten von Kriminalität mit beeinflussen. Gewohnheitsmäßiges, habituelles Entscheiden und Handeln tritt am wahrscheinlichsten in vertrauten Situationen auf, in denen Moralvorstellungen der Person und des Settings kongruent sind, oder in unvertrauten, intensiv emotional aufgeladenen Situationen. Kriminalität als habituelle Handlungsauswahl und automatisierte Reaktion resultiert aus dem wiederholten erfolgreichen Übertreten von (gesellschaftlichen, möglicherweise internalisierten) Verhaltensregeln. Erfolgt hingegen eine Abwägung nach dem Für und Wider mehrerer Handlungsalternativen, die die wahrgenommenen persönlichen Moralvorstellungen und moralischen Normen des Settings zulassen, spricht man von rational überlegten Entscheidungen. Diese sind wahrscheinlicher in unvertrauten Gegebenheiten und bei Widersprüchen der moralischen Normen der Person und des ihm zugänglichen Umfelds. Das Nachdenken über die Vor- und Nachteile verschiedener Handlungsoptionen ist zudem Voraussetzung für den Einfluss von Kontrollmechanismen, die für die eigentliche Handlungsauswahl relevant sind. Einer dieser Mechanismen ist auf der Individuenebene die Selbstkontrolle. In der SAT wird darunter die Fähigkeit verstanden, an eigenen moralischen Verhaltensregeln festzuhalten, auch wenn das umgebende Setting andere Verhaltensnormen vorgibt. Ein zweiter Mechanismus ist externe Abschreckung in dem Sinne, dass die moralischen Normen des Settings und deren Art der Durchsetzung den persönlichen moralischen Verhaltensregeln gegenüber mehr Gewicht aufbringen.

> **Vertiefung**
>
> Wikströms SAT setzt voraus, dass Menschen regelgeleitete Wesen sind, deren Leben in sozialer Ordnung auf Akzeptanz und Einhaltung gesellschaftlicher Verhaltensregeln (moralische Werte) fußt. Kriminelle Handlungen entsprechen in diesem Zusammenhang Übertretungen gesetzlich festgeschriebener Verhaltensregeln. Die kriminelle Neigung einer Person hängt ab von ihren verinnerlichten Verhaltensregeln sowie der Fähigkeit, nach diesen verinnerlichten persönlichen Moralvorstellungen zu handeln, auch wenn Druck von außen besteht, diese zu brechen. Die letztere Fähigkeit bezeichnet nach Wikström Selbstkontrolle. Mit anderen Worten: Umso mehr die

persönlichen Wertvorstellungen eines Menschen mit gesetzlichen Verhaltensregeln konform gehen, desto unwahrscheinlicher wird Kriminalität. Umso mehr Selbstkontrolle dieser Mensch aufbringen kann, unter bestimmten Umständen Versuchungen zu widerstehen, desto weniger wahrscheinlich wird Kriminalität. Dabei wird also auch auf die individuelle Entwicklung Bezug genommen, in der durch verschiedene Sozialisationsbedingungen in verschiedenem Ausmaß moralische Erziehung und kognitive Förderung stattgefunden haben können. Diese Unterschiede bedingen dann interindividuelle Neigungen zur Kriminalität. Als weiterer relevanter Aspekt wird in der SAT das Setting hervorgehoben, als Teil des unmittelbaren Umfelds einer Person, der ihren Wahrnehmungssinnen zugänglich ist. Ein Setting ist kriminogen, wenn die in ihm vorhandenen moralischen Normen und deren Durchsetzung dazu ermutigen, auf im Setting befindliche Gelegenheiten mit Kriminalität zu reagieren. Zusammengefasst wird Kriminalität sehr wahrscheinlich, wenn eine Person mit hoher Kriminalitätsneigung auf ein kriminogenes Setting trifft. Dabei besteht folgende Interaktion: Einerseits werden die Handlungsalternativen einer Person durch bestimmte Settingeigenschaften aktiviert, andererseits werden die Handlungsmotive einer Gegebenheit durch die spezifischen Neigungen der Person bedeutsam. Diese Interaktion ist zugleich Grundlage eines situativen Wahrnehmungs-Entscheidungs-Prozesses, welcher Person und Setting mit der letztlich realisierten Handlung verbindet. Der Wahrnehmungs-Entscheidungs-Prozess umfasst die Wahrnehmung von Handlungsalternativen auf eine bestimmte Motivation einer Person und die letztendliche Auswahl einer Handlung. Es ist dies der situative Grund eines menschlichen Handelns.

5.1.3 (Neuro-)Biologische Aspekte

Biologische und neurobiologische Erklärungsansätze für Kriminalität bergen ein gewisses Risiko der Polarisierung und Konfrontation in

5.1 Überblick zur Ätiologie delinquenten Verhaltens

wissenschaftlichen Debatten, was durchaus historisch nachvollziehbar sein mag. Es soll hier nicht die Gehirn-Geist-Debatte diskutiert werden, bei der mitunter auch der »Freie Wille« und die daraus resultierende strafrechtliche Verantwortlichkeit infrage gestellt wird (Neubacher 2014). Derartige Hypothesen erscheinen angesichts der Komplexität von kriminellem Verhalten und der eingeschränkten Aussagekraft neurowissenschaftlicher Experimente stark überinterpretiert (vgl. Tretter und Grünhut 2010). Letztlich sind (neuro-) biologische Aspekte in der Erläuterung bestimmter Verhaltensweisen und Entwicklungen jedoch ebenso wenig wegzudenken wie soziologische Hintergründe, sie bilden also einen Teil des zu erklärenden Ganzen (Glenn und Raine 2014).

Dass menschliche Verhaltensweisen und somit auch dissoziales oder kriminelles Verhalten vererbbar sind (Bogerts und Möller-Leimkühler 2013), ist wenig überraschend. Es muss jedoch betont werden, dass genetische Untersuchungen gezeigt haben, dass beispielsweise bestimmte Gene nur die Wahrscheinlichkeit des Auftretens spezieller Verhaltensweisen verändern und nicht zu einem zwingenden Niederschlag der Geninformation auf die Verhaltensebene führen (vgl. Retz 2010). Die Untersuchungen legen insbesondere nahe, dass ein genetischer Rahmen vererbt wird, welcher dann durch Gen-Gen- und Gen-Umwelt-Beziehungen modifiziert wird (ebd.). Die Annahme einer biologischen Vorherbestimmung kriminellen Verhaltens (Determinismus) über genetische Information wird dadurch also unterminiert (Glenn und Raine 2014). Molekulargenetische Untersuchungen benennen Zusammenhänge von antisozialem oder aggressivem Verhalten unter anderem mit bestimmten Genvarianten des Serotonin-Transporter-Gens und des Monoaminoxidase-A-Gens (a. a. O.; Bogerts und Möller-Leimkühler 2013).

Für die Regulation impulsiven (reaktiven), aggressiven Verhaltens wurden spezifische Regionen des menschlichen Gehirns identifiziert, deren abweichende Funktionalität mit erhöhter Gewaltbereitschaft zusammenhängen kann (Herpertz et al. 2011). Hierzu zählen insbesondere Teile des Stirnhirns (präfrontaler Cortex) sowie des limbischen Systems (hier besonders die Mandelkernregion/Amygdala; Glenn und

Raine 2014). So wird ganz entscheidend dem vorderen Stirnhirn zugeschrieben, kontrollierenden, hemmenden Einfluss auf gewalttätige Verhaltensimpulse auszuüben. Letztere entstammen zumeist aus entwicklungsbiologisch älteren Hirnanteilen, insbesondere dem limbischen System, dem mit der Amygdala (Mandelkern) u. a. Emotions- und Motivationsgenerierung und -verarbeitung zugeschrieben wird, sowie dem Hirnstamm, in dem u. a. rudimentäre Verhaltensweisen (Abwehr, Schreckreaktionen) verortet sind. In diesen Hirnarealen und deren neuronalen Netzwerken sind zudem bestimmte Nervenbotenstoffe (Transmitter) vorherrschend, deren Veränderungen dann in der Folge ebenfalls mit impulsiv-aggressivem Verhalten einhergehen können. Hierzu zählt beispielsweise eine verminderte Serotoninfunktion in Bereichen des Frontalhirns mit konsekutiv erniedrigter Kontrolle (und Korrektur) der Amygdala (Müller 2010). Interessanterweise wird allerdings auch postuliert, dass viele Untersuchungen, die neurobiologische Veränderung in einen Zusammenhang mit anhaltender Gewalttätigkeit bringen, es vernachlässigen zu kontrollieren, ob diese Veränderungen nicht auch eher mit einem Gebrauch psychotroper Substanzen erklärbar sind (Schiffer et al. 2011).

Merke
Genetisch bedingte erhöhte Wahrscheinlichkeiten zu dissozialen und kriminellen Verhaltensweisen sind durch Interaktionen zwischen verschiedenen Genen sowie Genen und Umwelt beeinflusst. Für impulsive, reaktive Gewalthandlungen sind zugrundeliegende Funktionsstörungen im vorderen Stirnhirn beschrieben.

5.2 Überblick zur Ätiologie von Sucht

Bei der Erklärung der Entstehung von substanzgebundener Abhängigkeit dominieren biologische Aspekte, die wesentlich zur gesellschaftlichen Anerkennung von Sucht als Krankheit beigetragen haben. Dennoch sind soziale und psychologische/lerntheoretische Aspekte nicht weniger relevant für die individuelle Neigung zu Sucht, deren Auftreten sowie deren Aufrechterhaltung. Diesem Bedingungsgefüge verschiedenartiger ursächlicher Bereiche wird auch durch ein übergreifendes bio-psycho-soziales Krankheitsmodell in der Psychiatrie Rechnung getragen (Gaebel und Zielasek 2011).

5.2.1 Lerntheoretische Aspekte

Suchtmitteln ist gemein, dass sie angenehme Empfindungen auslösen können und Abstinenz von ihnen zu unangenehmen Empfindungen führen kann. Beides trägt zum Erlernen von Suchtverhalten bei. Denn die Wahrscheinlichkeit eines erneuten Substanzkonsums wird zugleich erhöht durch die positive Wahrnehmung der Substanzwirkung (positive Verstärkung) als auch durch das Vermeiden von Entzugserscheinungen durch Substanzeinnahme (negative Verstärkung; Kiefer 2010). Dieses als operante Konditionierung bezeichnete Lernen wird ergänzt durch die sogenannte klassische Konditionierung (Tretter 2012): zunächst neutrale Reize, die mit dem Substanzkonsum wahrgenommen werden, können zukünftig Suchtverhalten auslösen. So wird beispielsweise gelernt, dass äußeren (Trinkglas, Gesellichkeit) oder inneren (Gefühl von Einsamkeit, Ärger) Reizen eine angenehme Drogenwirkung folgt. Die Wahrnehmung äußerer oder innerer Reize kann dann ein starkes Verlangen nach dem Suchtmittel auslösen. Ebenso lernt der Körper quasi als Selbstschutz, bei Wahrnehmung der mit Drogenkonsum verankerten Reize der erwarteten Substanzeinnahme biologisch entgegenzuwirken (Beck und Heinz 2010; ▶ Kap. 4.1). Dies führt dann unter anderem zu schwächeren Substanzwirkungen in gewohnten Konsumsituationen, aber auch zu möglichen Entzugserscheinungen, wenn der Konsum ausbleibt. Diese Lerntheorien ergänzen sich gegenseitig mit nachfolgenden Angaben zur Neurobiologie der Suchtentstehung.

5 Ätiologie

5.2.2 (Neuro-)Biologische Aspekte

Die Effekte psychotroper Substanzen entstehen vor allem über deren Modulation der Wirkung von Botenstoffen (Transmitter) innerhalb neuronaler Netzwerke im Gehirn. Ein fortgesetzter, chronischer Konsum psychotroper Substanzen bewirkt auf den verschiedensten Ebenen (Moleküle, Proteine, Zellen, neuronale Netzwerke) Veränderungen im Sinne von Anpassungsvorgängen an die fortgesetzte Einwirkung einer psychotropen Substanz (Korpi et al. 2015). Es kommt zu einer physiologischen Gegenregulation auf den eigentlichen Substanzeffekt im Hirnstoffwechsel. Beispielsweise führt die dämpfende Wirkung von Alkohol zu einer kompensatorischen Überaktivierung, sodass wieder eine Balance erreicht wird. In der Folge wird der spezifische Effekt der Substanz geringer, größere Mengen müssen konsumiert werden, um psychotrope Wirkungen zu erreichen. Diesen Mechanismus bezeichnet man als Gewöhnung oder Toleranzentwicklung. Damit einher geht die Genese eines weiteren Abhängigkeitsmerkmals, nämlich die Entwicklung von Entzugserscheinungen bei Reduktion oder akuter Abstinenz. Dem obigen Beispiel folgend, bedingt die kompensatorische Überaktivierung bei rascher Trinkmengenreduktion oder akuter Alkoholabstinenz eine physiologische Überaktivierung, die zur Ausbildung von Unruhe, Schwitzen, Zittern bis zu Krampfanfällen oder Desorientiertheit, Wahrnehmungsstörungen und Bewusstseinsstörungen (Delir) führen kann. Das Auftreten von Entzugserscheinungen kann durch fortgesetzten Substanzkonsum vermieden oder abgeschwächt werden. Man spricht in diesem Zusammenhang auch von der Entstehung körperlicher Abhängigkeit, deren Ausprägung von Substanz zu Substanz unterschiedlich ist.

Die Komplexität des Gehirns (100 Mrd. Nervenzellen, bis zu 10.000 Verschaltungen/Nervenzelle) bedingt, dass den teils gut bekannten Effekten psychotroper Substanzen auf der kleinsten Molekülebene zunehmende Zurückhaltung bei größeren Zusammenhängen wie Nervenzellen, Zellnetzwerken oder gar menschlichem Verhalten gegenüberstehen muss. Vereinfachend können mit dem

5.2 Überblick zur Ätiologie von Sucht

belohnenden Lustsystem (Netzwerk u. a. zwischen Hirnstamm/ventralem Tegmentum und Nucleus accumbens) und dem automatisierenden Suchtsystem (Netzwerk u. a. zwischen Hirnstamm/Substantia nigra und dorsalem Striatum) zwei relevante Hirnnetzwerke für die Suchtentwicklung unterschieden werden (Tretter 2012; Spanagel und Kiefer 2013). Das erstgenannte System soll über dopaminvermittelte Aufmerksamkeitslenkung für bedeutsame, positive Reize das menschliche Lernen und Verhalten in dem Sinne beeinflussen, dass positiv erlebte Situationen und Verhaltensweisen verstärkt und zukünftig leichter erkannt werden können. Die Einwirkung psychotroper Substanzen kann dieses System derart verändern, dass drogenassoziierte Reize Belohnung ankündigen, quasi entkoppelt und unabhängig vom eigentlichen Empfinden der Person, und für diese Reize daher zukünftig eine stärkere Aufmerksamkeit und mehr Anreiz vorliegt (Kiefer und Soyka 2011). In der Konsequenz werden suchtmittelassoziierte Situationen und Verhaltensweisen dann mitunter den Vorzug gegenüber früher relevanteren, natürlichen Reizen erhalten. Das zweitgenannte Suchtsystem kodiert automatisiertes Verhalten und tritt im weiteren Verlauf der Suchtentwicklung in den Vordergrund. In ihm soll sich das sogenannte Suchtgedächtnis manifestieren: Bei länger fortgesetztem Suchtmittelkonsum wird hier eine Verhaltensprogrammierung aufgebaut und das Konsumverhalten wird zwanghaft, stereotypisch und ist geprägt von Kontrollverlust (Tretter 2012).

Die beiden länger bekannten Netzwerke müssen integrativ mit einer wichtigen, für die Verhaltenskontrolle bedeutsamen Hirnstruktur betrachtet werden. Der entwicklungsbiologisch jüngere vordere Hirnanteil (präfrontaler Cortex) wird allgemein mit Verhaltenskontrolle assoziiert, ist »gewissermaßen Gas und Bremse des Verhaltens« (Tretter 2012, S. 31). Bei Suchterkrankungen wird postuliert, dass Beeinträchtigungen in bestimmten Bereichen des präfrontalen Cortex vorliegen, die einhergehen mit einer Störung der Verhaltensunterdrückung und Bedeutsamkeitszuschreibung von Umgebungsreizen (impaired response inhibition and salience attribution syndrome/iRISA syndrome). Hieraus resultiert ein Syndrom aus

5 Ätiologie

ausgeprägter Aufmerksamkeitszuwendung zu Suchtstoffen und Sucht-Schlüsselreizen, verminderter Ansprechbarkeit auf Reize ohne Bezug zu Sucht sowie verminderter Fähigkeit, ungünstige und selbstschädigende Verhaltensweisen (bspw. fortgesetzter Konsum trotz sozialer oder körperlicher Schäden) zu hemmen (Goldstein und Volkow 2011). Relevant ist zudem die neurotoxische Wirkung von manchen psychotropen Substanzen insbesondere im präfrontalen Cortex, die auf einer weiteren Ebene zu Verhaltensmodifikation mit Impulsivität und verminderter Selbstkontrolle führen kann, was dann Abhängigkeitserkrankungen aufrechterhalten kann (Heinz et al. 2012).

Merke
Kenntnisse zur Biologie der Abhängigkeit haben wesentlich zur Entstigmatisierung suchtkranker Menschen beigetragen. Bei genauesten Kenntnissen auf molekularer Ebene sind neurobiologische Erklärungen in größeren Zusammenhängen mit Hirnnetzwerken und Verhalten weniger gut abgesichert.

5.2.3 Genetik und soziale (Umwelt-)Faktoren

Während allgemeine, nicht-abhängige Konsumgewohnheiten psychotroper Substanzen vorrangig durch kulturelle Gegebenheiten bestimmt werden, liegt der Entwicklung von Substanzabhängigkeit eine stärkere vererbliche Komponente zugrunde. Abhängig von der Art der Substanz bedingen genetische Faktoren zu 50 % bis 80 %, ob eine Abhängigkeitserkrankung auftritt (Heinz et al. 2012). Dabei scheint eine Mehrzahl von verschiedenen genetischen und epigenetischen Veränderungen vorliegen zu müssen (Kiefer 2010; Robinson und Nestler 2011). Besondere Relevanz haben dabei Veränderungen, die zu einer erhöhten körperlichen Toleranz gegenüber der akuten Suchtmittelwirkung führen, welche dann oft trügerisch als vermeintliche Stärke des Individuums (»Trinkfestigkeit«) interpretiert wird.

5.2 Überblick zur Ätiologie von Sucht

Die individuelle genetische Ausstattung schafft jedoch vor allem erhöhte Vulnerabilitäten, das heißt, die Auftretenswahrscheinlichkeit einer Abhängigkeit im Leben ist erhöht. Zusätzlich zu dieser erhöhten Neigung (Prädisposition) ist dann das Vorhandensein sozialer Schutz- und Belastungsfaktoren zu berücksichtigen (Umweltfaktoren). So kann die erbliche Veranlagung zur Entwicklung einer Substanzabhängigkeit irrelevant sein, wenn (illusorischerweise) in einem gesellschaftlichen Umfeld keine entsprechenden Substanzen verfügbar sind.

Merke
Eine genetisch bedingte erhöhte Toleranz gegenüber Suchtmitteln wird gesellschaftlich oft als individuelle Stärke missinterpretiert (»Trinkfestigkeit«), dabei erhöht sie die Wahrscheinlichkeit, eine Abhängigkeit zu entwickeln.

Gegenüber biologischen Faktoren sind soziokulturelle Aspekte vor allem bedeutsam bei initialem Drogenkonsum und Missbrauch beteiligt (Schmidt et al. 1999). Einerseits zählen hierzu politisch und gesellschaftlich gesteuerte Umgangsformen mit Suchtmitteln, wie Verfügbarkeit einzelner Substanzen, Präventionsmaßnahmen oder Bewertungen als legal, illegal oder legitimiert, toleriert, stigmatisiert. Auf der Individuenebene zählen dazu Sozialisationsbedingungen in der Primärfamilie oder Peergroup, die Substanzkonsum fördern oder tolerieren. Weitere soziale Faktoren sind unter anderem das Ausmaß sozialer Unterstützung oder gegenteilig sozialer Isolation, Vorhandensein von Stressbelastung und unzureichende Bewältigungsmöglichkeiten hierbei, geringe Ausprägung von Selbstwirksamkeit, Schwierigkeiten in schulischer und beruflicher Ausbildung, Belastung im Beruf, Gemeindezugehörigkeit (Tretter 2012; Kiefer und Soyka 2011). Als sozialer Risikofaktor wird auch ein Umfeld von Delinquenz und Gewalt verstanden (Küfner 1999). Soziologische Erklärungsmodelle zur Suchtentstehung bedienen sich interessanterweise der Modelle zur Entwicklung devianten Verhaltens (bspw.

Anomie-Theorie, Etikettierungsansatz), die auch in eine Vielzahl von Kriminalitätstheorien einfließen.

Die verschiedenen beschriebenen Aspekte der Suchtentstehung lassen sich stark vereinfacht anschaulich im Sucht-Dreieck zusammenfassen (▶ Abb. 6). Dieses verdeutlicht das Zusammenwirken mehrerer Ebenen, deren ausgestanzte Einzelbetrachtung dem komplexen Bedingungsgefüge nicht gerecht würde (Küfner et al. 2000).

Auf der Substanzebene sind Faktoren wie Verfügbarkeit, Suchtpotential, Substanzwirkung oder auch die Konsummuster (Häufigkeit, Dosierung) relevant für die Suchtentwicklung. Im Bereich der konsumierenden Person liegen bedeutsame Merkmale beispielsweise in der biologischen Neigung zur Abhängigkeit, Persönlichkeitsfaktoren, Sozialisationsbedingungen oder parallelen psychischen Störungen. Wichtige Umweltfaktoren betreffen neben dem übergeordneten gesellschaftlichen System und dessen Kultur vor allem das soziale Umfeld aus Gleichaltrigengruppe, Familie oder weiteren Bezugspersonen, aber auch das direkte situative Umfeld beim Konsum (Setting).

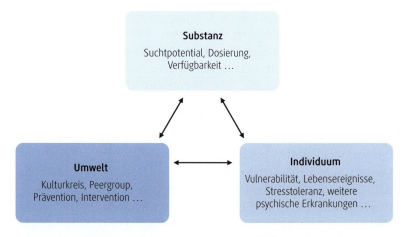

Abb. 6: Sucht-Dreieck, zeigt das Zusammenwirken der drei Faktoren Substanz – Umwelt – Individuum bei der Suchtentwicklung (modifiziert nach Tretter 2012, S. 12)

5.2 Überblick zur Ätiologie von Sucht

> **Merke**
> Psychologische, neurobiologische und soziale Theorien zur Entstehung von Suchtverhalten müssen stets im gegenseitigen Zusammenhang betrachtet werden, beispielsweise vereinfacht modelliert durch das Sucht-Dreieck.

Des Weiteren ist eine Verlaufsbetrachtung unter Berücksichtigung des Einflusses von Schutz- und Risikofaktoren hilfreich (▶ Abb. 7), um darzustellen, dass Menschen mit hoher Prädisposition nicht zwangsläufig eine Sucht entwickeln müssen und andersherum auch Menschen ohne primäre Risikobelastung zu einem späteren Lebenszeitpunkt abhängig von einer Substanz werden können. Diese Abbildung ist wohl am ehesten geeignet, die notwendige Anerkennung einer Interaktion biologischer und psychosozialer Entstehungs- und Verlaufsbedingungen zu verdeutlichen. Die Lebenspraxis und individuelle Erfahrungsgeschichte des Betroffenen trägt dabei wesentlich zur Dynamik hirnbiologischer Grundlagen der Abhängigkeitsentwicklung bei (Degwitz 2007).

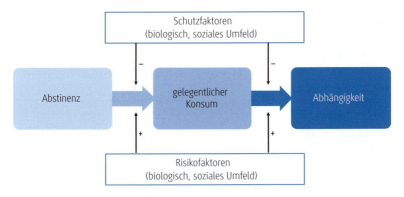

Abb. 7: Phasenkonzept der Sucht, veranschaulicht den Verlauf der Suchtdynamik und deren Einflussfaktoren (modifiziert nach Tretter 2012, S. 12)

5.3 Zusammenfassende Überlegungen

Die verschiedenen Ursachen in der Entwicklung der Sucht und Kriminalität zeigen vereinzelte Parallelen. Es kann vorab wiederholt werden, dass es weder für Sucht noch für Kriminalität ein alles erklärendes Entstehungsmodell gibt, sondern Hinweise auf viele einzelne Bedingungsfaktoren vorliegen, die dann in Kombination und Interaktion zu betrachten sind.

Beide Phänomene haben eine erbliche und neurobiologische Komponente, die in Teilen für aggressives Verhalten und Abhängigkeit als übereinstimmend angenommen wird (Soyka et al. 2010). Hervorzuheben sind hierbei Funktionsstörungen entwicklungsbiologisch jüngerer Hirnareale (bspw. vorderes Stirnhirn/präfrontaler Cortex), die eine verminderte Kontrollfähigkeit für Verhaltensimpulse nach sich ziehen. In der Störung dieser Verhaltenskontrolle kann eine biologische Gemeinsamkeit beider Phänomene gesehen werden. Darüber hinaus können die neurobiologischen Faktoren der Suchtentstehung wenig zur Erklärung von kriminellem Verhalten beitragen und umgekehrt.

> **Merke**
> Insbesondere (psycho-)soziale Faktoren in der Entstehung von Sucht und kriminellem Verhalten weisen eine große gemeinsame Schnittmenge auf.

Insbesondere genetische Untersuchungen haben auch darauf hingewiesen, dass zwar eine biologische Anlage für Sucht oder Kriminalität vorliegen kann, es allerdings entscheidend auch auf das Einwirken psychosozialer Faktoren ankommt, ob das Phänomen tatsächlich auftritt oder nicht. Dabei können dieselben psychosozialen Belastungsfaktoren zu unterschiedlichen (auch neurobiologischen) Effekten führen (Multifinalität) und somit sowohl für die Entstehung von Sucht als auch kriminellem Verhalten relevant sein. Hierzu zählen beispiels-

5.3 Zusammenfassende Überlegungen

weise Störungen der primären (familiäres Umfeld) und sekundären (Gleichaltrigengruppe) Sozialisation sowie auch defizitäre Erziehungsstile, emotionale Vernachlässigung, soziale Ablehnung und Isolation, Vorleben sozial abweichender Norm- und Wertvorstellungen, aber auch Qualifikationsschwierigkeiten (Schule, Ausbildung, Beruf) sowie zwischenmenschliche Beziehungsdefizite (Schläfke et al. 2010). Gegenüber den biologischen Aspekten zeigen psychosoziale Faktoren bei Sucht und kriminellen Verhalten wesentlich mehr Überlappung. Nicht zuletzt werden sowohl Sucht als auch Kriminalität in soziologischer Sichtweise als abweichendes, deviantes Verhalten eingeordnet und mitunter dieselben Erklärungsmodelle zugrunde gelegt (Schmidt et al. 1999), wobei die beiden Phänomene darin durchaus unterschiedliche Reaktionsformen auf gemeinsame soziale Entstehungsbedingungen darstellen. Für die Situational Action Theory, die entwickelt wurde, um das Brechen von Verhaltensregeln (in vorrangig kriminologischer Hinsicht) zu erklären, werden jüngst Ansätze verfolgt, die diese Handlungstheorie auch für die Abhängigkeit von psychotropen Substanzen anwendbar macht. Dabei wird die Konsumursache mit der individuellen Neigung (persönliche Normvorstellung, Selbstkontrolle), der Exposition (ermutigende Umgebungsvariablen) und der Interaktion von beidem erklärt (Gustafsson 2015a, 2015b, 2016). Zur Darstellung von Einflussfaktoren und Interaktionen zwischen Sucht und Kriminalität finden sich dann auch Modifikationen des einfachen Sucht-Dreiecks (▶ Abb. 6) mit Erweiterung um die Faktoren aus »Gesellschaft und Recht« und »Situation« (Kreuzer 2009). Die Komplexität der engen Zusammenhänge ergibt sich dann eindrücklich aus dem Geflecht der Verbindungslinien zwischen allen Kategorien des resultierenden Fünfecks.

Patient X weist einige der o. g. Risikofaktoren einer dissozialen und Kriminalitätsentwicklung auf. Es fehlt allerdings eine familiäre Vorbelastung bezüglich einer Suchterkrankung. Seine Mutter hatte dagegen selbst an Depressionen gelitten. Außerdem hat auch sein drei Jahre jüngerer Bruder ein erhebliches Suchtproblem. Die delinquenzfördernden Faktoren lagen bei Herrn X insbesondere auf der Ebene der Lernbehinderung, die zu Problemen in der Schulintegration führten, dem Anschluss an eine Peergroup mit Überwiegen eines Alkoholkonsums und von Diebstahlshandlungen. Die Möglichkeiten des erzieherischen Einwirkens seiner Eltern waren gering, er entwickelte Bindungsprobleme und Persönlichkeitsauffälligkeiten. Letztlich hielt sich Herr X nur noch in devianten Kreisen auf, schloss die Schule nicht ab und nahm auch keine Ausbildungsmaßnahme auf, nachdem er im Jugendstrafvollzug den Hauptschulabschluss geschafft hatte. Zunehmend verfiel er in eine Selbstbemitleidungsrolle, sah die Schuld für seine negative Entwicklung im Außenfeld und sah sich als »Justizopfer« bezogen auf die Verurteilung wegen des Tötungsdeliktes. Deutlich wurde also eine verzerrte Wahrnehmung der Realität im Laufe der Entwicklung des Patienten. Kriminelles Verhalten wurde bei ihm ein eingeschliffenes, gewohnheitsmäßiges Muster.

Bei Herrn X überlappen sich Risikofaktoren der Entstehung von Sucht und Delinquenz sehr stark, beide entwickeln sich fast gleichzeitig. Er begann in einem recht jungen Alter Alkohol und später Drogen zu konsumieren. Aufgrund seiner Anbindung an die Peergroup kam er ständig an den Suchtstoff heran und erlernte so die für ihn positiven Seiten des Konsums kennen, die in einem Ablenken und Verdrängen der Schulprobleme lagen, die natürlich auch aufgrund der Überforderungen bei seiner bestehenden Lernbehinderung aufgetreten waren, und den Folgen im Elternhaus und Außenfeld. Außerdem war gleichzeitig schon früh eine Angstsymptomatik aufgefallen, die ebenfalls unter dem Einfluss von Alkohol, Drogen, aber insbesondere später verschiedener illegal genutzter Medikamente eine subjektiv erlebte Besserung zeigte. Herr X konnte nie sehr gut mit äußerem Druck, Stress oder herausfordernden bzw. kritischen Lebensereignissen umgehen. Er flüchtete dann regelmäßig in den Drogenkonsum, andere Bewältigungsstrategien hatte er nicht gelernt. Verschiedene Interventionen in der gesamten Lebensgeschichte hatten nie zu einer Veränderung der Haltung zum Substanzkonsum geführt, eine intrinsische Motivation zur Abstinenz bestand nicht.

6

Diagnostisches Prozedere im forensischen Kontext

Grundlage jeglicher Begutachtung ist eine fundierte Diagnostik, die sich an anerkannten Klassifikationssystemen orientiert (s. auch Schläfke und Giggel 2015). Die ICD-10 wurde bereits in der Einleitung beschrieben. Das amerikanische DSM-5 (Falkai und Wittchen 2015) hat insofern eine Veränderung vorgenommen, als die Differenzierung zwischen Missbrauch und Abhängigkeit aufgegeben wurde und stattdessen eine Schweregradeinteilung erfolgte (▶ Tab. 2). Als diagnostische Kriterien des DSM-5 werden unter der Kategorie »Substanzkonsumstörungen« letztlich Missbrauch und Abhängigkeit zusammengeführt und dimensional benannt, sodass beim Auftreten (innerhalb von 12 Monaten) von 2 bis 3 Kriterien eine leichte Störung vorliegt, bei 4 bis 5 eine moderate und bei 6 und mehr eine schwere (aus Rumpf und Kiefer 2011; Heinz und Friedel 2014). Dabei entfiel als bestimmend für den schädlichen Gebrauch eine mögliche Problematik mit dem Gesetz, dafür wurde das Merkmal des »craving« (Verlangen nach dem Suchtmittel) aufgenommen. Folgende elf Kriterien werden genannt:

1. wiederholter Konsum, der zu einem Versagen bei der Erfüllung wichtiger Verpflichtungen bei der Arbeit, in der Schule oder zu Hause führt
2. wiederholter Konsum in Situationen, in denen es aufgrund des Konsums zu einer körperlichen Gefährdung kommen kann
3. wiederholter Konsum trotz ständiger oder wiederholter sozialer oder zwischenmenschlicher Probleme
4. Toleranzentwicklung gekennzeichnet durch Dosissteigerung oder verminderter Wirkung
5. Entzugssymptome oder deren Vermeidung durch Substanzkonsum
6. Konsum länger oder in größeren Mengen als geplant (Kontrollverlust)
7. anhaltender Wunsch oder erfolglose Versuche der Kontrolle
8. hoher Zeitaufwand für Beschaffung und Konsum der Substanz sowie Erholen von der Wirkung
9. Aufgabe oder Reduzierung von Aktivitäten zugunsten des Substanzkonsums
10. fortgesetzter Gebrauch trotz Kenntnis von körperlichen oder psychischen Problemen
11. Craving, starkes Verlangen oder Drang, die Substanz zu konsumieren.

Die ICD-11 wird allerdings bei der Aufteilung zwischen Abhängigkeit und schädlichem Gebrauch bleiben (Rumpf und Mann 2015).

Tab. 2: Gegenüberstellung der Kriterien der Störungen durch Substanzgebrauch im DSM-5 und der ICD-10 nach Heinz und Friedel (2014) und Dilling et al. (2006)

DSM-5 »Substanzkonsumstörung« (eher dimensionale Beurteilung innerhalb von 12 Monaten)	ICD-10 »Missbrauch«	ICD-10 »Abhängigkeit« (drei oder mehr Symptome erfüllt im Ein-Jahreszeitraum)
Körperlich schädlicher Gebrauch	Konsum führt zu einer körperlichen oder psychischen Gesundheitsschädigung	
Soziale/zwischenmenschliche Probleme durch Konsum	Schädliches Konsumverhalten hat negative soziale Folgen	
Versagen bei der Erfüllung wichtiger Verpflichtungen		
Entzugssymptome		Körperliches Entzugssyndrom bei Beendigung oder Reduktion des Konsums
Toleranzentwicklung		Nachweis einer Toleranz
Kontrollverlust (längerer Konsum und in größeren Mengen)		Verminderte Kontrollfähigkeit bezüglich des Beginns, der Beendigung und der Menge des Konsums
Körperliche/psychische Probleme durch Gebrauch		Anhaltender Substanzkonsum trotz Nachweis eindeutiger schädlicher körperlicher oder psychischer Folgen
Aufgabe/Reduzierung von Aktivitäten zugunsten des Konsums		Fortschreitende Vernachlässigung anderer Vergnügen oder Interessen zugunsten des Substanzkonsums und erhöhter Zeitaufwand für Substanzbeschaffung

Tab. 2: Gegenüberstellung der Kriterien der Störungen durch Substanzgebrauch im DSM-5 und der ICD-10 nach Heinz und Friedel (2014) und Dilling et al. (2006) – Fortsetzung

DSM-5 »Substanzkonsumstörung« (eher dimensionale Beurteilung innerhalb von 12 Monaten)	ICD-10 »Missbrauch«	ICD-10 »Abhängigkeit« (drei oder mehr Symptome erfüllt im Ein-Jahreszeitraum)
Craving/starkes Verlangen		Starker Wunsch oder eine Art Zwang zu konsumieren
Fortgesetzter Konsum trotz gegenteiliger Absicht		
Hoher Zeitaufwand für Beschaffung und Konsum		

Zum Screening bzw. zur klinischen Diagnostik werden verschiedene Instrumente benutzt.

Screeningsinstrumente:

- CAGE (Detecting alcoholism – the CAGE questionaire, Ewing 1984)
- MALT (Münchner Alkoholismus Test, Feuerlein et al. 1979)

Klinische Verfahren:

- TAI (Trierer Alkoholismus Inventar, Funke et al. 1987)
- Europ-ASI (deutsche Version des Addiction Severity Index, Gsellhofer et al. 1999)
- BDA (Baseler Drogen- und Alkoholfragebogen, Ladewig et al. 1976)
- LAS (Lübecker Alkohol-Abhängigkeitsskala, John et al. 1992)
- MATE (deutsche Version des Measurements in the Addictions for Triage and Evaluation Buchholz et al. 2009)

Interviewmethoden sind das CIDI (Composite International Diagnostic Interview, WHO 1990) und das SKID (Strukturiertes Klinisches Interview, APA, dt. Wittchen et al. 1990). Daneben ist die Frage nach den Auswirkungen des Suchtmittelkonsums auf die geistige Leistungsfähigkeit zu beantworten, da gerade sog. sekundäre hirnorganische Störungen die Konzentration, Merkfähigkeit und das Gedächtnis oder auch komplexere Hirnfunktionen wie Abstrahieren, Problemlösen und räumliches Vorstellungsvermögen beeinflussen können. Dafür werden einerseits neuroradiologische Untersuchungen (CT, MRT) durchgeführt, um Hirnatrophien nachzuweisen, andererseits neuropsychologische Tests wie das Behavioural Assessment of the Dysexecutive Syndrom (BADS) von Wilson et al. (2000), die Wechsler Memory Scale (WMS-IV) von Petermann und Lepach (2012), das Diagnosticum für Cerebralschädigung (DCS-II) von Weidlich et al. (2011) sowie der Konzentrations-Leistungs-Test (KTL-R) von Lukesch und Mayrhofer (2001) genutzt, um die Störung exekutiver Funktionen und anderer kognitiver Leistungen widerzuspiegeln.

Zur Beurteilung von sekundären Folgeerscheinungen gehört außerdem eine körperliche Untersuchung, die auch die Zeichen einer Drogeneinnahme miterfasst.

Die Frage nach dem Ausmaß der Suchtstörung ist im forensischen Kontext besonders bedeutsam. Sowohl bei der Beschreibung chronischer Entwicklungen infolge Alkoholkonsums als auch durch intensiven Drogengebrauch geht es um die Auswirkungen auf allen Ebenen der Gesundheit, also des psychischen, körperlichen und sozialen Wohlbefindens (in Anlehnung an die WHO-Definition). Nur diese chronischen Zustände haben in der Regel Folgen in den einzelnen Rechtsbereichen (Schläfke und Giggel 2015). Bei Alkoholikern sehen wir Veränderungen der Persönlichkeit (starres Denken, Passivität, emotionale Labilität, Reizbarkeit, verminderte Frustrationstoleranz, gesteigerte Feindseligkeit und Aggressivität), der sozialen Situation für Familie, Kinder und Beruf gemäß den diagnostischen Kriterien sowie der Organfunktionen, insbesondere Schäden an Leber, Magen/Darm und Herz (Feuerlein et al. 1998). Von chronisch mehrfachgeschädigten

(Alkohol-)Abhängigkeitskranken spricht man nach Leonhardt und Mühler (2006) dann, wenn viele stationäre Entgiftungs- und Entwöhnungsbehandlungen erfolgten, der Nachweis gravierender körperlicher Schäden und Behinderungen in mehreren Organen vorliegt, unterschiedliche Leistungsminderungen bestehen, die zur eingeschränkten sozialen Handlungsfähigkeit führen, oder die Betroffenen zu einer sozial benachteiligten Randgruppe mit schwierigen sozialen Rahmenbedingungen (Wohnungslosigkeit, Langzeitarbeitslosigkeit, fehlendes festes Einkommen, Vereinsamung, Probleme mit Ordnungs- und Strafrecht sowie Schuldnerberatung) gehören.

Für Drogenabhängige finden sich abhängig vom Suchtmittel und insbesondere bei Konsumenten von Heroin, Crack oder multiplen Substanzen ähnliche Konstellationen im Rahmen der chronischen Suchtentwicklung. Zu nennen sind die körperlichen Folgen wie Organschädigungen und neurologische Komplikationen (Myokardinfarkte oder Schlaganfälle, Fehlernährung, Infektionserkrankungen jeglicher Art und Schwere; Soyka 1998). Psychische Phänomene resultieren aus den somatischen Komplikationen bzw. ebenfalls aus der Entwicklung einer sekundären hirnorganischen Komponente (Schläfke und Giggel 2015). Waldmann (1975) hat vier Grade der Drogenabhängigkeit beschrieben, die weiterhin zur Beurteilung der Suchtschwere genutzt werden: Im ersten Stadium (»Drogenmotivation«) werden Drogen aus Neugier ausprobiert und damit wird die Schwelle zur Drogeneinnahme gesenkt. Im zweiten Stadium (»Drogenerfahrung«) wird unter der Drogeneinnahme nach besonderen Erlebnissen und Erfahrungen gesucht und der Bekanntenkreis sowie Tagesablauf allmählich auf den Drogenkonsum ausgerichtet. Dies führt in das dritte Stadium (»Drogenbindung«), in dem schon bei geringen Stress- und Konfliktsituationen die sog. Flucht in die Droge erfolgt und sich allmählich das soziale Gefüge auflöst. Im vierten Stadium (»Drogenkonditionierung«) muss die Droge zur Vermeidung von Entzugserscheinungen genommen werden.

6.1 Forensisch-psychiatrische Begutachtung im Strafrecht

Die allgemeinen Aufgaben im Rahmen einer Begutachtung im Strafverfahren lassen sich wie folgt zusammenfassen.

Erste Stufe der Schuldfähigkeitsbeurteilung im Sinne der Zuordnung nach Diagnose zu den Eingangsmerkmalen der §§ 20/21 StGB.

I. Diagnostische Beurteilung der möglichen Suchterkrankung (bezogen auf die Tatzeit)
   – kriteriengeleitet nach ICD-10/DSM-5
   – Beurteilung des Schweregrades der Abhängigkeit
   – ggf. psychologische Skalen wegen Komorbidität
II. Einschätzung bzw. Nachweis von sekundären Folgeerscheinungen (Rückschluss auf Tatzeit)
   – klinische und körperliche Beurteilung
   – psychopathometrische Beurteilung der hirnorganischen Schäden
   – ggf. Bildgebung

Zweite Stufe der Schuldfähigkeitsbeurteilung fasst II. und III. zusammen, das heißt die erhebliche Beeinträchtigung der Steuerungsfähigkeit infolge einer sekundären hirnorganischen Beeinträchtigung oder der Berauschung (Einsichtsfähigkeit in der Regel erhalten).

III. Beurteilung der Berauschung zum Tatzeitpunkt
   – Rückrechnung nach BAK-Bestimmung
   – Berechnung nach Anamneseangaben/Aktenbefunden in Bezug zu klinischen Befunden

> Prognoseaussage (bezogen auf den Gutachten-/Verhandlungszeitpunkt) meist zusätzlich gefordert.

Im deutschen Strafrecht ist für die Prüfung der Schuldfähigkeit eine zweistufige Beurteilung erforderlich (s. auch Schepker und Frank 2015), d. h., nach der diagnostischen Einschätzung der Suchterkrankung und ggf. deren Folgen muss eine Zuordnung zu einem der Eingangsmerkmale der §§ 20/21 StGB (hier: »krankhafte seelische Störung« oder »schwere andere seelische Abartigkeit«) in der ersten Stufe der Beurteilung erfolgen. Dann folgt die sogenannte normative Bewertung auf der zweiten Ebene, d. h. die Beantwortung der Frage, ob die Symptomatik tatzeitbezogen Hinweise darauf ergibt, dass der Klient in seiner Steuerungsfähigkeit erheblich beeinträchtigt war oder nicht. Eine Suchterkrankung ohne psychiatrische Folgeerscheinungen bedingt für sich allein genommen in der Regel keine Einschränkung der Steuerungsfähigkeit, es sei denn, es liegen erhebliche hirnorganische Beeinträchtigungen vor. Die Einsichtsfähigkeit ist natürlich erhalten, sofern nicht ein dementieller Prozess eingesetzt hat.

> **Merke**
> Die Schuldfähigkeitsbegutachtung im Strafrecht erfolgt in zwei Stufen. Nach der Diagnosestellung erfolgt die Zuordnung zu einem der Eingangsmerkmale des § 20 StGB (»krankhafte seelische Störung«, »tiefgreifende Bewusstseinsstörung«, »Schwachsinn«, »schwere andere seelische Abartigkeit«). In der zweiten, sog. normativen Stufe muss herausgearbeitet werden, ob und welche konkreten Symptome/Bedingungen die Einsichts- und/oder Steuerungsfähigkeit erheblich beeinträchtigen (§ 21 StGB) oder gar aufheben (§ 20 StGB).

Darüber hinaus geht es um die Frage der akuten Berauschung oder eines drohenden Entzugs zum Tatzeitpunkt und damit um eine Zuordnung dieser Gesamtsituation zum Merkmal der »krankhaften seelischen Störung« gemäß der §§ 20/21 StGB. Der Rausch kann durch Nutzung einer zeitnahen Blutalkoholbestimmung oder Drogenanalyse orientierend beurteilt werden, wobei die Drogenanalyse wesentlich unschärfer erscheint. Hilfreich kann gerade auch bei Mischkonsum (inkl. des Gebrauchs von Psychopharmaka) die tabellarische Auflistung von Schulz und Schmoldt (2003) sein. Entscheidend ist natürlich das klinische Bild zur Tatzeit. Gerade für die einzelnen Drogenarten kommt es auf die Kenntnisse der Charakteristika der verschiedenen psychotropen Substanzen an, insbesondere auch der neuen synthetischen Drogen (▶ Kap. 4).

Hilfsweise werden daneben Berechnungen der Blutalkoholkonzentration aus den Trinkmengenangaben der Klienten von Staatsanwaltschaft oder Gericht nach der Widmark-Formel erwartet (s. entsprechende gerichtsmedizinische und forensisch-psychiatrische Lehrbücher, z. B. Kröber et al. 2010). Für den Forensischen Psychiater ist die klinische Beurteilung des Rauschzustandes eine Hauptaufgabe. Die diagnostischen Kriterien der ICD-10 bezüglich der Diagnose Intoxikation (F1x.0) sind dafür wenig hilfreich. In der Literatur finden sich verschiedene Beschreibungen, um eine diesbezügliche Einschätzung vornehmen zu können, die gebräuchlichste ist die der Achsensyndrome von Kröber (1996):

- *Neurologisches Achsensyndrom:* Beeinträchtigung von Sprache (Artikulation, Lautstärke), Gleichgewichtssinn (Schwindel), Feinmotorik und zunehmend der gesamten motorischen Koordination (Gangataxie), Kreislauf-Dysregulation, Schwindel, Übelkeit und Erbrechen
- *Akutes hirnorganisches Achsensyndrom:* Beeinträchtigung von Bewusstsein, Gedächtnis, Konzentration, Denken (Verlangsamung, Ungenauigkeit, thematische Einengung) und Wahrnehmung sowie von Denkinhalten (Entdifferenzierung, vermindertes Auffassungsvermögen, Kritikunfähigkeit, Selbstüberschätzung)
- *Affektives Achsensyndrom:* ausgeprägte euphorische oder missmutig-reizbare oder depressive, z. T. jammerig-klagsame Verstimmung, teilweise in raschem Wechsel zwischen diesen

- *Verhaltensänderungen:* in Form des brütenden Rückzugs, z. T. mit heftigen Reaktionen bei geringfügiger Störung oder in Form des unkomplizierten Rückzugs, als distanzgeminderte Extraversion oder als ungerichteter Handlungsdrang bzw. als verstärkte Diskussions- und Aggressivitätsbereitschaft

Naturgemäß benötigt der Sachverständige in der Regel ausreichende Zeugenangaben bzw. objektive medizinische Befunde, um auf einen erheblichen Rauschzustand schließen zu können. Die Beurteilung des Drogenrausches erscheint meist schwieriger. Bei Drogenabhängigen kommt nicht selten die Frage des Entzugssyndroms oder eines möglicherweise drohenden Entzugs als Tatmotiv hinzu. Im Entzug ist der Suchtdruck besonders hoch. Können entsprechende Symptome herausgearbeitet und objektiviert werden, wäre eine erhebliche Minderung der Steuerungsfähigkeit zu konstatieren. Der Bundesgerichtshof hat in einer Entscheidung aus 2002[7] festgehalten, dass ausnahmsweise auch die Angst vor einem drohenden Entzug (bei entsprechender eigener Erfahrung) ein gleiches Ergebnis zeitigen kann. Diese Auffassung ist unter Psychiatern sehr umstritten und muss gutachterlich ausreichend begründet werden.

> **Merke**
> Wesentliches Kriterium der beeinträchtigten oder aufgehobenen Steuerungsfähigkeit von Suchtmittelkonsumenten ist der Nachweis von schwerwiegenden (hirnorganischen) sekundären Folgen (insbesondere der Persönlichkeit) bzw. der detailliert beschriebene Rauschzustand anhand klinischer Symptome. (Blutalkoholwerte oder Drogenanalytik allein reichen nicht!)

---

[7] Bundesgerichtshof (BGH) (2002) Urteil vom 19.09.2001 – 2 StR 240/01. NStZ 22: 31–33.

In der forensisch-psychiatrischen Literatur wurden für verschiedene Beurteilungsbereiche und Delikte Mindestanforderungen für die Schuldfähigkeitsbegutachtung erarbeitet (Boetticher et al. 2005). Dittmann (2009) sowie Kröber (2000) haben dies für die Beeinflussung durch psychotrope Substanzen getan (aus: Giggel und Schläfke 2015). Argumente, die für eine erhebliche Beeinträchtigung der Steuerungsfähigkeit sprechen, sind:

- gestörte Orientierung
- Einengung des Wahrnehmungsumfelds
- Situations- oder Personenverkennung
- Denkstörungen
- schablonenhaftes Handeln
- Missverhältnis zwischen Anlass und Reaktion (»toxische Reizoffenheit«)
- abrupter Tatablauf ohne Sicherungstendenzen
- auffallende Psychomotorik (Hyper- oder Hypoaktivität)
- fehlende Affektmodulation (z. B. »Hängenbleiben« in dysphorisch-gereiztem Affektzustand)
- deutliche neurologische Ausfälle

Argumente, die gegen eine Beeinträchtigung der Steuerungsfähigkeit sprechen, sind:

- Ankündigung der Tat in nüchternem Zustand
- Vorbereitungshandlungen und planmäßige Durchführung
- logische und schlüssige Handlungen
- zielgerichtete Beherrschung des Tatgeschehens durch den Täter
- lang hingezogenes, komplexes Tatgeschehen
- Fähigkeit, auf äußere Einflüsse oder unerwartete Hindernisse adäquat zu reagieren
- geordnetes Nachtatverhalten, Spurenbeseitigung
- erhaltene Introspektionsfähigkeit
- detailreiche Erinnerung
- aggressive Handlungen nüchtern wie alkoholisiert bereits im Vorfeld

Unter Beachtung dieser Rahmenbedingungen für den Einzelfall dürfte eine wertende Aussage im Verfahren möglich sein. Das Vorliegen konstellativer Faktoren (z. B. psychosozialer Stress, akute Konflikte) oder von Komorbiditäten erschwert dies. Gerade beim häufigen Auftreten einer dissozialen Persönlichkeitskomponente oder gar – störung wird die Differenzierung zwischen rauschbedingter Handlungsbeeinflussung oder Handlung aus dissozialen Werten und Vorstellungen heraus schwierig. Betroffene zeigen bereits primär eine hohes Aggressionspotential und nutzen eine Berauschung zur weiteren Senkung ihrer Schwelle für Impulsivität und Aggressivität.

Merke
Der forensisch-psychiatrische Sachverständige beschreibt aus fachlicher Sicht die Voraussetzungen der tatzeitbezogenen Einsichts- und/oder Steuerungsfähigkeit. Die abschließende Wertung der Schuldfähigkeit obliegt nur dem Gericht.

Hieran schließt sich mitunter in der gutachterlichen Bewertung die Frage des schuldhaften Sich-In-Rauschversetzens an (Actio libera in causa). Dieses juristisch komplexe und umstrittene Konstrukt kann dann in die Beurteilung der Rauschtat gemäß § 323a StGB münden, d. h., obwohl der Betroffene wegen Vollrausches schuldunfähig ist, kann er aufgrund des schuldhaften oder fahrlässigen Sich-Berauschens bestraft werden. Gemeinhin kann man bei Alkoholabhängigen davon ausgehen, dass sie zwanghaft trinken und somit der »Vorsatz« entfällt.

Einer gesonderten Bewertung unterliegen Alkohol- und Drogenpsychosen, auch der alkoholische Eifersuchtswahn. Wegen der erheblichen Beeinträchtigung der psychischen Funktionen muss fast immer von Steuerungsunfähigkeit ausgegangen werden. Diese konkreten Auswirkungen erfordern aber eine detaillierte Begründung durch den Sachverständigen.

In allen Fällen der Begehung schwererer Delikte wird vom Auftraggeber der Begutachtung (Staatsanwaltschaft oder Gericht) eine Prognosebeurteilung erwartet (Schläfke und Giggel 2015). Diese

6.1 Forensisch-psychiatrische Begutachtung im Strafrecht

wird den Zeitpunkt der Begutachtung oder Verhandlung erfassen, nicht den Tatzeitpunkt. Dazu bedarf es der Bewertung der Delinquenzentwicklung des Betroffenen, insbesondere ob es eine Tendenz zu schwereren Delikten gibt, diese unter dem Einfluss von Alkohol oder Drogen begangen wurden und weitere erhebliche Straftaten zu erwarten sind. Dazu bedient man sich in der Regel auch sog. statistischer Prognoseinstrumente. Für Gewaltdelikte sind das zum Beispiel die HCR-20 (Assessing Risk for Violence, Webster et al. 1997, deutsche Version Müller-Isberner et al. 1998 und Folgeversionen), die Psychopathy Checklist – Revised (PCL-R, Hare 1991) sowie die Integrierte Liste von Risiko Variablen (ILRV, Nedopil und Grassl 1988), bei Sexualstraftaten das Manual for the Sexual Violence Risk – 20 (SVR-20, Boer et al. 1997, deutsche Version Müller-Isberner et al. 2000). Allen Prognosetafeln gemeinsam ist die Beurteilung sog. statischer Faktoren aus der Lebensgeschichte (früher Beginn von Verhaltensauffälligkeiten und Deliktbegehung, bei allgemeinen Problemen in Partnerschaften, Arbeit und Substanzkonsum). Liegt eine komorbide Persönlichkeitsstörung oder gar eine »psychopathy« vor (nach PCL-R) besteht ein erhöhtes Risiko für Gewalttaten. Daneben werden dynamische und somit veränderbare klinische Faktoren (aktuelle Psychopathologie, Einstellungen, Behandlungserfolg) und Risikovariablen (realisierbare Pläne, Unterstützungsmöglichkeiten, Compliance, destabilisierende Einflüsse) beurteilt. Letztlich geht es um die Darstellung des Ausgangsniveaus einer delinquenten Person, also warum wurde der/die Süchtige zum Straftäter (Delinquenzanalyse), welche kriminogenen Faktoren spielten dabei eine Rolle und welche werden dies auch zukünftig sein. Abschließend wird diskutiert, ob es therapeutische Veränderungsmöglichkeiten gibt. Eine Empfehlung könnte die Anordnung der Entziehungsmaßregel gemäß § 64 StGB sein (► Kap. 7). Es sollten natürlich ggf. auch andere Rehabilitationsmaßnahmen diskutiert werden.

Sind Suchtkranke inhaftiert oder untergebracht, muss die Strafvollstreckungskammer des zuständigen Gerichts (Amtsgericht bei Jugendlichen/Heranwachsenden, die nach Jugendgerichtsgesetz verurteilt wurden, Landgericht bei Erwachsenen) bei schweren Delikten

6 Diagnostisches Prozedere im forensischen Kontext

vor einer Entlassung (oder manchmal auch bei anstehenden Lockerungen) ein externes Prognosegutachten in Auftrag geben. Auch hier geht es um die Beurteilung o. g. Risikofaktoren und um die Frage, ob der zu Begutachtende nach einer Entlassung oder bei Lockerungen sich straffrei (zumindest bezogen auf schwere Delikte wie im Anlassvergehen) verhalten wird. Nach einer Analyse der Anlasstat(en) und der Kriminalitätsentwicklung (z. B. Delikte mit hoher Rückfallwahrscheinlichkeit, Delinquenz als eingeschliffenes Verhaltensmuster, grausame Taten) wird die Persönlichkeit bzw. die psychische Störung dargestellt (u. a. das Substanzkonsummuster, die Symptomatologie und Psychopathologie in Bezug auf akute und chronische Verläufe, ggf. Dissozialität und »psychopathy« dargelegt) und beurteilt, ob der Betroffene eine Einsicht in seine Störung hat. Im Weiteren werden die Veränderungen während der Unterbringung beschrieben. So geht es um den Erwerb von sozialer Kompetenz, das spezifische Konfliktverhalten, die Tatauseinandersetzung sowie die Therapiemöglichkeiten und -erfolge. Abschließend wird der Verlauf nach der(n) Tat(en) beurteilt (Persönlichkeitsnachreifung, Erlernen von Konflikt- und Problemlösungsstrategien, erfolgreiche Lockerungen, Anpassungsfähigkeit, Besserung der psychiatrischen Symptomatik) und die Entlassungsvorbereitung beurteilt (sozialer Empfangsraum, Partnerschaften, familiäre Bindungen, Arbeit, Wohnraum, Einsicht in Kontrollmaßnahmen durch Bewährungshilfe und forensische Ambulanz; Dittmann 1998).

> Unser Patient X wurde insgesamt dreimal im Rahmen von aktuellen Anschuldigungen forensisch-psychiatrisch begutachtet sowie zweimal extern kriminalprognostisch zum Ende der Unterbringung in der Entziehungsmaßregel und während der aktuellen Haftzeit. Dabei gab es ganz unterschiedliche Ergebnisse, obwohl in den erkennenden Verfahren stets derselbe Gutachter gehört wurde.
> Die erste Begutachtung erfolgte mit 20 Jahren. Herr X hatte Diebstähle, Körperverletzungen, räuberische Erpressungen, Fahren ohne Fahrerlaubnis sowie Entfernen vom Unfallort und auch

6.1 Forensisch-psychiatrische Begutachtung im Strafrecht

eine gemeinschaftliche sexuelle Nötigung (letztere und Körperverletzungen auch in der Jugendhaftanstalt) begangen. Der Gutachter konstatierte, dass bereits ein Missbrauch von Alkohol und Haschisch bestünde und auch eine Störung des Sozialverhaltens. Insgesamt beurteilte er diese Störungen allerdings nicht als schwerwiegend und damit einer psychiatrischen Erkrankung gleichkommend. Außerdem gab es nur für einige Tathandlungen einen Hinweis auf eine Berauschung, die aber nur leichtgradig war. So wurde vom Gericht volle Schuldfähigkeit angenommen und keine Einweisung zur Therapie in irgendeiner Form diskutiert, somit ist natürlich eine relativ frühzeitige Intervention verpasst worden.

Mit 24 Jahren erfolgt die nächste forensisch-psychiatrische Begutachtung aufgrund der Anschuldigungen von versuchter gefährlicher Körperverletzung, Widerstand gegen Vollstreckungsbeamte, gemeinschaftlichem Diebstahl und Gefährdung des Straßenverkehrs. Zwischenzeitlich waren bereits die ersten Entgiftungen erfolgt. Der Gutachter konnte für die Suchtentwicklung nun die objektiven Unterlagen der Klinik übernehmen und konstatierte eindeutige Kriterien einer Abhängigkeit von multiplen Substanzen. Insbesondere der zunehmende Kontrollverlust, der Zwang zu konsumieren, die Entzugssyndrome, der Nachweis einer Toleranz sowie das Konsumverhalten bei Nachlassen anderer Interessen und Verpflichtungen wurden angeführt. Daneben beschreibt er eine kombinierte Persönlichkeitsstörung mit dissozialen und histrionischen Anteilen. Aus dieser diagnostischen Zuordnung zu den Eingangsmerkmalen von § 20 StGB (»schwere andere seelische Abartigkeit«) ergab sich aber aufgrund des Fehlens sekundärer hirnorganischer Beeinträchtigungen und weiterer Argumente keine Minderung der Steuerungsfähigkeit. Dies gilt auch für die Persönlichkeitsstörung und den nur leichten Berauschungsgrad. Aufgrund der dissozialen Persönlichkeitskomponente hatte der Gutachter keine hinreichende Erfolgsaussicht für die Entziehungsmaßregel gesehen, ansonsten aber natürlich einen »Hang« geschlussfolgert und die Zusammenhänge zwischen Hang

(Sucht) und Straftaten aufgezeigt und war auch von weiteren folgenden Taten ausgegangen. Das Gericht verurteilte Herrn X gleichwohl gemäß § 64 StGB und wies ihn in die Entziehungsmaßregel ein.

Mit 29 Jahren hatte Herr X gemeinsam mit einem Freund aus der Konsumszene ein Tötungsdelikt begangen. Der Gutachter hatte die fortschreitende Suchtentwicklung angeführt, den Schwerpunkt des Verhaltens aber auf die nunmehr bestehende antisoziale Persönlichkeitsstörung gelegt. Obwohl tatzeitbezogen eine erhebliche Berauschung diskutiert wurde (der Patient gab Erinnerungsverluste an), sah er gemäß der Standardargumente keine Hinweise für eine Verminderung der Steuerungsfähigkeit und leitete aus der Persönlichkeitsfehlentwicklung die Hangkriterien für eine Sicherungsverwahrung nach Ablauf der Strafhaft ab. Dem folgte das Gericht.

In der Prognosebegutachtung am Ende der Entziehungsmaßregel war die Frage zu beantworten, ob Herr X nach der Entlassung weitere Straftaten begehen würde. Problematisch war hier, dass er sich zwar an den Therapien allumfassend beteiligen konnte, aber viele Inhalte nicht verstand oder verinnerlichen konnte. Damit waren nicht alle kriminogenen Faktoren beseitigt worden, der Suchtbehandlung fehlte die Erprobung und Belastung im Außenfeld. So wurde für eine mögliche Entlassung nur die Integration in eine hoch strukturierte Nachsorgeeinrichtung als Voraussetzung gesehen, um so eine schrittweise weitere Erprobung der Selbstständigkeit zu erzielen. Diese Konstellation nahm die Strafvollstreckungskammer auf und entließ Herrn X unter etlichen Bewährungsauflagen.

Da Herr X auch in Strafhaft weiter konsumierte und sich aufgrund seiner Angstsymptomatik extrem sozial isolierte, war im letzten Prognosegutachten die Frage gestellt worden, ob eine stationäre Entgiftungsmaßnahme die Therapiefähigkeit für die Sozialtherapeutische Anstalt in der JVA herstellen könne. Dies wurde gutachterlicherseits bestätigt.

6.2 Zivil- und sozialrechtliche Gutachtenfragen

Wenn ein ungünstiger Verlauf einer Suchterkrankung eingetreten ist, können sowohl zivil- als auch sozialrechtliche Belange von Bedeutung sein.

Im Zivilrecht geht es um eine mögliche Betreuung oder in Krisenfällen ggf. um eine Unterbringung. Dabei wird in den meisten Fällen nur dann eine Betreuung infrage kommen, wenn der Betroffene bereits erhebliche Folgeschäden aufweist (Persönlichkeitsdepravation, kognitive Beeinträchtigungen) oder eine komorbide Störung vorliegt (wie z. B. eine Intelligenzminderung oder psychotische Erkrankungen; zur Übersicht und nach Taupitz und Weis 2015, Foerster und Habermeyer 2015).

Das Gutachten hat sich wie in allen anderen psychiatrischen Fällen und Fragestellungen auch mit der vorliegenden psychopathologischen Symptomatik, der Schwere der Abhängigkeitserkrankung und den Folgen auseinanderzusetzen. Abgeleitet aus dem gesundheitlichen Schadensbild (also der psychiatrischen Beeinträchtigung) geht es um die Behinderungen im funktionellen und sozialen Bereich (Darstellung von kognitiven Einbußen, Kommunikationsproblemen, psychosozialen Behinderungen in Beruf, Wohnung, Familie, Freizeit etc.). Daneben hat der Sachverständige vorhandene Bewältigungsmöglichkeiten des Betroffenen bzw. notwendige Hilfen darzulegen sowie den Umfang und den zeitlichen Rahmen einer erforderlichen Betreuung. Für Süchtige geht es in der Regel um die Absicherung der Gesundheitsfürsorge, die Vermögenssorge und ggf. die Vertretung vor Ämtern und Behörden. Bei schwereren Störungsbildern und Folgen der Sucht kann sich das Betreuungserfordernis erhöhen.

Merke

Auch im Rahmen von zivil- und sozialrechtlichen Fragen werden Einschränkungen der Erwerbsfähigkeit, Einsetzung der Betreuung oder eine Berentung grundsätzlich nur bei Nachweis erheblicher

> Folgeschäden (organische Persönlichkeitsstörung und kognitive Beeinträchtigung) infolge der Sucht konstatiert oder bei Bestehen von komorbiden psychiatrischen Erkrankungen (Intelligenzminderung, psychotische Störungen). Dies gilt auch für eine Unterbringung oder Behandlung gegen den Willen des Betroffenen.

Eine betreuungsrechtliche Unterbringung ist nur zum Wohle des Betroffenen nach Antrag des Betreuers möglich und nach Genehmigung durch das Vormundschaftsgericht. Der § 1906 BGB fordert, dass eine Selbsttötungs- oder Selbstverletzungsgefahr besteht bzw. dringend erforderliche medizinische Maßnahmen nicht anders durchführbar sind und darüber eine Gefahr für den Betroffenen entsteht. Dies gilt natürlich auch für andere unterbringungsähnliche Maßnahmen während einer stationären Unterbringung, auch diese sind genehmigungspflichtig. Daraus folgt, dass eine Unterbringung suchtmittelabhängiger Menschen nur dann in Betracht kommt, wenn akute Komplikationen, Krisen oder schwere Störungsbilder vorliegen. Dazu können zum Beispiel körperliche Erkrankungen wie Pankreatitiden, entgleister Diabetes oder andere somatische Erkrankungen zählen, die unbehandelt zum Tod führen würden. Daneben wären psychotische Zustände oder schwere Entzugssyndrome geeignet, eine Unterbringung zu beantragen.

Eine Behandlung gegen den Willen des Patienten ist allerdings gemäß § 1904 BGB nur dann möglich, wenn neben einer psychischen Störung gleichzeitig Einwilligungsunfähigkeit seitens des Betroffenen festgestellt werden kann. Daneben bedarf es dann der Genehmigung des Betreuers oder bei schwerwiegenden Eingriffen auch des Vormundschaftsgerichts. Die Prüfung der Einwilligungsfähigkeit erfordert die Klärung, ob der Patient das *Verständnis* hat, die medizinischen Maßnahmen, Risiken und Alternativen zu erfassen bzw. abzuwägen, sowie daneben auch die Abklärung, ob sein *rationales und schlussfolgerndes Denken* vollständig funktioniert sowie eine *Krankheitseinsicht* bei ihm vorliegt.

Ist die Symptomatik einer Abhängigkeitserkrankung im Rahmen einer Dekompensation oder akuten schwerwiegenden Störung mit

6.2 Zivil- und sozialrechtliche Gutachtenfragen

Eigen- und Fremdgefährdung verbunden, so kann zur Gefahrenabwehr die öffentlich-rechtliche Einweisung nach dem PsychKG oder UbG des Landes erfolgen. Hier wird in der Regel immer die Einweisung über den Notdienst erfolgen mit anschließender Klärung der juristischen Zustimmung. Infolge mehrerer obergerichtlicher Urteile wurde noch einmal hervorgehoben, dass damit keine Behandlungserlaubnis verbunden ist. Diese ist entweder über eine Eilbetreuung (bei Selbstgefährdung) zu erwirken oder bei akuter Gefahr zur Abwehr derselben möglich. Aktuell werden die Landesgesetze gerade angepasst, damit auch in solchen Konstellationen eine Behandlung gegen den Willen des Patienten mit richterlicher Genehmigung erfolgen kann.

Schwer und chronisch kranke Süchtige können bei entsprechender Voraussetzung berentet werden (aus und ausführlich in Foerster et al. 2015). Wie in allen ähnlichen Fällen gilt aber »Reha vor Rente«. In der Regel ist die *Rentenversicherung* der Träger dieser rehabilitativen Maßnahme in speziellen Fachkliniken. Die Entgiftung und Behandlung akuter Komplikationen erfolgt im Krankenhaus und wird von der Krankenkasse getragen. Die Reha-Maßnahmen müssen keinen Erfolg zeitigen und in der Regel mehrfach durchgeführt worden sein, um in ein Rentenverfahren einzutreten. Nur der Nachweis schwerer körperlicher und psychischer Folgeschäden erlaubt die Diskussion einer Erwerbsminderung. Dabei kommt es nach Konrad (1997) auf die Darstellung an, in welcher Weise eine Minderung der Leistungsfähigkeit im Erwerbsleben in qualitativer und quantitativer Hinsicht vorliegt. Es müssen also die aus der Krankheit bzw. die aus deren Folgen resultierenden Funktionseinbußen, deren Auswirkung auf die Leistungsfähigkeit im Erwerbsleben (negatives Leistungsbild), die verbliebenen Leistungsmöglichkeiten auf dem allgemeinen Arbeitsmarkt (positives Leistungsbild bzw. Restleistungsvermögen) inklusive der noch verwertbaren Arbeitszeit beschrieben werden. Außerdem erfolgt die zeitliche Zuordnung von Beginn und Dauer der Leistungseinschränkung. Im Ergebnis muss der Antragsteller so beeinträchtigt sein, dass er keiner regelmäßigen Erwerbstätigkeit mehr nachgehen kann.

In bestimmten Fällen kann auch eine *Berufsunfähigkeit* vorliegen. Hierzu muss man im entsprechenden Berufsbild die konkreten Bedingungen kennen und beachten. Es geht letztlich um den krankheitsbedingten Nachweis, dass der Betroffene seinen Beruf oder eine ähnlich qualifizierte Tätigkeit nicht mehr ausüben kann. Gerade im Gesundheitswesen kann schon das Vorliegen der Suchterkrankung allein und ohne Folgen zum Entzug der Berufserlaubnis führen. Im Rahmen der Beurteilung kommt es also auf die Kenntnis der Berufsordnung an.

6.3 Spezielle Begutachtungsfragen

In der täglichen psychiatrischen Praxis geht es sehr häufig um Fragen zur Gewahrsams- und Vollzugsfähigkeit sowie zur Vernehmungs- und Verhandlungsfähigkeit (Konrad 2004; Schepker und Frank 2015). Die Gewahrsamsfähigkeit wird nach Polizei- und Ordnungsgesetzen der Länder geregelt, die Untersuchung und Beurteilung erfolgt in der Regel durch Polizeiärzte, ist oft aber als Notfall zu veranlassen. Gerade Mischintoxikationen, Schädel-Hirn-Traumata mit Komplikationen sowie kardiale Erkrankungen führen zu Komplikationen oder gar Todesfällen im Polizeigewahrsam, insbesondere wenn ein zusätzlicher Konsum psychotroper Substanzen vorliegt. So sollten in unklaren Fällen eher Einweisungen in Krankenhäuser erwirkt werden.

Nach § 455 der StPO liegt Vollzugsuntauglichkeit vor, wenn der Verurteilte eine Geisteskrankheit entwickelt, bei somatischen Krankheiten Lebensgefahr besteht oder der körperliche Zustand des Betroffenen mit der Einrichtung der Strafanstalt unvereinbar ist. Das heißt, dass nur schwere psychische Erkrankungen zu solch einem Zustand führen können, also ausgeprägte Entzugssyndrome bzw. Alkohol- und Drogenpsychosen. Gerade für Patienten mit beginnenden kognitiven Störungen besteht die gutachterliche Aufgabe wiederum in der entsprechenden Schwerebeurteilung der Suchtfolgen. Allerdings sind immer auch die Möglichkeiten der Vollzugsklinik zu beachten. Außerdem kann bei akuten Krankheiten nach dem Strafvollzugsgesetz auch eine Verlegung und Behandlung ins zivile Krankenhaus erfolgen (mit einer Bewachung durch den Vollzug). Die Vernehmungsfähigkeit wird in § 136a StPO geregelt. Der Sachverständige muss auch hier klären, ob der Klient Fragen dem Sinngehalt nach aufnehmen und in freier Willensentschließung und Willensbetätigung antworten kann. Aus dem Suchtbereich werden somit psychotische Störungen, Entzugssyndrome und dementielle Prozesse als einschränkend in Frage kommen. Für die Beurteilung der Verhandlungsfähigkeit muss beachtet werden, dass der Klient die Hauptverhandlung physisch und psychisch zu überstehen hat sowie seine Verteidigungsfähigkeit gegeben sein muss. Dies erfordert eine höhere psychische Leistungsfähigkeit des Klienten und eine Beschreibung der konkreten Auswirkungen der Störung auf Wahrnehmung, Einsichts-, Denk- und Handlungsvermögen vom Sachverständigen.

Eine weitere psychiatrische Beurteilungsfrage besteht in der Fahreignung. Allerdings wird für die ärztliche Begutachtung in der Regel eine verkehrsmedizinische Qualifikation gefordert, in der medizinisch-psychologischen Begutachtung die Kooperation von Arzt und Verkehrspsychologen. Die Bundesanstalt für Straßenwesen veröffentlichte eine entsprechende Begutachtungsleitlinie zur Kraftfahreignung. Die Bestimmungen differieren je nach Fahrerlaubnisklasse und sind natürlich für die Klassen C (LKW) und D (Personenbeförderung) besonders streng. Die Fahrerlaubnisverordnung (FeV) ordnet bereits bei dem Verdacht auf einen Alkoholmissbrauch ein medizinisch-psychologisches Gutachten an. Die Diagnose einer Alkoholabhängigkeit ist klar definiert und erfordert ein ärztliches Gutachten, die Kriterien des Missbrauchs umfassen auch mehrere Verkehrsverstöße unter dem Einfluss von Alkohol. Prognostisch wird herauszuarbeiten sein, ob durch eine geeignete Beratung oder Therapie eine Kontrollfähigkeit bezogen auf den Konsum wiederhergestellt wurde und ob dieses entwickelte Problembewusstsein auch zu einer nachweisbaren/objektivierbaren Alkoholabstinenz geführt hat (zwischen einem halben und vollen Jahr) und stabil besteht (aus Haffner und Dettling 2015). Zur Annahme eines Drogenmissbrauchs kommt es schon, wenn der Betroffene einmal durch Konsum aufgefallen ist. Eine Ausnahme kann vorliegen, wenn psychotrope Substanzen medizinisch indiziert eingenommen werden. Dann sind wie bei bestimmten Medikamenten natürlich die Nebenwirkungen zu beachten, die ggf. einschränkend auf die Fahreignung wirken können. Sonderregelungen gibt es daneben für den kontrollierten Cannabiskonsum. Die übrigen Bestimmungen gleichen denen für Alkohol.

7

Interventionsplanung, interdisziplinäre Ansätze

7.1 Allgemeine Grundlagen

7.1.1 Reaktionsformen auf Straftaten und Sucht – Muss das Gesetz alles regeln?

Soziale Normen stellen die Allgemeinheit betreffende und zeitlich überdauernde Verhaltensmuster dar, denen eine Erwartungsfunktion zukommt und die somit häufig implizit gesellschaftliches Zusammenleben vereinfachen. Soziale Normen werden also einerseits von der Gesellschaft geprägt, andererseits prägen sie selbst zukünftiges (zwischenmenschliches) Verhalten. Normabweichungen im positiven wie im negativen Sinne sind dabei systemimmanent und werden vom gesellschaftlichen Umfeld sanktioniert, was auch unter Sozialkontrolle verstanden wird. Diese Sozialkontrolle kann formalisiert sein durch festgeschriebene Gesetze und deren institutioneller Durchsetzung oder informell durch individuelle gesellschaftliche Reaktionen auf Normabweichung stattfinden. Aus der unzähligen Vielfalt sozialer Normen wird als Recht das im Gesetz (beispielsweise Strafgesetzbuch) festgehaltene System verstanden, welches zudem mit der Möglichkeit der Zwangsgewalt durch bestimmte Instanzen zur Durchsetzung dieser (Rechts-)Normen versehen ist. Auf Verstöße gegen nicht in Rechtsform fixierte Sozialnormen kann ausschließlich durch Träger der informellen Sozialkontrolle reagiert werden. Demgegenüber ist die Reaktion bei Verstößen gegen Rechtsnormen den Trägern der formalen Sozialkontrolle zwar offiziell als Sanktionsmonopol vorbehalten, gleichwohl werden damit gesellschaftliche Reaktionen insbesondere aus dem engeren sozialen Umfeld nicht verhindert oder eliminiert, sondern kommen quasi parallel zur Anwendung (▶ Abb. 8). Überragende Bedeutung für Verhaltenskonformität durch existierende Normen kommt der informellen Sozialkontrolle zu, die formelle Sozialkontrolle und mit ihr das Strafrecht gelten als Ultima Ratio, um durch gesetzlich vorgegebene Rechtsfolgen normkonformes Verhalten durchzusetzen.

Sucht stellt ein normabweichendes Verhalten dar und bewirkt entsprechende soziale Reaktionsformen. Dies mag bei Menschen mit ersichtlicher Alkoholabhängigkeit im familiären Umfeld vom wiederholten Drängen auf Abstinenz und Behandlung bis zur Androhung eines Kontaktabbruchs reichen, im unpersönlicheren Arbeitsumfeld zu Vermeidung und Stigmatisierung führen oder aber im Freundeskreis toleriert und aufrechterhalten werden. Die Reaktion und der Einfluss des sozialen Umfelds werden über den weiteren Verlauf wesentlich mitbestimmt, nicht zuletzt aufgrund des emotionalen Bezugs. Kriminalität konstituiert sich per se aus dem Verstoß gegen im Strafgesetzbuch festgehaltene Rechtsnormen und kann bei Anzeige strafrechtliche Sanktionen bewirken, die vom Strafverzicht

7.1 Allgemeine Grundlagen

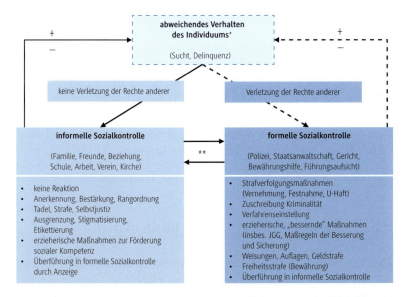

Abb. 8: Vereinfachte Darstellung der Formen von Sozialkontrolle auf abweichendes Verhalten. Die durchgezogenen Pfeillinien zeigen die wesentliche Bedeutung informeller Sozialkontrolle gegenüber dem »letzten Mittel« der Einflussnahme durch das System der formellen Sozialkontrolle, mit gestrichelten Pfeilen.
  * unterbrochener Rahmen symbolisiert variable Empfänglichkeit für Sanktionen
  ** 90 % der polizeilich registrierten Kriminalität geht auf Anzeigen von Privatpersonen zurück, die Anzeigebereitschaft variiert dabei je nach Deliktart erheblich. Umgekehrt prägt die formelle Sozialkontrolle das Festhalten an Norm im Bereich der informellen Sozialkontrolle.

(im Sinne sozialen Kreditbezugs), über Geldstrafe bis hin zu Freiheitsstrafen reichen oder im Sonderfall zur Anordnung von Maßregeln der Besserung und Sicherung führen. Das soziale Umfeld kann auf kriminelles Verhalten ebenfalls strafend, ablehnend, aber auch fördernd reagieren.

> **Merke**
> Es ist in der Praxis wichtig, nicht allein auf die Sanktionsgeltung des Strafrechts zu vertrauen, wenn eine tiefgreifende Verhaltensänderung bei Sucht, Kriminalität oder gar einem Komplex von beidem hin zu normkonformen Verhalten erwartet werden soll. Das vielfach benannte prosoziale oder antisoziale Milieu eines ehemaligen Straftäters wird den entscheidenden Einfluss auf die Einhaltung der Normen nehmen, die in diesem Umfeld als relevant erachtet werden.

7.1.2 Warum überhaupt Therapie für Straftäter?

Die Rechtfertigung strafrechtlicher Sanktionen und die Zusammenfassung in sogenannte Straftheorien ist nicht nur Gegenstand der Rechtswissenschaften in der Sanktionsforschung (Streng 2012). Vielmehr ist die Frage, wer warum welche Strafe nach dem Gesetz erfährt, ein raumgreifendes Thema und eignet sich sowohl für Diskussionen in jeder Gesellschaftsschicht als auch insbesondere für kriminalpolitischen Aktionismus. Die Berufsgruppen, die mit Straffälligen – und zudem suchtkranken Straftätern – arbeiten, befinden sich per se in einem gesellschaftlichen Spannungsfeld zwischen Anerkennung und wohl gefühlt stärkeren Stigmatisierungen und Ressentiments. Sie begegnen der Frage, warum man »solchen Menschen« denn überhaupt hilft und sie nicht »wegsperrt, und zwar für immer«. Es erscheint daher für die Beteiligten notwendig, die Grundlagen der strafrechtlichen Sanktionsarten zu verinnerlichen, um damit einem durchaus existierenden Rechtfertigungsdruck sachlich und selbstbewusst entgegen treten zu können (▶ Abb. 9).

> **Merke**
> Die Reduktion der Opferzahlen und -belastungen von Straftaten ist eine wesentliche Legitimation für verschiedenste Interven-

7.1 Allgemeine Grundlagen

> tionsformen der Rehabilitation von Straftätern innerhalb und außerhalb des Justizsystems. Der Resozialisierungsgedanke in der Straftäterbehandlung leitet sich zudem aus dem Grundgesetz ab und hat Verfassungsrang.

Begeht jemand einen (im Strafgesetzbuch aufgeführten) Normbruch durch sein Verhalten, entsteht gesellschaftlich das Bedürfnis nach Schuldausgleich, Vergeltung oder Sühne für die Tat. Dieser Strafzweck ist vorrangig in die Vergangenheit gerichtet und beschäftigt sich noch nicht mit dem Verhalten des Täters nach Strafverbüßung. Als wesentliche Errungenschaft dieser absoluten Straftheorie ist die Begrenzung von Strafmaßnahmen festzuhalten, beispielsweise bei vorgeschriebenen Höchstgrenzen für Freiheitsstrafen. Relative Straftheorien verfolgen demgegenüber weitere, in die Zukunft gerichtete Strafzwecke über die alleinige Vergeltung hinaus. So soll die strafrechtliche Verurteilung auch das Vertrauen der Bevölkerung in den Rechtsstaat fördern und die Gültigkeit der gesetzlich festgehaltenen, gesellschaftlich vereinbarten Verhaltensnormen untermauern. Da hiermit die Hoffnung auf die zukünftige Verhinderung von Straftaten anderer Gesellschaftsmitglieder verknüpft ist, spricht man auch von positiver Generalprävention. Ihr gegenüber steht die negative Generalprävention, die vor allem durch Abschreckung weitere Kriminalität in der Gesellschaft verhindern soll. Das plakativste Beispiel ist hier die in vielen Ländern noch praktizierte öffentliche Hinrichtung bei Todesstrafe. Von diesen auf die Gesellschaft abzielenden Funktionen abzugrenzen ist die Kategorie der Spezialprävention, die auf den individuellen Täter abzielen soll.[8] Auch hier wird zwischen positiver und negativer Art unterschieden. Während die Sanktionen im Sinne negativer Spezialprävention den Täter durch Angst vor erneuter Strafe von weiteren Straftaten abschrecken sollen,

---

8 So im § 46 StGB Grundsätze der Strafzumessung: Die Wirkungen, die von der Strafe für das künftige Leben des Täters in der Gesellschaft zu erwarten sind, sind zu berücksichtigen.

wird unter positiver Spezialprävention verstanden, dass Besserungsmaßnahmen, Resozialisierung oder Behandlung die Wahrscheinlichkeit erneuter Straffälligkeit reduzieren. In diesem auf die Vermeidung zukünftiger Straftaten durch individuelle Kriminaltherapie ausgerichteten Sanktionsgedanken sind alle forensisch-psychiatrischen Behandlungsmaßnahmen verortet.

Diese (positiv-)spezialpräventive Orientierung auf Besserung, Erziehung und Resozialisierung steht keineswegs im Widerspruch mit dem Drang nach Schuldausgleich, dem Sicherheitsinteresse der Allgemeinheit, mit Vertrauen in den Rechtsstaat oder Abschreckungsgedanken. Nach der Vereinigungstheorie, die auf Roxin (1966) zurückgeht, haben alle Ansätze ihre Berechtigung und finden sich auch in den verschiedenen Ebenen der Strafverfolgung wieder. So wird der Tatgeneigte durch Strafandrohung, der Täter durch Verurteilung von Delinquenz abgeschreckt. Schuldausgleichende Überlegungen fließen in das Strafmaß im Rahmen der Verurteilung ein und begrenzen es dabei vor allem. Der Vollzug und die Ausgestaltung der Sanktion haben sich dann vornehmlich an den Resozialisierungserfordernissen zu orientieren. Es ist letztlich ein falsch verstandenes Interesse der tatsächlichen und potentiellen Opfer, wenn reine Vergeltungsmaßnahmen für Straftäter gefordert werden. Die empirischen Erkenntnisse zu den Vorzügen eines auf Besserung, Behandlung und Rehabilitation ausgelegten Sanktionssystems sind zudem nicht ignorierbar. Die Rate erneuter Delinquenz ist nach reinem Strafen und Abschrecken höher im Vergleich zu therapeutischen und resozialisierenden Sanktionsgestaltungen (Lipsey und Cullen 2007). Das bedeutet also sachlich betrachtet, dass jeder richterlichen Verurteilung bereits schuldausgleichende, auf Sühne ausgerichtete Aspekte immanent sind. Die darauffolgende Strafvollstreckung, die letztlich mit der eigentlichen Durchführung oder Überwachung der Sanktionsmaßnahme betraut ist, hat rein spezialpräventiven Charakter und vergeltende Auslegungen sind demnach unzulässig. In der Praxis bedeutet dies, dass sich die Behandlung von Straftätern in einer forensischen Maßregel auf die Bearbeitung von kriminogenen Anteilen und Schutz- und Risikofaktoren fokussiert und die diesbezüglichen Fortschritte zur Risikoprognose und Therapieplanung, inklusive Lockerungen, herangezogen werden.

> **Merke**
> Die richterliche Wertung im Urteil über Schuld und Strafe ist bindend. Eine eigene Wertung durch das Behandlungspersonal über diese Strafzumessung (sowohl »zu streng« als auch »zu lasch«) sollte nicht erfolgen und sich somit nicht auf den Behandlungsfall auswirken.

Über die straftheoretischen Aspekte hinaus resultieren soziale Wiedereingliederungsmaßnahmen und insbesondere eine Therapie prin-

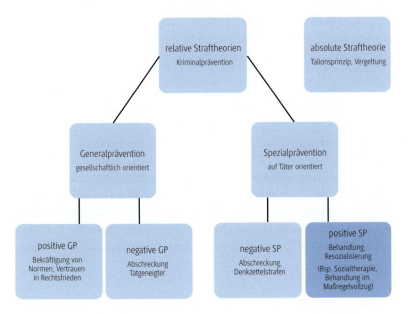

Abb. 9: Struktur der Straftheorien, deren Zweck und Ausrichtung. Tiefblau unterlegt: Position der forensisch-psychiatrischen Behandlung im Rahmen der Maßregeln der Besserung und Sicherung

zipiell behandelbarer Risikofaktoren wie psychischer Störungen inklusive Sucht unabdingbar aus den Menschenrechten. Aus dem im Grundgesetz verankerten Sozialstaatprinzip sowie der Menschenwürde (Art. 1 und 20 Abs. 1 GG) leitet sich der allgemeine Resozialisierungsgedanke im Strafrecht als Verfassungsprinzip ab (BVerfGE 35, 202)[9]. Dieser Faden wird weitergesponnen, indem beispielsweise im Strafgesetzbuch eine Zweispurigkeit aus Strafen sowie Maßregeln der Besserung und Sicherung existiert, das Jugendgerichtsgesetz sich vorrangig am Erziehungsgedanken ausrichtet, die Strafvollzugsgesetze der Länder Resozialisierung als Vollzugsziel definieren oder das Betäubungsmittelgesetz die Möglichkeit von Zurückstellung der Strafe bei Therapie vorsieht.

Mit all diesen Ausführungen ist jedoch lediglich der argumentative Boden für Straftäterbehandlung und somit auch forensisch-psychiatrische Therapie geschaffen. Es bleibt die Verantwortung der in allen interdisziplinären Arbeitsbereichen Tätigen, auf dieser Grundlage professionelle Behandlungsstandards einzuführen, umzusetzen, zu evaluieren und stetig weiterzuentwickeln.

7.1.3 Kriminaltherapeutische Grundprinzipien

Maßnahmen anzuwenden, die bei straffällig gewordenen Menschen das Risiko erneuter Kriminalität reduzieren sollen, werden als Kriminaltherapie oder weiter als Straftäterbehandlung zusammengefasst. Dabei verführt der Begriff der Therapie oder Behandlung leicht dazu, kriminelles Verhalten als Krankheit oder behandelbare Auffälligkeit mit klar fassbarer Ursache anzusehen, was wiederum mit einer entsprechend hoch vorgestellten Erfolgsaussicht verbunden sein mag.

---

9 BVerfGE 35, 202, sog. Lebach-Urteil: Hieraus ergibt sich neben einem Anspruch des (inhaftierten) Straftäters auf Resozialisierung auch eine diesbezügliche Verpflichtung des Staates und der Gesellschaft, ihn erneut in die Sozialgemeinschaft aufzunehmen.

7.1 Allgemeine Grundlagen

Dass es sich jedoch nicht um eine Krankheit oder Störung per se handelt, wurde im Kapitel 5 dargestellt, was die komplexen Ursachengefüge der Entstehung von Kriminalität und Sucht hervorhebt. Demzufolge kann man unter Kriminaltherapie oder Behandlungsprogrammen für Straftäter vor allem Interventionen verstehen, die darauf abzielen, Risikofaktoren für Kriminalität zu minimieren und Schutzfaktoren zu stärken. Solche Interventionen müssen auf einem soliden theoretischen Modell über die multifaktorielle Entstehung kriminellen Verhaltens fußen und es darüber hinaus ermöglichen, die Wirksamkeit der Intervention nachvollziehbar einzuschätzen. Für die Praxis bedeutet dies, eine gut fundierte Vorstellung darüber zu entwickeln, weshalb eine Person in einer bestimmten Art und Weise straffällig wurde (Delinquenzhypothese). Dabei lassen sich in der Regel kriminogene Faktoren herausarbeiten, die empirisch belegt mit Kriminalität assoziiert sind. Diejenigen Faktoren, die beeinflussbar (dynamisch) sind, sollten dann mit Methoden bearbeitet werden, deren Wirksamkeit ebenfalls möglichst empirisch nachgewiesen ist. Ein strukturiertes Vorgehen, welches in einem Behandlungsplan zusammengefasst wird, bietet dabei gute Transparenz und Überprüfungsmöglichkeiten der Delinquenzhypothese und der angestrebten Ziele.

Weit verbreitet als Grundlage der Implementierung verschiedenster Behandlungsprogramme ist das RNR-Model nach Andrews und Bonta (2010). Dabei stehen die Buchstaben RNR als Abkürzung für die elementarsten Grundprinzipien in diesem Model, nämlich Risk (Risiko), Need (adressierbare kriminogene Faktoren) und Responsivity (Ansprechvermögen). Das Risikoprinzip besagt, dass die Intensität für Behandlungsmaßnahmen an das Rückfallrisiko erneuter Kriminalität angepasst werden soll. Dieses kann durch standardisierte Prognoseverfahren mit Adaption auf den Einzelfall erhoben werden (▶ Kap. 6). Empirische Belege über die Wirksamkeit von Kriminaltherapie liegen vor allem bei moderatem und hohem Rückfallrisiko vor, was umfangreichere und intensivere Interventionen nach sich zieht gegenüber geringen Rückfallrisiken. Das Need-Prinzip bedeutet, Behandlungen auf diejenigen Risikofaktoren zu fokussieren, deren Veränderung auch mit einer Reduktion der Rückfallwahrscheinlichkeit zusammenhängt.

Diese dynamischen Risikofaktoren ergeben sich erneut aus Kriminalprognose und Delinquenzhypothese. Besonderer Überprüfung und Berücksichtigung im Einzelfall bedürfen die von Andrews und Bonta zusammengefassten »central eight« (»die entscheidenden Acht«) und die darin enthaltenen »big four« (Hauptvariablen für Prognose und Kausalität kriminellen Verhaltens). Sie sind übersichtsartig im Kasten notiert und in Tabelle 3 näher erläutert. Insbesondere bei Kriminalität im Zusammenhang mit psychiatrischen Störungsbildern wie auch Sucht ergibt sich gegebenenfalls eine andere Wichtung der Wertigkeit dieser acht kriminogenen Hauptfaktoren. Man wird sie jedoch in den wenigsten Fällen ignorieren können, wie die wenigen Untersuchungen zur parallelen Beobachtung der Entwicklung von Sucht und Kriminalität zeigen (▶ Kap. 4). Das Prinzip der adäquaten Ansprechbarkeit (Responsivity) beinhaltet, dass die Art und Weise der Behandlungsdurchführung auf die individuellen Fähigkeiten der Personen zur Teilnahme, Aufnahme und Verarbeitung ausgerichtet sein sollte. Verhaltenstherapeutische Interventionen gelten hierbei als am besten geeignet. Spezifischer zu berücksichtigen sind unter anderen die intellektuellen Fähigkeiten, Stadien der Persönlichkeitsentwicklung bei jungen Straftätern oder der Motivationsstatus.

Je umfangreicher die RNR-Prinzipien die Implementierung und Ausgestaltung kriminaltherapeutischer Interventionen mitbestimmen, desto größer ist die Wahrscheinlichkeit, das Risiko erneuter Straffälligkeit effektiv zu reduzieren. Von dem Modell sind vor allem die RNR-Prinzipien weit verbreitet und bekannt, es umfasst jedoch wesentlich mehr Prinzipien, die nicht zu vernachlässigen sind und teilweise bereits anderenorts erörtert wurden. So beispielsweise das Prinzip zwischenmenschlicher Intervention (Human Service), das die Evidenz für klinische und sozialpädagogische Programme betont im Kontrast zur fehlenden Einflussnahme auf Risiko- oder Schutzfaktoren durch justizielle Maßnahmen der bloßen Abschreckung oder des Wegsperrens. Das RNR-Model hat einen starken Fokus auf Risikofaktoren und somit vor allem auf negative und defizitäre Verhaltens- und Persönlichkeitsaspekte von Straftätern. Dies wird vor allem dadurch

Vertiefung:
Risk-Need-Responsivity (RNR) Model effektiver Kriminaltherapie (Andrews und Bonta 2010)

Risk-Prinzip:

- je größer das standardisiert erhobene Rückfallrisiko, desto intensivere und umfangreichere Interventionen sind erforderlich

Need-Prinzip:

- Fokus der Intervention da, wo er zur Senkung des Rückfallrisikos »gebraucht« wird
- Adressierung kriminogener, veränderbarer Risikofaktoren, wovon folgende empirisch am sichersten mit Rückfälligkeit zusammenhängen:
  - antisoziales Verhalten in der Vergangenheit ⎫
  - antisoziales Persönlichkeitsmuster ⎬ Big Four
  - antisoziale Einstellungen ⎪
  - antisoziales Umfeld ⎭
  - Familie und Partnerschaften ⎫ Central Eight
  - Schule und Arbeitsleben ⎪
  - Freizeitverhalten ⎬
  - Alkohol-/Drogenkonsum ⎭

Responsivity-Prinzip:

- Anwendung nachgewiesen einflussstarker Methoden wie kognitiver Verhaltenstherapie
- Art und Weise der Durchführung berücksichtigt individuelle Ansprechbarkeit des Probanden auf therapeutische Interventionen

Tab. 3: Die »Central Eight« können als Essenz empirisch belegter Risiko- und Ursachenfaktoren für allgemein kriminelles Verhalten verstanden werden. Im Einzelfall liegt das Gewicht auch auf anderen Aspekten, die aufgeführten Punkte sollten jedoch stets berücksichtigt werden. (Darstellung und Übersetzung mit Implikationen für Interventionen nach Andrews und Bonta 2010)

kriminogener Faktor	Beschreibung	Interventionsziel
antisoziales Verhalten in der Vergangenheit*	frühes und kontinuierliches antisoziales Verhalten frequent und vielseitig in verschiedenen Situationen	Aufbau nichtkrimineller Verhaltensalternativen in risikoreichen Situationen
antisoziales Persönlichkeitsmuster*	abenteuerlustige Suche nach Vergnügungen, niedrige Selbstkontrolle, unruhig-aggressiv	Erwerb Fähigkeiten/Skills zu: Problemlösen, Selbstmanagement, Ärgermanagement, Umgang mit Frustration
antisoziale Kognitionen*	deliktfördernde Einstellungen, Werte, Glauben und Rationalisierungen; Neigung zu Wut, Ärger, Trotz; kriminelle Identifizierung	Reduktion antisozialer Kognitionen, Erkennen riskanter Denkstile und Emotionen, Erarbeiten von Alternativen hierzu, Abbau krimineller Selbstidentifikation
antisoziale Freunde*	enge Beziehung zu kriminellem Milieu und wenige prosoziale Kontakte	Reduktion prokrimineller Kontakte, Verstärkung prosoziales Umfeld
Familie/Beziehung	Fürsorge, Geborgenheit, soziale Kontrolle	konfliktreiche Beziehungen reduzieren, positive Beziehungen stärken, soziale Kontrolle stärken
Schule/Arbeit	niedrige Leistungsfähigkeit und Zufriedenheit in Arbeit/Schule	Verstärkung von Einbindung und Zufriedenheit in Arbeit/Schule
Freizeitverhalten	wenig Einbindung und Zufriedenheit in nichtkriminelle Freizeitaktivitäten	Verstärkung von Einbindung und Zufriedenheit in nichtkrimininelle Freizeitaktivitäten
Konsum psychotroper Substanzen	Missbrauch von Alkohol/Drogen	Reduktion personeller und interpersoneller Adhärenz zu Substanzkonsum-orientiertem Verhalten

* »Big Four«

verständlich, dass die kriminologische Rückfallforschung sich vorrangig mit solchen Risikomerkmalen beschäftigt hat. Die Beachtung und wissenschaftliche Auseinandersetzung mit sogenannten Schutz- oder Resilienzfaktoren setzte erst mit einiger Verzögerung ein, ihnen wird mittlerweile jedoch auch ein erheblicher Stellenwert zugeschrieben.

Eine Bezugnahme auf Ressourcen, Stärken und Fähigkeiten stellt eine weitere wichtige Komponente in der Kriminaltherapie dar. Sie ist einerseits in der kognitiv-verhaltenstherapeutischen Grundausrichtung, die auch im RNR-Model favorisiert wird, enthalten, kann aber auch eine übergreifende Konzeptualisierung des gesamten Interventionsrahmens ausmachen. Das Good-Lives-Model nach Ward (Modell »Gutes Leben«, Ward et al. 2014; Göbbels et al. 2013; Franqué und Briken 2012) stellt ein solches, mittlerweile ebenfalls weit bekanntes Rehabilitationsmodel dar. Es zielt auf die antikriminelle Wirkung einer zufriedenstellenden Lebensweise ab, welche daraus resultieren soll, dass übergeordnete menschliche Grundbedürfnisse und Lebensziele herausgearbeitet und diese durch nichtkriminelle, normgerechte Verhaltensweisen befriedigt und erreicht werden sollen. Es bedarf einer gewissen Perspektivänderung, um zu verstehen, dass das Hauptziel der Kriminalprävention nicht nur durch Vermeidungsziele beschrieben werden kann (Fernhalten von antisozialem Umfeld, Meidung von Suchtmitteln, Vermeiden fehlender Tagesstruktur etc.). Stattdessen oder in Ergänzung könnte man auch formulieren, das Hauptziel ist, ein zufriedenstellendes, erfüllendes Leben zu führen und dabei respektvoll Rechte anderer zu wahren.

Diese Herangehensweise an ein positives Rehabilitationsziel strebt vor allem eine Motivationsverstärkung der Klienten an. Zu den übergeordneten allgemeinen Lebenszielen (primary goods) zählen unter anderem Gesundheit und Sicherheit, Beziehungen und Freundschaften, Verbundenheit, Bedeutung im Leben sehen, Glücklichsein und Genuss oder Unabhängigkeit und Kontrolle über das eigene Leben. Das Modell konzeptualisiert kriminelles Verhalten als Versuch, diese Lebensziele durch von der Norm abweichende Lösungswege zu

> **Vertiefung:**
> **»Good Lives Model« der Straftäterrehabilitation (nach Göbbels et al. 2013; Ward et al. 2014)**
>
> - kriminelles Verhalten resultiert aus einem Mangel an gelernten Fertigkeiten und anderen Ressourcen, um (universelle, auf alle Menschen zutreffende) Lebensziele prosozial zu erreichen
> - primäre Güter (Zustände, Charakteristika, Erfahrungen) als universelle Bedürfnisse/Lebensziele
>   - Leben (gesund leben und funktionieren),
>   - Wissen (wie gut ist man informiert über die Dinge, die einem wichtig sind),
>   - Erleben von Kompetenz in Freizeit (Hobbys und Entspannung),
>   - Kompetenz in Arbeit (z. B. Erfolgserlebnisse),
>   - Kompetenz in freier Entscheidung (Autonomie, Handlungsfähigkeit, Selbstbestimmtheit),
>   - innere Ruhe (Gelassenheit, Abwesenheit von Stress und emotionaler Aufruhr),
>   - Verbundenheit (intime, romantische und familiäre Beziehungen),
>   - Gemeinschaft (Verbindung mit einer größeren Gruppe),
>   - Spiritualität (im weiteren Sinne; Sinn und Erfüllung im Leben),
>   - Freude (glücklich sein),
>   - Kreativität (sich selbst ausdrücken)
> - Resozialisation von Straftätern sollte Wissen, Fähigkeiten, Gelegenheiten und Ressourcen fördern, um das Erreichen von Lebenszielen ohne Verletzung der Rechte anderer zu ermöglichen
> - dynamische Risikofaktoren werden somit indirekt behandelt und nicht vernachlässigt
> - GLM soll nicht isoliert, sondern ergänzend zum Risikomanagement (beispielsweise nach RNR-Modell) praktiziert werden
> - Grundannahmen des Modells sind empirisch belegt, umfassende Evaluation des gesamten GLM steht aus

7.1 Allgemeine Grundlagen

erreichen, um die übergeordneten Grundbedürfnisse quasi über eine Abkürzung per Straftaten zu verwirklichen. Das Modell Gutes Leben erarbeitet vor konkreteren Ansätzen der Zielerreichung zunächst diese Ziele nebst ihrer individuellen Bedeutung, sodass herausgestellt wird, was die Person des Straftäters im Leben erreichen will, sie zu leisten vermag oder welche Bedürfnisbereiche auszubauen sind, um andere gegebenenfalls zu kompensieren. Dynamische Risikofaktoren werden in diesem Modell nicht ausgeblendet, sondern in einen subjektiv bedeutungsvollen Kontext gestellt als Blockaden oder Hindernisse bei der Erreichung eines zufriedenstellenden Lebens. Es ist leicht verständlich, dass es einerseits dem Behandlungspersonal leichter fallen wird, (auch) auf grundlegend positive, zufriedenstellende Aspekte mit dem Straftäter hinzuarbeiten gegenüber einem hauptsächlich defizitorientierten Risikomanagement. Andererseits kann dieser Ansatz auch für die Straftäter selbst motivierend wirken und etwaige Blockaden in der Zusammenarbeit lösen, insbesondere da Kriminalität aufrechterhaltenden Stigmatisierungs- und Etikettierungsprozessen entgegengewirkt werden kann. Da das Gute-Leben-Modell mit seinem an Stärken orientierten Ansatz jedoch durchaus im Kontrast zu bisherigen Rehabilitationskonzepten steht, ist eine besonders reflektierte, das meint vorurteilsfreie Implementierung zu empfehlen. Sein vorrangiges Ziel ist ebenfalls die Reduktion von zukünftiger Kriminalität, auch unter Einbezug einer fundierten Risikoanalyse. Es kann jedoch auch rasch im negativen Sinne abgetan und missverstanden werden als »Wunschtherapie« für die Straftäter, was seinem Grundgedanken zuwiderläuft und verheißungsvolle Chancen einer Verhaltensänderung verstreichen ließe. Eine solche Vereinfachung ist auch unter den oben aufgeführten sanktionstheoretischen Gesichtspunkten Ausdruck anhaltender normativer Wertungen über die Verurteilung hinaus im Behandlungskontext und daher nicht geboten (vgl. auch Kröber 2013). Die Kernpunkte des GLM zielen vielmehr auf die verfassungsrechtlich verankerte Resozialisierung (ehemaliger) Straftäter ab. Eine sich ergänzende Einbeziehung von GLM und RNR-Modell sollte jedoch in der Praxis gut möglich sein.

7.2 Spezifische forensische Interventionen

7.2.1 Stationäre Behandlungsmaßnahmen

Menschen, die aufgrund ihrer Suchterkrankung eine Straftat begehen, nennt man psychisch kranke Rechtsbrecher. Für sie hält der Gesetzgeber wie oben beschrieben verschiedene Interventionsmöglichkeiten vor, abhängig natürlich von der Art und Schwere des Delikts.

Bei Verurteilungen auf Bewährung kann als Bewährungsweisung auch eine rehabilitative Suchtbehandlung über den Rententräger angeordnet werden, die allerdings vom Klienten gewollt sein muss. Sollte diese Entwöhnungsbehandlung nicht erfolgreich abgeschlossen werden, kann seitens der Strafvollstreckungskammer des zuständigen Gerichts ein Bewährungswiderruf erfolgen.

Im Rahmen von Verstößen gegen das Betäubungsmittelgesetz (BtMG) jugendlicher und erwachsener Drogenabhängiger und einer Haftstrafe von unter zwei Jahren kann das Gericht bzw. die Staatsanwaltschaft zeitweilig den Haftantritt aufschieben oder unterbrechen, wenn eine rehabilitative Maßnahme in einer Drogenentwöhnungsklinik eines freien Trägers oder der Rentenkasse direkt angetreten werden kann (§ 35 BtMG). Sollte diese Entwöhnungsbehandlung, die in der Regel zwischen drei und sechs Monate andauert und deren Ziel sowohl die Abstinenz als auch die Straffreiheit ist, seitens des Betroffenen oder der Reha-Einrichtung beendet werden, ordnet die Staatsanwaltschaft in der Regel den Haftantritt an. Aktuelle Daten über die Erfolge einer Rückstellungstherapie gemäß § 35 BtMG gibt es nicht. Die Güte dieser Behandlungsmaßnahme im Sinne von Rückfalldaten und auch die Abbruchraten wurden letztlich wissenschaftlich nicht verfolgt.

Erstaunlicherweise existiert eine solche Regelung für Alkoholabhängige nicht, obwohl es gelegentlich gleichwohl seitens der Staatsanwaltschaft aus pragmatischen Gründen eine gleiche Umsetzung gibt.

7.2 Spezifische forensische Interventionen

Für schwerere Delikte und damit höhere Haftstrafen Suchtmittelabhängiger (oder für Alkoholabhängige mit Haftstrafen unter zwei Jahren, da für sie eine andere Lösung wie oben dargestellt nicht existiert) wurde die Unterbringung und Behandlung in einer Entziehungsmaßregel gemäß § 64 StGB gesetzlich geregelt. Anders als bei der psychiatrischen Maßregel nach § 63 StGB wird hier allerdings nicht vorausgesetzt, dass eine erheblich verminderte Steuerungsfähigkeit zur Tatzeit bestanden haben muss. Es geht ausschließlich um den Nachweis eines Zusammenhangs zwischen dem Vorliegen einer Suchterkrankung (juristisch im § 64 StGB »Hang« genannt, psychotrope Substanzen oder Alkohol im Übermaß zu konsumieren), dem tatzeitbezogenen Konsum und dem daraus erwachsenen oder begünstigten Delikt. Außerdem muss erwartet werden, dass auch weitere schwerwiegende Delikte vom Betroffenen begangen werden, wenn keine Intervention erfolgt, und zusätzlich muss der Sachverständige in seinem Gutachten darlegen, ob und warum er davon ausgeht, dass die Behandlung im Maßregelvollzug eine Aussicht auf Erfolg hat.

Problematisch gestaltet sich die Unterbringung immer dann, wenn neben der Unterbringung im Maßregelvollzug eine hohe Parallelstrafe verhängt wurde. Die §-64-Unterbringung dauert nach § 67d StGB zwei Jahre. Ein Vollzug der Parallelstrafe vor der Maßregelunterbringung (Vorwegvollzug) wird allerdings nur so weit vorgenommen, dass der Klient nach diesem und der theoretischen Zwei-Jahre-Unterbringung gemäß § 64 den Halbstrafentermin erreicht hat. Täter mit vielen Vorstrafen und einschlägigen Delikten werden aber in der Regel durch die Strafvollstreckungskammer erst nach dem Erreichen des Zwei-Drittel-Termins auf Bewährung entlassen. Damit müsste entweder nach der zweijährigen Unterbringung die Rückverlegung in die Haftanstalt erfolgen oder die Maßregelzeit verlängert werden, um aus der Klinik heraus die Rehabilitation vorzubereiten und dann umzusetzen. Dies erfordert seitens des Klienten eine besonders prosoziale und therapiemotivierte Haltung, damit das Gericht einer kostenintensiven Unterbringungsverlängerung folgt.

7 Interventionsplanung, interdisziplinäre Ansätze

Tab. 4: Übersicht zur Voraussetzung einer Unterbringung gemäß § 64 StGB (Entziehungsmaßregel; nach Konrad 1997)

Kriterium und Voraussetzung beim Klienten	Gutachterliche Bewertung durch den Sachverständigen
»Hang«, psychotrope Stoffe oder Alkohol im »Übermaß« zu konsumieren, besteht	Diagnose eines schweren Alkohol- oder Drogenmissbrauchs bzw. einer Abhängigkeit und Zuordnung zum »Hang« (eine Medikamentenabhängigkeit allein reicht laut Literatur angeblich nicht, auch eine nicht-stoffgebundene Abhängigkeit nicht!)
Tat(en) müssen im Rausch begangen werden oder müssen auf den »Hang« zurückgehen	Darstellung des Zusammenhangs von Auslösetat(en) und »Hang«, Tat muss quasi symptomatisch für den »Hang« sein
weitere erhebliche Taten müssen mit bestimmter Wahrscheinlichkeit zu erwarten sein	Diskussion der Wahrscheinlichkeit künftiger Taten und ihres Deliktcharakters infolge der Sucht (Verhältnismäßigkeit ist juristische Feststellung)
diese zu erwartenden Taten müssen eine Beziehung (Symptomatizität) zum »Hang« haben (wie bei der Auslösetat)	Darlegung des Zusammenhangs von Suchtverhalten und zu erwartenden Taten und Beziehung zum »Hang« (Kriminalprognose)
es besteht eine hinreichend konkrete Erfolgsaussicht der Behandlung (Heilung der Person oder Bewahrung vor einem Rückfall in den »Hang« und vor der Begehung von weiteren Straftaten)	ausführliche Diskussion der Suchtentwicklung und der Therapiemöglichkeiten des Klienten; Gegenüberstellung der Behandlungsoptionen und Bewertung der Effektivitätschancen im Maßregelvollzug (ggf. nach Motivation zur Therapie in der forensischen Klinik) (Behandlungsprognose)
Verhältnismäßigkeit (§ 62 StGB) der Maßregelanordnung prüft das Gericht	keine Äußerung dazu seitens des Sachverständigen

7.2 Spezifische forensische Interventionen

Merke
Der Sachverständige stellt die medizinischen Voraussetzungen der Abhängigkeitsdiagnose dar, diskutiert die Zusammenhänge zwischen der Sucht (juristisch »Hang«) und den aktuellen Taten sowie der mit hoher Wahrscheinlichkeit zu erwartenden schwerwiegenden weiteren Taten, so keine adäquate Behandlung erfolgt (z. B. in der Entziehungsmaßregel oder in der Sucht-Rehabilitationsklinik). Die Verhältnismäßigkeitsbeurteilung von Taten und juristischen Folgen (§ 64 StGB oder § 35 BtMG) ist Aufgabe des Gerichts!

Das Maßregelgesetz stammt bereits aus 1933 und wurde in einer Reform des Strafrechts 1969 (Inkrafttreten erst 1975) an die aktuellen Gegebenheiten angepasst. Viele Jahre (bis ca. 1985) war die Belegung der Kliniken aber eher gering und die therapeutische Effektivität durch hohe Abbruchraten und Lockerungsmissbrauch belastet. Gerade in den beginnenden 1990er Jahren kam es dann zu einem immer weiter fortschreitenden Anstieg der Einweisungszahlen und damit zu Kapazitätsproblemen und der Notwendigkeit von Erweiterungsbauten. Die rechtlichen Regulierungsversuche in 1994 (Bundesverfassungsgericht[10]) und 2007[11] zeitigten keine Veränderung der Belegungszahlen. Ab Mitte der 1990er Jahre stiegen die Zahlen in Deutschland von knapp über 1.000 Untergebrachten auf weit über 3.800 an (Seifert 2015; Statistisches Bundesamt Wiesbaden 2015b). Die gesetzlichen Bestimmungen fokussierten auf eine deutlich stärkere Beschreibung einer Therapieeffektivitätserwartung schon in der Begutachtung. Die Spruchpraxis der Gerichte, inklusive des BGH, haben aber letztlich keine Änderung in der Einweisungspraxis gezeigt (Schalast 2012).

---

10 BVerfGE 91, 1 vom 16.03.1994.
11 Gesetz zur Sicherung der Unterbringung in einem psychiatrischen Krankenhaus und in einer Entziehungsanstalt vom 16.07.2007.

Mit der Therapieeffektivitätserwartung kam es in den letzten 20 Jahren daneben zu einer extrem hohen Sicherheitserwartung an den Maßregelvollzug, also quasi zu einer Umkehr der Priorität der beiden Ziele: von Besserung (Behandlung) und Sicherheit hin zu Sicherheit und Behandlung. Dies verwundert umso mehr (oder auch nicht), als die Höhe der Parallelstrafe der Eingewiesenen (und damit natürlich die Deliktschwere) gestiegen ist und mehr als die Hälfte der Patienten im Urteil des erkennenden Verfahrens keine Schuldminderung attestiert bekamen. Die Abhängigkeit scheint also eher im Hintergrund zu stehen. Die Suchtproblematik der Untergebrachten im Strafvollzug und Maßregelvollzug ähneln sich demnach immer mehr. Der Anteil an Alkohol- und Drogenabhängigen hat sich allerdings in den letzten 15 Jahren zugunsten der Drogenkonsumenten verschoben und dies gilt auch für den Maßregelvollzug (Pein et al. 2012; Seifert 2015).

Außerdem weisen ca. 50 % der Patienten eine komorbide Persönlichkeitsproblematik auf, wobei eine dissoziale Entwicklung deutlich im Vordergrund steht (▶ Kap. 4). Allgemein gilt gerade für diese Gruppe eine eher geringere Therapiechance, da die Betroffenen in ihren dissozialen Denk- und Wertvorstellungen stark verhaftet sind. Deshalb wurden in den letzten Jahren zunehmend strukturierte Therapieprogramme in die Entziehungsmaßregel eingeführt, die auf die Veränderung dissozialer Persönlichkeitsstrukturen abzielen.

Dissoziale Patienten verursachen eine große Zahl von Verhaltensproblemen und letztlich hohe Behandlungskosten. So kommt es zu hohen Raten an Vorkommnissen und Therapiestörungen durch aggressives Verhalten, hohes Gewaltpotential, Manipulationen, sog. haftbedingten Verhaltensauffälligkeiten mit verbalen Entgleisungen, Beleidigungen, Regelverstöße etc., bei sehr geringer Frustrationstoleranz und oft geringem Bildungsstand und daraus resultierenden Verweigerungshaltungen, »Verhandeln« über Ausnahmen und Regeln, Unterdrückung Schwächerer etc., Missbrauch von Alkohol und Drogen während der Behandlung. Dissoziale Patienten sind eher extrinsisch motiviert (Deal in der Verhandlung!), haben längere

Verweildauern und Therapieabbrüche erst nach oft langer Unterbringung. In der Regel entscheiden die Strafvollstreckungskammern nach einem halben Jahr der Unterbringung über einen Abbruch der Maßnahme, sofern ein Patient keinerlei Motivation und Mitarbeit in den Therapien zeigt.

> **Merke**
>
> Das komorbide Auftreten einer Suchterkrankung und dissozialen Persönlichkeitsstörung verringert die Chance einer erfolgreichen Therapie erheblich. Eine Klärung der Frage, ob primär eine dissoziale Fehlentwicklung oder eine Missbrauchssituation bestand, ist in der Regel nicht möglich. Je verfestigter dissoziales Verhalten und dissoziale Wertvorstellungen (kriminelle Identifikation) sind, desto eher wird die Therapieeffektivität (gemäß § 64 StGB) zu verneinen sein.

Die forensisch-psychiatrischen Kliniken der Entziehungsmaßregel favorisieren einen multimodalen Therapieansatz mit einem Schwerpunkt in verhaltenstherapeutischen Techniken. Gleichwohl unterscheiden sich die therapeutische Grundausrichtung sowie die Methoden nicht grundsätzlich von der Allgemeinpsychiatrie bzw. Suchttherapie. Es werden lediglich spezifische sog. kriminaltherapeutische Inhalte eingefügt.

Nach einer Aufnahme- und Diagnostikphase von zwei bis drei Monaten wird der individuelle Diagnostik- und Behandlungsplan für den Patienten erstellt, der die Erkenntnisse aus der Biografie zur persönlichen und Delinquenzentwicklung zusammenfasst, eine Theorie zur Entstehung der Delikte beinhaltet und die Behandlungsstrategien vorgibt (s. Beispiel eines Behandlungsplanes im Kasten).

Während der Aufnahmephase werden Patienten mit einer laufenden Substitution entgiftet. Eine weiterführende Substitutionstherapie erfolgt während der Maßregelbehandlung nicht, da das Behandlungskonzept auf Abstinenz ausgerichtet ist.

Wichtige Inhalte eines Behandlungsplans

* rechtliche Aspekte (Behandlungsgrundlage, Anlasstat, Urteil)
* Anamnese (insbesondere Sozialisation, psychiatrische Erkrankung und Behandlung, Suchtmittelanamnese, Sexualanamnese, Kriminalbiografie)
* Diagnostik (Psychopathologie, Testpsychologie, körperliche Untersuchung, diagnostische Einschätzung nach Klassifikationssystemen)
* ggf. bisheriger Behandlungsverlauf
* Delinquenzhypothese
* (dynamische) Risikofaktoren und Schutzfaktoren
* Behandlungsziele nach zeitlicher Priorität
* Behandlungsmaßnahmen (welche, durch wen, bis wann, Verlaufseinschätzung)

In der Suchtmedizin wurden zwei Therapiebereiche favorisiert. Im kognitiv-behavioralen Ansatz wird als erstes das Problem aktualisiert und dessen Bedeutung herausgearbeitet und geklärt, dann geht es um das Erlernen von Coping und Mastery (Beherrschung/Kontrolle), um letztlich den Fokus auf die Aktivierung der Ressourcen des Patienten zu legen.

In der psychodynamischen Tradition steht die Qualität der therapeutischen Beziehung, zu der Patient und Therapeut gleichermaßen beitragen können, im Mittelpunkt. Die Fähigkeit des Therapeuten, das zentrale Beziehungskonfliktthema des Patienten herauszuarbeiten, dies verständlich zu machen bzw. zu deuten, um dann die Konflikte des Patienten durchzuarbeiten und durch ihn zu meistern, ist essentiell. Limitierend zeigt sich der Schweregrad der Störung des Patienten (Scherbaum 1999).

Beispielhaft für das Erlernen von bestimmten Techniken, Verhaltensweisen bzw. Kontrollmechanismen erfolgt in der Suchttherapie seitens der kognitiven Therapie die Erstellung eines Fallkonzeptes, die Reduktion des Suchtdrucks und die Vermittlung von Kontrollmöglichkeiten. Selbstkontrolltechniken beinhalten Strategien zur Bewältigung von Versuchungssituationen. Dabei wird mit folgenden Methoden gearbeitet:

- therapeutischer Vertrag
- Gedankenstopp
- verdeckte Sensibilisierung und Kontrolle
- Selbstsicherheits- und Entspannungstraining
- Stress- und Angstmanagement
- Problemlösetraining

In multimodalen Behandlungsstrategien geht es zusätzlich um psychoedukative Maßnahmen und Soziales Fertigkeiten-Training sowie supportive Maßnahmen. In der Weiterbehandlungs- und Nachsorgephase werden Rückfallverhütungsprogramme angewandt und Selbsthilfegruppen aufgesucht.

Allgemein werden folgende Abfolgen der Veränderungsprozesse während der Entwöhnungsbehandlung beschrieben (Stetter 2002; Mann 1999; Scherbaum 1999; Thomasius 2000):

- kognitive Akzeptanz der Suchterkrankung mit dem Ziel der vollständigen Abstinenz (in der Regel mit Ausnahme des Rauchens)
- emotionale Akzeptanz der Suchterkrankung inklusive der Bearbeitung von Schuld- und Schamgefühlen sowie der Integration der Abhängigkeit als dauerhaftes Problem in das eigene Selbstbild
- Wahrnehmung der Funktionalität des Suchtmittels; Bearbeitung der Suchtmittelfunktion zur psychischen und sozialen Stabilisierung
- Bearbeitung der in diesem Zusammenhang deutlichen Konflikte, Ich-Defizite, Selbstwert- und Selbstregulationsprobleme und Verhaltensdefizite
- Aufbau alternativer Erlebens- und Verhaltensweisen außerhalb der Sucht und interpersoneller Fähigkeiten

Als langfristige Ziele des Suchtbehandlungsansatzes und damit auch für die Entziehungsmaßregel gelten:

- Abstinenz von Rauschsubstanzen
- Kontrolle süchtiger Verhaltensweisen (Umgang mit Craving, typischen Trinksituationen etc.)
- Erlernen einer vernünftigen Tagesstrukturierung, adäquaten Bedürfnisbefriedigung und Frustrationstoleranz
- Krisensituations-Bewältigung (z. B. Rückfall) durch angemessenes Verhalten
- Entwicklung von Selbstständigkeit und Verantwortlichkeit
- Akzeptanz von Eigenverantwortlichkeit und aktiver Mitarbeit
- Vermittlung von sozialer und kommunikativer Kompetenz
- Vermittlung und Nacherwerb adäquater Problemlösungsstrategien
- Erarbeitung ausreichender und kontrollierter Verhaltenssteuerung
- Vermittlung von Aggressionsvermeidungsstrategien
- Stabilisierung einer realistischen Zielperspektive
- Vermeidung eines weiteren strafrechtlichen Inerscheinungtretens
- Beherrschung der seelischen und körperlichen Gesundheit
- Erreichen der Erwerbs- und Arbeitsfähigkeit
- berufliche und soziale Wiedereingliederung

Die Behandlung im Maßregelvollzug greift diese Prinzipien auf, ergänzt sie durch die spezifischen kriminaltherapeutischen Verfahren und beinhaltet wöchentliche Einzel- und Gruppengespräche (mit Erarbeitung der Biografie, des Deliktzyklus, einer Straftatbearbeitung, die auch Rollenspiele mit dem Wechsel zwischen Opfer- und Täterperspektive sowie Anfertigung eines Opferbriefes umfasst, sowie auch eine Rückfallprävention), Betreuung im Bezugssystem in allen Berufsgruppen (Pflege, Sozialdienst, Ergotherapie, Psychotherapeut), Durchführung von Suchtgruppen für Alkohol- und/oder Drogenabhängige, ein Soziales Kompetenztraining (im Gruppensetting und in der Wohngruppe) sowie das Angebot spezifischer

7.2 Spezifische forensische Interventionen

kriminaltherapeutischer Behandlungen wie Anti-Aggressions-Training und Sexualstraftätergruppe. Daneben wird gerade für dissoziale Patienten das Reasoning & Rehabilitation-Programm (Ross und Fabiano 1986) als Zusatztraining durchgeführt oder die Station unter dem Gesamtangebot einer Dialektisch-Behavioralen Therapie angepasst auf das forensische Setting (DBT-F, McCann et al. 2000) geführt. Ein wichtiger Bestandteil der therapeutischen Arbeit ist die Soziomilieutherapie und Sozialtherapie (z. B. Selbstverpflegung in der Gruppe, quasi-familiäres Zusammenleben der Patienten, Kontakte zu Beziehungspersonen aufbauen oder aktualisieren, Aktivitäten auf vielen prosozialen Ebenen) sowie die Komplementärtherapien (Sport, Ergo- und Arbeitstherapie sowie bei Bedarf Beschulung). Bei Problemverhalten jeglicher Art fertigt der Patient Verhaltensanalysen an, die mit dem Bezugstherapeuten geklärt und bearbeitet und in der Reflexionsgruppe vorgestellt werden.

> **Merke**
> Wesentliche Therapiebausteine der Entziehungsmaßregel sind in Einzel- und Gruppengesprächen die Biografiearbeit mit Erarbeitung des Deliktzyklus sowie einer Rückfallprävention; das Bezugssystem in allen Bereichen, also auch in der Komplementärtherapie, Soziomilieutherapie und Sozialtherapie. Neben der Durchführung von Suchtgruppen für Alkohol- und/oder Drogenabhängige erfolgt ein Soziales Kompetenztraining, ggf. die Einbindung in spezifische Therapiegruppen für Sexualstraftäter oder in ein Anti-Aggressions-Training sowie das Nutzen von Inhalten der DBT-F oder des R&R-Programms.

Im Folgenden werden einige spezifische Therapiebausteine ausführlicher dargestellt.

Wesentlich erscheint es dabei, die in der Regel sehr schwach ausgebildeten sozialen Kompetenzen der Patienten zu stärken. Dazu wird unter anderem das Soziale Kompetenztraining angeboten (Hinsch und Pfingsten 2002; Alsleben und Hand 2013). Die Indikationen zur Durchführung bestehen demnach bei Patienten mit Defiziten und Störungen im sozialen Verhalten, bei der Selbstbehauptung und im sozialen Selbstmanagement. Außerdem wenn bei ihnen eine soziale Unsicherheit, soziale Ängste und Phobien, Störungen des zwischenmenschlichen Beziehungsverhaltens vorliegen sowie bei Patienten mit Persönlichkeitsstörungen, wenn deren Probleme in Interaktionsstörungen ihren Ausdruck finden. Methodisch werden Rollenspiele (Selbst-Feedback, Beobachter-Feedback, Video-Feedback) und Entspannungstraining angeboten und durchgeführt.

Das Training erfolgt in einem dreistufigen Aufbau: Der erste Abschnitt betrifft eine Selbstanalyse zum Erkennen und Erkunden eigener sozialer Stärken, Defizite und Ressourcen. Dann folgt das eigentliche Soziale Kompetenztraining. Hier soll der Erwerb neuer, angemessener Fertigkeiten im Umgang mit anderen in den Bereichen eigene Rechte durchsetzen, Beziehungen zu anderen Menschen pflegen sowie um Sympathie werben erfolgen. Gleichzeitig wird ein Selbstbehauptungstraining durchgeführt, in dem Fähigkeiten zur sozial angemessenen Durchsetzung eigener Interessen erworben werden.

In der Suchttherapie sollen die unangenehmen Gefühle im zwischenmenschlichen Kontakt, die durch den Substanzkonsum gedämpft werden, reduziert und die Kontrolle über eigenes Verhalten (Ablehnung eines alkoholischen Getränks, Aushalten solch einer Situation oder Fernhalten von derselben) gestärkt werden.

Die Dialektisch-Behaviorale Therapie – Forensik (DBT-F, McCann et al. 2000) ist eine Fortentwicklung der allgemeinen DBT (Linehan 1993) für diesen speziellen Behandlungsbereich und insbesondere für die Behandlung von Patienten mit Antisozialer Persönlichkeitsstörung konzipiert. Mittlerweile existieren etliche andere Programmmodifikationen wie für die Suchttherapie (Dimeff und Linehan 2008; Kienast et al. 2008) und die Behandlung von Menschen mit einer intellektuellen Beeinträchtigung (Lew et al. 2006). Die DBT gilt als effektive Behandlungsmaßnahme von Borderline-Persönlichkeitsstö-

7.2 Spezifische forensische Interventionen

rungen, sie ist eine Verhaltenstherapie, die durch Konzepte der Achtsamkeit und des Zen-Buddhismus inspiriert wurde. Es zeigten sich in verschiedenen Untersuchungen für die DBT signifikant häufigere Therapieabschlüsse (Miller et al. 1997; Linehan et al. 1991; Verheul et al. 2003), die Reduktion von Suizidalität und eine Befindlichkeitsbesserung (Rathus und Miller 2002; Koons et al. 2001; Bohus et al. 2000) sowie schon in frühen Studien die Reduktion des Suchtmittelgebrauchs, u. a. für den Drogenkonsum (Linehan et al. 1999, 2002), für den Alkoholmissbrauch (van den Bosch et al. 2005), insbesondere bei komorbidem Auftreten von Suchtmittelmissbrauch und Persönlichkeitsstörungen.

Für die Forensik gelten zwei Grundannahmen. Zum einen geht man davon aus, dass dissoziale Rechtsbrecher untersozialisiert sind und damit mangelt es ihnen an bestimmten Fähigkeiten, die für eine prosoziale Anpassung erforderlich sind. Sie haben Schwierigkeiten, intensive Gefühle zu regulieren, vor allem Scham bzw. verletzte Ehre und Ärger. Außerdem zeigen sie eine hohe Impulsivität und einen Mangel an Voraussicht. Zum anderen sind diese Fertigkeiten jedoch erlernbar (Oermann et al. 2008).

Nach der Implementierung der DBT im forensischen Setting (als DBT-F, McCann et al. 2000; Pfäfflin und Ross 2004; Berzins und Trestman 2004) konnten von Shelton et al. (2009, 2011) signifikante Veränderungen im aggressiven Verhalten, eine Abnahme von Störungen im Therapiealltag und eine Verbesserung von Coping-Strategien (Entfernen aus der Situation) bei Heranwachsenden, von Trupin et al. (2002) bei jugendlichen weiblichen Täterinnen sowie von Evershed et al. (2003) im High Security Hospital beobachtet werden. Oermann (2013) beschrieb die Reduktion gewalttätigen Verhaltens und der Schwere der aggressiven Vorfälle und Feindseligkeiten, Sakdalan et al. (2010) die Verbesserung des Verhaltens und eine Risikominderung bei forensischen Klienten mit geistiger Behinderung. Umfangreiche Effektivitätsstudien fehlen noch immer.

Die Ziele der DBT-F (s. Oermann et al. 2008) sind eine Reduktion von lebensbedrohlichem oder die körperliche Unversehrtheit bedrohendem Verhalten wie Selbstverletzungen, aggressives Verhalten,

Drohen etc., die Reduktion von milieuschädigendem Verhalten (hauptsächlich auf Station durch Diebstahl, Betrug, Drogenmissbrauch, »Vergiften« der Stationsatmosphäre durch Sticheln/Stänkern, Prahlen mit Delikten etc.), die Reduktion von therapiestörendem Verhalten (z. B. keine Verhaltensanalyse nach dysfunktionalem Verhalten schreiben, keine Hausaufgaben erledigen, Unpünktlichkeit bei Therapien, keine Termine für Bezugspflege vereinbaren etc.) sowie die Reduktion von Verhaltensweisen, die die Lebensqualität beeinträchtigen (Depressivität, Angst, Panik, Partnerschaftsprobleme) beim Patienten. Außerdem die Reduktion therapiestörenden Verhaltens auch der Mitarbeiter durch Weiterbildung und Kenntnis der Methode. Es geht letztlich also um die Reduktion von Impulsivität, die Verbesserung von Fertigkeiten/Fähigkeiten bezüglich emotionaler Regulation, Achtsamkeit, sozialer Kompetenz und Stresstoleranz (durch Erlernen von Skills), die Reduktion von selbstverletzendem Verhalten und die Reduktion von Substanzgebrauch beim Patienten. Damit würde sich eine große Anzahl kriminogener Faktoren reduzieren lassen.

Die wesentlichen DBT-F-Strategien sind zum einen die Dialektische Strategie, die eine Balance zwischen der Akzeptanz des Patienten und der Erwartung von Veränderung an ihn meint, dann Commitment-Strategien, in denen es um verschiedene Verhandlungsstrategien geht, die Validierungsstrategien, die das Reflektieren von Verhalten im Abgleich mit den Therapeuten beinhalten sowie die Veränderungsstrategien, welche angeleitete Selbstbeobachtung, Verhaltensanalysen und das Kontingenzmanagement nutzen.

Die Therapiemodule aus der Standard-DBT sind die Innere Achtsamkeit und das Selbstmanagement, die interpersonellen Fähigkeiten und die Bindung an Andere, die Stresstoleranz sowie die Emotionsregulation und emotionale Bindungen. Daneben sind neu für DBT-F die Empathie, die moralische Urteilsfähigkeit und das Problemlösen konzipiert worden.

Methodisch wird neben den wöchentlichen Einzeltherapien und den Bezugspflegegesprächen eine Basisgruppe zur Vermittlung von störungsspezifischem Wissen und Veränderungsstrategien, eine Be-

7.2 Spezifische forensische Interventionen

zugsgruppe zur Einübung erlernter Fertigkeiten ohne Anwesenheit eines Mitarbeiters und eine Achtsamkeitsgruppe (Achtsamkeitsübungen, die ihre Wurzeln in der Zen-Philosophie haben) durchgeführt. Das Skills-Training, in dem soziale Fertigkeiten vermittelt werden, findet zweimal wöchentlich statt (Oermann et al. 2008).

Das Reasoning & Rehabilitation-Programm (R&R, Ross und Fabiano 1986; dt. Adaptation IFPH 2004) wurde in Kanada entwickelt, um ursprünglich Sozialarbeitern eine Veränderungsmöglichkeit des kriminellen/delinquenten Verhaltens ihrer Klienten im Hochsicherheitsgefängnis anzubieten. Das R&R-Programm ist ein spezielles kognitiv-behaviorales Training (aber keine Psychotherapie im engeren Sinne) für Straftäter, welches auf die Vermittlung kognitiver Fertigkeiten abzielt, um das impulsive, egozentrische, unlogische und rigide Denken von Delinquenten zu verändern. Das Training erfolgt, um ihnen eine bessere zwischenmenschliche Problemlösung zu ermöglichen, es werden konkrete Handlungsanweisungen und Übungen vermittelt, um prosoziale Ziele verfolgen zu lernen (Gretenkord 2002; Hoffmann et al. 2012). Die Gruppenmodule (35 Gruppensitzungen à 120 Minuten) werden in folgende Bereiche unterteilt:

- Problemlösen
- soziale Fertigkeiten
- Verhandlungsfertigkeiten
- Umgang mit Emotionen
- kreatives Denken
- Werte
- kritisches Urteilen
- Fertigkeiten im Überblick
- kognitive Übungen

In R&R-Studien gibt es teilweise inkonsistente Befunde. Robinson (1995) berichtete eine signifikant geringere Rückfallrate von R&R-Teilnehmern (19,7 %) gegenüber Kontrollen (24,8 %) in Kanada. Mitchell und Palmer (2004) führten ein Training von jugendlichen

Straftätern in England durch. Nach 18 Monaten ermittelten sie eine gering niedrigere Rückfall- und Reinhaftierungsrate ohne eine statistische Signifikanz zur Kontrollgruppe. In zwei Metaanalysen beschrieben Tong und Farrington (2006, 2008) eine mit 14% geringere Rückfallrate der R&R-Teilnehmer im Vergleich zu Kontrollen. Die Effektivität wurde sowohl in stationären als auch ambulanten Settings erreicht und galt für sog. Low- und High-Risk-Offender. Lipsey et al. (2007) verglichen R&R mit anderen kognitiv-behavioralen Programmen und fanden keine statistisch belegbaren Vorteile. Negative Studienergebnisse wurden auch von Wilson et al. (2005), Johnson und Hunter (1995) sowie Raynor und Vanstone (1996) berichtet.

Das Anti-Aggressions-Training wurde teilweise kontrovers in der Literatur diskutiert. Die Autoren wenden dieses in ihrer Klinik für forensische Psychiatrie der Universitätsmedizin Rostock an, um eine umfassende Delinquenzbiografie und Deliktanalyse anhand einer Collage zu erarbeiten. Es wird in der Regel als Gruppentherapie durchgeführt (ca. 20 Gruppensitzungen à 60 Minuten) und gliedert sich in vier Phasen. Letztlich soll der Patient befähigt werden, Einsichten in sein Tatverhalten zu gewinnen und nachfolgend auch die Situation aus der Sicht des Opfers zu erleben, um Empathie und Schuldgefühle zu entwickeln, was gerade dissozialen Personen nicht gelingt. Damit könnten sie Schwächen der sozialen Kompetenz im Bereich der Fremd- und Selbstwahrnehmung erkennen und verbessern (vgl. Heilemann und Fischwasser-von Proeck 2001; Weidner 1995). In der Kontaktphase werden Informationen über Ziele und Methoden vermittelt. Es folgt der Abschnitt Identifikation und Konfrontation, in dem es um die Analyse der Gewalterfahrungen und der Gewalttätigkeit geht und Rollenspiele mit Wiederholung der aggressionsauslösenden Situationen unter Einbeziehung der Opferperspektive durchgeführt werden. In der Entwicklungsphase werden problematisch angesehene Situationen kognitiv und aktiv probierend im Rollenspiel analysiert. In der abschließenden Realisierungsphase soll die Umsetzung der Verhaltensabsichten in konkrete Handlungsmuster erfolgen.

7.2 Spezifische forensische Interventionen

Die Unterbringung von suchtkranken Rechtsbrechern, die ein Sexualdelikt begangen hatten, erfolgt eher selten. Gleichwohl muss auch für diese Patientengruppe eine spezifische Kriminaltherapie vorgehalten werden. Neben der früher eher psychodynamisch ausgerichteten Sexualtätertherapie existieren heute einige verhaltenstherapeutisch orientierte Gruppenprogramme. Eines der gebräuchlichsten ist das Sex Offender Treatment Program (SOTP), das in England und Wales entwickelt wurde und in Deutschland zum Beispiel in der Sozialtherapeutischen Anstalt Hamburg wissenschaftlich durch das Institut für Sexualforschung und Forensische Psychiatrie des UKE begleitet wurde (Mann 1999; Berner und Becker 2001; Berner et al. 2007). Ein weiteres kognitiv-behaviorales Behandlungsprogramm für Sexualstraftäter (BPS) wurde in den Sozialtherapeutischen Anstalten Niedersachsens entwickelt (Wischka et al. 2002). Als empirisch wirksam evaluierte Behandlungen liegen Programme aus dem kanadischen Vollzugssystem vor (vgl. Marshall und Marshall 2014), deren Implementierung und Evaluation in Deutschland jedoch noch anhält. Im Folgenden sollen Inhalte dieser strukturierten Therapien mit Sexualstraftätern beispielhaft angeführt werden.

Als Behandlungsziele werden die Stärkung der Selbstverantwortung des Patienten und damit seiner Fähigkeit zur Selbststeuerung definiert. Es sollen Kontrollmechanismen und Hemmschwellen bzgl. der devianten sexuellen Impulse etabliert werden und allgemein eine Abschwächung und Veränderung der Persönlichkeitsstörung resultieren. Letztlich muss die volle Verantwortungsübernahme für delinquentes Verhalten erzielt werden. In diesen Programmen wird der Gruppentherapieansatz betont und sie dauern in der Regel ein bis zwei Jahre. Als erstes gilt es, die Therapiemotivation zu fördern, um die Bereitschaft zur radikalen Offenheit zu erreichen. Konkret heißt dies, dass der Patient alles erzählen muss, was ihm bewusst ist, um dann mit der Arbeit an Abwehrmechanismen und kognitiven Verzerrungen beginnen zu können. Natürlich erfolgt auch hier eine Deliktrekonstruktion, welche den Tatvorlauf, den Ablauf und die Tatmuster analysiert sowie das Nachtatverhalten betrachtet. Der Patient muss jeweils die begleitenden Affekte, Phantasien und

7 Interventionsplanung, interdisziplinäre Ansätze

Gedanken erkennen. Die in der Regel masturbationsbegleitenden Phantasien sind ein zentral wichtiger Bestandteil des Tatvorlaufs und müssen deshalb intensiv bearbeitet werden. In der Biografiearbeit und Beschreibung der Persönlichkeitsentwicklung erfolgt die Bearbeitung des Zusammenhangs der Sexualstraftaten mit der Lebens- und Beziehungsgeschichte sowie der Persönlichkeit des Patienten. Er muss sich nachfolgend mit seinen vorhandenen kognitiven Verzerrungen zur eigenen Person, zu seinen Taten und Opfern auseinandersetzen, so dass es ihm infolge einer kognitiven Umstrukturierung möglich wird, Verantwortung für sein Handeln zu übernehmen. Außerdem gilt es, eine Opferempathie zu entwickeln. Dies wird unter anderem durch das Einnehmen der Perspektive des Opfers sowie das Einfühlen in einen anderen (Täter) erreicht, wobei methodisch Filme eingesetzt, Opferschilderungen erarbeitet und ein »Brief an das Opfer« geschrieben werden. Den Abschluss bildet das Erlernen von Rückfallvermeidungsstrategien, also das Erkennen von Anzeichen einer eventuell bevorstehenden Straftat und eines entsprechenden Umkehrpunktes im gesamten zeitlichen und inhaltlichen Tatvorlauf.

In alle o. g. Therapieabschnitte der Klinik sind sowohl die Straftatbearbeitung als auch die Rückfallprävention (relapse prevention) integriert. Dabei geht es bei der Straftatbearbeitung immer wieder um die Deliktrekonstruktion (auf den Ebenen Verhalten, Kognition, Emotion, Körper- und Sinneswahrnehmung), das Erkennen eigener Bagatellisierungen und Verleugnungen in Bezug auf das Delikt, die Entwicklung von Opferempathie (dies gelingt gerade dissozial strukturierten Menschen oft nicht) und letztlich um die Aufnahme von Wiedergutmachungsmaßnahmen (Urbaniok 2003; Passow et al. 2015a). Die relapse prevention vermittelt dem Patienten die Fähigkeit, Risikosituationen zu erkennen und über eine veränderte Bewältigungsstrategie eine verbesserte Verhaltenskontrolle zu erzielen (Eucker 2002; Dowden et al. 2003).

Eine medikamentöse Behandlung wird je nach Indikation durchgeführt, wobei Anti-Craving-Präparate von den Patienten eher nicht akzeptiert bzw. gewünscht werden. Im Rahmen der erfolgreichen

7.2 Spezifische forensische Interventionen

Therapie können Lockerungen gewährt werden (begleitete Ausführungen mit dem Personal, Ausgänge mit geeigneten Dritten, selbstständige Lockerungen), die einer Belastungserprobung im Außenfeld und der Umsetzung therapeutischer Aufgaben und Übungen (z. B. im Rahmen des sozialen Trainings) dienen. Nach erfolgreichem Durchlaufen der Therapien und Erreichen selbstständiger Lockerungen (alleinige Ausgänge) folgt die Rehabilitationsphase. Die Patienten sollen die erlernte Verhaltensmodifikation im realen Kontext erproben. Im Vordergrund stehen Vermittlungen von Außenkontakten zu Ämtern, die Suche nach Arbeitspraktika, Wohnraum oder ggf. Übergangseinrichtungen, das allmähliche Festigen der Familienbeziehungen. Den Patienten werden je nach Bildungsstand und Fertigkeiten Schulabschlüsse ermöglicht, Fördermaßnahmen organisiert oder andere berufliche Wiedereingliederung vermittelt. Über den Sozialdienst erfolgt die Eingliederung in das Netz der sozialen Sicherung und Nachsorge. Außerdem wird für die Patienten, die in den eigenen Wohnraum entlassen werden sollen, die Übernahme in die Außen-Wohngruppe vorbereitet. In der Entlassungsphase wird der Patient bei der Integration außerhalb der Klinik begleitet, ggf. erfolgen Langzeitbeurlaubungen, Arbeitserprobung in der Heimatregion und die Anbindung an eine Nachsorgeeinrichtung.

Herr X wurde mit 24 Jahren in der Entziehungsmaßregelklinik aufgenommen. Wie üblich durchlief er die Aufnahmephase, in der wir die Diagnose eines Abhängigkeitssyndroms von multiplen Substanzen bestätigten und den Verdacht auf eine komorbide Persönlichkeitsstörung stellten. Die intellektuellen Voraussetzungen lagen im Bereich einer Lernbehinderung. Nach der Verlegung auf eine Therapiestation wurde er schrittweise in die üblichen Therapiebausteine integriert. So nahm er neben den wöchentlichen Einzelgesprächen an den themenoffenen Gruppengesprächen der Wohngruppe teil, absolvierte die 12-monatige strukturierte Suchtgruppe, das Soziale Kompetenztraining in der Gruppe sowie das Anti-Gewalt-Training. Er wurde in alle komplementären

Behandlungen integriert (Beschäftigungstherapie, Arbeitstherapie in der Metallwerkstatt und bei höherer Lockerung in einer Gärtnerei). In den psychotherapeutischen Abläufen blieb er durchweg eher passiv, bagatellisierte seine Delikte und zweifelte teilweise auch seine bestehende Abhängigkeitserkrankung an. Gleichwohl schaffte er es, sich formal gut anzupassen, keine Vorkommnisse oder Suchtmittelrückfälle zu begehen, war aber auch wegen einer Partnerproblematik oft abgelenkt, konnte keine adäquate Lösung erreichen. Nach zweieinhalb Jahren Unterbringung und intensiver Therapie konnte also nur eine begrenzte Einsichtsfähigkeit und Veränderung festgehalten werden. Trotzdem wurden diese Verhaltensbesserung und Therapiefortschritte als dafür ausreichend betrachtet, dass die kriminogenen Faktoren stabilisiert wurden und eine Entlassung auf Bewährung in eine strukturierte Nachsorgeeinrichtung erfolgte.

Zu dieser Zeit gab es noch keine Forensische Institutsambulanz. Herr X blieb in der Nachsorgeeinrichtung nicht lange abstinent, ihm wurde gekündigt, er lebte mit einer Lebensgefährtin und verbrachte die meiste Zeit im dissozialen Milieu bei Freunden und konsumierte exzessiv Alkohol, Psychopharmaka und Drogen. Nachdem es sogar zu einer Körperverletzung gegenüber seiner Freundin gekommen war, wurde er zwar zu einer Haftstrafe verurteilt, deren Rechtskraft wegen Berufung aber nicht eintrat. Hier hätte es aus heutiger Sicht die Chance gegeben, präventiv einzugreifen und den Bewährungswiderruf (bzw. aktuell eine Krisenintervention über die Strafvollstreckungskammer) einzuleiten. Herr X sollte sich damals zwar einer stationären Entgiftungsmaßnahme unterziehen, die er aber nicht antrat. So kam es im konsumierenden Milieu zum Tötungsdelikt.

Leider halten bis zu 50 % (in der Klinik der Autoren in Rostock 30 %) der eingewiesenen Patienten die zweijährige Therapiephase nicht durch (Schläfke et al. 2004). In der Regel stellen sie selbst einen Abbruchantrag, da sie vom Behandlungskonzept überfordert sind oder bemerken, dass sie doch keine abstinente und deliktfreie

Lebensweise anstreben. Dies trifft natürlich insbesondere auf die »süchtigen Kriminellen« zu, die sich für eine solche Lebensform entschieden haben. Die Klinik beantragt den Therapieabbruch dann, wenn es zu vielen Vorkommnissen, Verhaltensauffälligkeiten und Suchtmittelrückfällen kommt und seitens des Patienten keine ausreichende Bearbeitung derselben mittels Verhaltensanalysen erfolgt, also eine wirkliche und intrinsische Therapiemotivation nicht besteht. In der Literatur wird ein ungünstiger Verlauf der Entziehungsmaßregel (Berger et al. 1999; Stadtland und Nedopil 2003) mit den Merkmalen niedriges Alter bei Einweisung, fehlender Schul- und Berufsabschluss, Drogenabhängigkeit, frühe Erstverurteilung und »broken home«-Situation im Elternhaus beschrieben. Ein Risikofaktor für kriminelle Rückfälle bei Drogenkonsumenten wird in einer bestehenden familiären Suchtproblematik gesehen.

> **Merke**
> Strukturierte und manualisierte Behandlungsprogramme scheinen in der Behandlung von suchtkranken Rechtsbrechern zumindest kurzfristig bessere Therapieergebnisse zu erzielen. Langzeiteffekte bedürfen der Wiederholung von bestimmten Modulen in der Rehabilitationsphase und Nachsorge.

Der Problembereich der Motivation stand lange in besonderem Interesse der Forensischen Psychiater, wurde uns aber vom BGH (3 StR 95/96, BGH-Beschluss vom 26.04.1996, 4 StR 473/96, BGH-Beschluss vom 23.10.1996) ins Pflichtenheft geschrieben. Nach Schalast (1994, 2000a, b) lassen sich acht Einstellungsmerkmale im Rahmen einer Entziehungsmaßregel hervorheben:

- therapiebezogene Zuversicht
- Abstinenzvorsatz
- Kooperationsvorsatz, d.h. Vorsatz, während der Unterbringung mitzuarbeiten

- Wahrnehmung von suchtbedingten Problemen und Krankheitseinsicht
- Erkennen des Zusammenhangs von Sucht und Straffälligkeit
- allgemeine Hoffnungslosigkeit
- klientenseitig erlebte korrigierende Erfahrungen und allgemeine Perspektiven
- Bedürfnis, sich trotzig zu widersetzen

Schalast fand statistisch zwei Motivationsfaktoren:

1. die zuversichtliche Kooperationsbereitschaft (also zuversichtlich, kooperations- und abstinenzmotiviert vs. hoffnungslos und trotzig)
2. das Problembewusstsein (»Krankheitseinsicht«, Problembewusstsein im Hinblick auf Sucht und Straffälligkeit vs. fehlendes Problembewusstsein und fehlende therapiebezogene Erwartungen)

Diese positiven Seiten gilt es also in der Motivationsphase zu erarbeiten.

Problematische Behandlungsverläufe (Schalast 2000a) ergeben sich insbesondere bei dem Vorliegen folgender ungünstiger Faktoren:

- früher Suchtmittelmissbrauchsbeginn
- frühe strafrechtliche Auffälligkeiten
- niedriges Alter bei Maßnahmebeginn
- Polytoxikomanie statt nur Alkoholmissbrauch

Schalast und Leygraf (1994) beschrieben allerdings schon in einer früheren Arbeit, dass eine Erfolgsaussicht der Entziehungsmaßregel nicht gegeben sei, wenn es dem Probanden deutlich an Problembewusstsein mangelt, er eine ausgeprägte kriminelle Identifikation erkennen lässt, in der Vergangenheit wiederholt Behandlungen abgebrochen hat und der jahrelange chronische Alkoholkonsum zu deutlichen Persönlichkeitseinbußen geführt hat.

7.2 Spezifische forensische Interventionen

Als protektive Faktoren (Lipsey et al. 2007) wurden dagegen im Sinne einer Resilienz (Elastizität) aufgeführt:

- eine unkomplizierte, positive Lebenseinstellung
- Fähigkeit zur Distanzierung von negativen Einflüssen
- Fähigkeit zur Empathie
- Fähigkeit, soziale Probleme zu lösen
- aktives Bewältigungsverhalten
- soziale Beziehungen zu nicht-delinquenten Gruppen
- Erfahrungen von Struktur und Sinnhaftigkeit im eigenen Leben

Die allgemeine Suchttherapie (stationäre Alkoholentwöhnung) verzeichnet ein Jahr nach der Behandlung Rückfallraten von 40–50 %, mit ansteigender Tendenz in den Folgejahren (Küfner et al. 1988; Missel et al. 2014).

Katamnesen zur Therapieeffektivität in der Entziehungsmaßregel wurden weiterhin eher selten publiziert. Im Folgenden werden die zugänglichen Beispiele (aus Schläfke et al. 2004) für die Zeit vor der gesetzlichen Einführung der forensischen Nachsorge aufgeführt.

Keller (1969) erfasste in seiner Dissertation separat Patienten mit einer Unterbringung nach § 42c (51 Alkohol- und 8 Medikamentenabhängige). Er gibt eine ca. 70 %ige Straftatenrückfallrate an (62 % Straftatenrückfälle bei Medikamentenabhängigen, 70 % für Alkoholiker), vom Rest tranken aber ebenfalls noch sicher 50 % wieder, insbesondere im ersten Jahr nach der Entlassung. Koch (1988) veröffentlichte Daten aus Bad Rehburg im mittleren Intervall von 2,5 Jahren nach Entlassung. Insgesamt hatten 30 % der Patienten nach einer Entziehungsmaßregel (70 % Datenrücklauf) eine Legalbewährung. Dabei wurden 52 % der bedingt entlassenen Rückfalltäter erneut in die Maßregel eingewiesen. Die Abstinenzquote der Klienten lag bei 21 %. Die Daten von Frau Koch waren letztlich 20 Jahre später nicht besser als bei Keller (1969). Melchinger (1988), Schulzke et al. (1993) und Schulzke (1995) legten eine Evaluation der Behandlung aus der Forensischen Klinik in Brauel vor. In der 1-Jahres-Katamnese waren ein Drittel der Patienten gleichzeitig drogen- und delinquenzfrei. Nach drei Jahren lebten 42 % und im 5-Jahres-Beobachtungszeitraum ein Drittel der Klienten delinquenzfrei. Dessecker (1996; 1997) stellte in der KrimZ-Studie eine 2-Jahres-Katamnese vor. 59 % der Entlassenen hatten keine Delikteinträge im Bundeszentralregister (Drogenabhängige mehr Rückfälle als Alkoholiker), wobei 10 % der Delikte durch Geldstrafen und 15 % mit einer Bewährungsstrafe geahndet wurden, für 5 % wurde eine Maßregel ausgesprochen. Ein Suchtmittelrückfall wurde nur für die Patienten ermittelt, die Führungsaufsicht hatten, dieser lag bei über zwei Drittel der Fälle. Bischoff-Mews (1998) untersuchte alle Patientendaten (50 BZR, 40 Führungsaufsichtsakten) der Jahrgänge 1980 bis 1991 (53 Klienten) aus Ansbach, die eine Entziehungsmaßregel absolviert hatten und mindestens ein dreijähriges Katamneseintervall aufwiesen. 34 % der Klienten waren nach BZR innerhalb von drei Jahren straffrei geblieben, nach fünf Jahren hatten 11 von 44 Klienten noch eine positive Legalbewährung. 12 Patienten (30 %) der 40 nach Führungsaufsicht beobachteten hatten eine Besserung der Alkoholerkrankung erreicht. Die kritische Phase war das erste Jahr nach Entlassung, wo sowohl Suchtmittelrückfall als auch erneute Delinquenz auftraten. Pfaff (1998) sowie Pfaff et al. (1997) berichteten in Ergänzung zu einer früheren Veröffentlichung (Pfaff et al. 1993) über eine 2-Jahres-Katamnese. Im Ergebnis waren 63 % der Entlassenen aus den Jahren 1989 bis 1991 straffrei, 37 % blieben suchtmittelabstinent. Es lag aber eine hohe Ausfallerquote vor, da Therapieabbrecher nicht gewertet wurden (9 von 77 Probanden) und nur von 60 % der verbliebenen 68 Klienten eine Rückmeldung erfolgte. Von der Haar (2002) berichtete über die Ergebnisse eines Beobachtungsintervalls von 2,8 Jahren aus den Entlassungsjahrgängen 1994 bis 1996. Eine positive Legalbewährung (bezogen auf Verurteilungen und laufende Ermittlungsverfahren) ergab sich für 46,5 % aller betrachteten Patienten, d. h. auch unter Einbeziehung der nicht erreichbaren Klienten, und für 66 % der erfassten. Die konkrete Bestimmung des Suchtmittelrückfalls gestaltete sich schwierig, so dass keine verwertbaren Daten vorlagen. Im gleichen Jahr veröffentlichte Metrikat (2002) eine Aktenanalyse der Verfahren mit Unterbringungsanordnungen aus 1992/93 (»altes

Recht«) vs. 1995/96 (»neues Recht«) in Niedersachsen (393 Verfahren, 361 Klienten – die Hälfte wurde ausgewertet). Eine Legalbewährung konnte für 46,9 % vs. 58,1 % (allerdings hier fehlende Daten) der Klienten festgestellt werden, sie war für Alkoholabhängige höher als für Drogensüchtige. Der Suchtmittelrückfall war für beide Gruppen und Abhängigkeitsformen sehr hoch (85–90 % der Patienten mit Führungsaufsicht).

7.2.2 Ambulante Maßnahmen

Nach Unterbringung in einer Entziehungsanstalt (§ 64 StGB) oder einem psychiatrischen Krankenhaus (§ 63 StGB) wird als weitere Maßregel der Besserung und Sicherung automatisch Führungsaufsicht (§ 68 StGB) angeordnet. Mit Reform der Führungsaufsicht aus dem Jahr 2007 (Bundesgesetzblatt 2007) kann der Richter im Entlassungsbeschluss oder im weiteren Verlauf der Führungsaufsicht die Weisung nach § 68b Abs. 2 StGB aussprechen,»sich zu bestimmten Zeiten oder in bestimmten Abständen bei [...] einer forensischen Ambulanz vorzustellen«. In der Praxis bedeutet dies zweierlei: für die ehemals stationären Maßregelpatienten, dass sie fortan fachgerechte interdisziplinär-psychiatrische Unterstützung erhalten, sowie für die Führungsaufsichtsstellen und Überwachung der Strafvollstreckung, dass professionelle Verlaufseinschätzungen zu Risiko- und Schutzfaktoren erfolgen und zusammen mit Abstinenzkontrollen ein schlüssiges Bild über den Reintegrationsprozess abgegeben werden kann. Dieses resultierende Doppelmandat von Therapie und Kontrolle zu vergegenwärtigen und umsetzen zu können ist ein wesentlicher Aspekt erfolgreicher forensischer Nachsorgetätigkeit (Lau 2003). Wie aus dem gesetzlichen Auftrag abgeleitet, ist die Vermeidung eines Rückfalls in straffälliges Verhalten das oberste Ziel forensischer Ambulanzen bei der Arbeit mit suchtkranken Straftätern. Dies ist ein wesentliches Unterscheidungsmerkmal zu anderen Therapieformen, die eher klientenfokussiert arbeiten. Die fortlaufende kriminalprognostische Risikoeinschätzung und deren Kommunikation erschweren jedoch allenfalls die Umsetzungsbemühungen allgemeiner psychiatrischer, psycho- oder soziotherapeutischer Behandlungsstrategien. Keinesfalls werden letztere entbehrlich, sondern müssen gegebenenfalls an die Besonderheiten der quasi aufgezwungenen therapeutischen Beziehung angepasst werden. Letztlich kann diese per Gericht angeordnete Kontakthaltung auch eine Chance zu einer dauerhaften therapeutischen Begleitung darstellen, da sie nämlich vorrangig nicht – wie demgegenüber im allgemeinen Therapiesetting möglich – durch Regelverstöße, Motivationsdefizite oder Krisen des Patienten beendet wird.

Für die Evaluation forensischer Ambulanztätigkeit sind jüngst Mindeststandards zur forensischen Nachsorge veröffentlicht worden (Freese und Schmidt-Quernheim 2014), die zudem auch als Mindestanforderungen zur Ausgestaltung ambulanter forensischer Arbeit insgesamt verstanden werden können. Zur Strukturqualität wird auf die Bedeutung eines multiprofessionellen Teams hingewiesen, das sich unter anderem aus ärztlichen, psychologischen, sozialpädagogischen und pflegerischen Mitarbeitern zusammensetzt, die eine fundierte Erfahrung in forensischer und gemeindepsychiatrischer Behandlung aufweisen. Die Benennung eines Fallkoordinators wird notwendig aufgrund der verschiedenen Berufsgruppen, die mit dem Patienten arbeiten, aber auch durch die Netzwerkarbeit mit allgemeinpsychiatrischen oder anderen Institutionen. Das Ambulanzteam sollte als eigenständige Behandlungseinheit frühzeitig in die außenorientierte Rehabilitation involviert werden und ein strukturiertes Übergangsmanagement sollte genutzt werden, damit sowohl kriminalprognostische als auch therapeutische Informationen adäquat weitergegeben werden. Des Weiteren zählt zu einer guten Strukturqualität, dass neben ausreichender Mitarbeiterzahl auch aufsuchende Kontakte durch entsprechende Sachmittelausstattung angeboten werden können. Damit wird eine gemeindenahe, aktiv nachgehende Versorgung ermöglicht, die sowohl realitätsnähere Einblicke als auch Interventionen im Lebensfeld des Patienten zulassen. Schließlich umfassen Angaben zur Strukturqualität auch adäquate Erfassungen des Risiko- und Krankheitsausmaßes der Patienten mittels anerkann-

7.2 Spezifische forensische Interventionen

ter Diagnose- und Prognoseverfahren. Die Angaben zur Prozessqualität beschreiben die Umsetzung und Art und Weise der inhaltlichen Arbeit forensischer Nachsorge. Es werden demnach allgemeingültige Standards des forensischen Arbeitens, wie Orientierung an etablierten Rehabilitationsmodellen in der Behandlung von Straftätern (Risk-Needs-Responsivity nach Andrews und Bonta 2010, Good-Lives-Model nach Whitehead et al. 2007) berücksichtigt. Zudem richten sich die Therapiemaßnahmen an übergeordneten Behandlungsempfehlungen und Leitlinien verschiedener Fachgesellschaften aus, beispielsweise der aktuellen S3-Leitlinie für alkoholbezogene Störung der Arbeitsgemeinschaft der Wissenschaftlichen Medizinischen Fachgesellschaften (AWMF, Mann et al. 2015). Der eigentliche Betreuungsprozess sollte durch individuelle Behandlungspläne strukturiert und überprüfbar gemacht werden. Die wesentlichen Punkte gleichen dabei Behandlungsplänen im stationären Setting, werden aber durch differenzierte Beschreibungen von Krisen- und Notfallsituationen sowie abgestufte Interventionspläne ergänzt. Für die Ergebnisqualität, also die Frage, ob das angegebene Ziel forensischer Nachsorge erreicht wird, können verschiedenste Informationen herangezogen werden, denen aber nahezu allen gemeinsam ist, dass sie kaum valide erhoben werden können. Prinzipiell ist aber eine fortlaufende Basisdokumentation zu Krankheitsverlauf und Legalbewährung dringend angeraten.

Im Rahmen der forensischen Nachsorge bei suchtkranken Straftätern spielen Abstinenzkontrollen eine wesentliche Rolle, da hiermit die Möglichkeit besteht, objektiv einen bedeutsamen Risikofaktor erneuter Delinquenz im Verlauf zu erfassen. Die Anordnung der Abstinenzkontrollen per richterlichen Beschluss ist dabei weniger strittig, als die etwaigen Konsequenzen der erhobenen Befunde. So ist die Rechtsprechung gegenwärtig nämlich nicht geeint, was die Zulässigkeit einer (strafbewährten) Abstinenzweisung betrifft. Argumentiert wird, dass Suchtmittelrückfälle krankheitsimmanent seien und daher ein Verstoß gegen eine Abstinenzweisung vorprogrammiert und die Weisung daher an sich unzulässig sei. Andererseits steht in der Gesamteinschätzung eines Bewährungs- oder Führungsaufsichtsverlaufs mit ambulanter forensischer Nachsorge vor allem die Art und Weise des Umgangs mit dem erneuten Konsum im Vordergrund. Entscheidend ist, ob Hilfs- und Behandlungsmaßnahmen zur Wiedererlangung von Abstinenz angenommen und umgesetzt werden oder bei Ablehnung ein wesentlicher Risikofaktor für erneute Straffälligkeit an Gewicht zunimmt. Letzteres zieht dann Interventionsmaßnahmen bis zur Krisenintervention in der Entziehungsanstalt oder Widerruf einer Restfreiheitsstrafe nach sich, wenn erhebliche Gefährdungsaspekte vorliegen. Der Wegfall einer Abstinenzweisung mit folglich fehlender Begründung von Kontrollen auf erneuten Konsum psychotroper Substanzen führt in der Konsequenz zu einer deutlichen Einschränkung der Risikobeurteilung forensischer Ambulanzen.

Leitbild forensischer Ambulanzen

- Doppelmandat: Risikomanagement/-kommunikation im Rahmen der Führungsaufsicht sowie (sozial-)psychiatrischer Behandlungsauftrag
- Fallkoordination mit aufsuchender, nachgehender und lebensweltnaher Begleitung durch multiprofessionelles Team
- Etablierung, Einordnung, Koordination des ambulanten Helfernetzwerks
- fallspezifische Minimierung von Risikofaktoren und Förderung von Schutzfaktoren für kriminelles Verhalten, zum Beispiel aus den Bereichen:
  – Abstinenzaufrechterhaltung von psychotropen Substanzen
  – psychiatrische Störungsbilder, die mit Sucht interagieren
  – Einsicht in Sucht/weitere Störungen sowie Adhärenz zum Behandlungsnetz
  – Ausbildungs- und Arbeitswelt, Freizeitgestaltung
  – Grundsicherung Finanzen und Wohnen
  – Familie und soziales Umfeld
- Fachkompetenz Suchttherapie und Straftäterrehabilitation, Verständnis rechtlicher Rahmenbedingungen

7.2 Spezifische forensische Interventionen

Bezüglich des Wirksamkeitsnachweises forensischer Nachsorge gilt dies zunächst insbesondere nach Unterbringung in einem psychiatrischen Krankenhaus nach § 63 StGB als bestätigt (Dönisch-Seidel und Hollweg 2003; Freese 2003, 2010, 2014; Müller-Isberner und Eucker 2009; Müller-Isberner und Gretenkord 2002; Muysers 2012; Schmidt-Quernheim 2008; Seifert et al. 2003). Für die Nachsorge aus dem spezifischen Bereich der Entziehungsanstalt (§ 64 StGB) mangelt es demgegenüber noch an repräsentativen Daten. Einzelne regionale Untersuchungen weisen Rückfallraten für straffälliges Verhalten von 18–35 % aus (Bezzel 2008, 2010; Passow et al. 2015b). Allerdings liegen hier eher kurze Nachbeobachtungszeiten bis zu zwei Jahren vor. Es erscheint jedoch plausibel, die Grundannahmen der erfolgreichen Nachsorge aus dem 63er-Bereich auf die 64er-Klientel zu übernehmen, auch wenn es gewisse Unterschiede in der Zusammensetzung der Klientel beider Maßregelbereiche zu beachten gilt (vgl. Passow et al. 2015a). In einer Stichprobe, die zumindest für das Bundesland Mecklenburg-Vorpommern repräsentativ ist, konnte bei nahezu regelhaft auftretendem erneutem Konsum psychotroper Substanzen bei etwa 43 % der Fälle durch frühzeitige Intervention ein gravierender Rückfall in alte Konsummuster vermieden werden und die Überleitung in allgemeinpsychiatrische Behandlungsmaßnahmen der Suchtkrankenhilfe erfolgen (Passow et al. 2015b). Hiermit war dann auch eine bedeutend geringere Rate erneuter Straffälligkeit verbunden im Vergleich zu Probanden mit dauerhaftem oder wiederholtem Konsum.

8
Präventive Ansätze

8.1 Allgemeine Begriffe und Grundlagen

Der Begriff Prävention umfasst ganz allgemein das Vorbeugen oder Verhüten bestimmter Ereignisse. Dies meint in der Medizin beispielsweise das Vorbeugen einer Gesundheitsschädigung oder in der Kriminologie das Verhindern von kriminellem Verhalten. Präventionsmaßnahmen können dabei drei unterschiedlichen Ebenen zugeordnet werden, je nachdem auf welche Zielgruppe oder Ereigniskategorie Einfluss genommen werden soll. Der Bereich der Primärprävention zielt auf die Allgemeinpopulation und soll etwa speziellen Risikofaktoren für ein schädliches Ereignis vorbeugen. Beispielsweise sollen durch Aufklärung, Altersbeschränkungen und Verbotsmaßnahmen

8.1 Allgemeine Begriffe und Grundlagen

der Konsum von Drogen allgemein eingeschränkt oder vermieden – und somit Suchtentstehungen verhindert – werden in der Bevölkerung. Erziehung und schulische Maßnahmen sollen ein Rechtsbewusstsein und Verständnis sozialer Normen in der Entwicklung eines Menschen fördern und somit kriminellem Verhalten entgegenwirken, unabhängig von spezifisch vorhandenen Risikofaktoren. Maßnahmen der Sekundärprävention betreffen hingegen gezielte Interventionen bei Populationen, die ein erhöhtes Risiko für ein Schadensereignis aufweisen. Es sind dies beispielsweise erstgradig verwandte Angehörige Suchtkranker oder Menschen mit einem riskanten Konsum psychotroper Substanzen, der noch nicht die Abhängigkeitsform erreicht hat. Im Bereich der Kriminalprävention sollen dagegen beispielsweise tatgeneigte Personen vom Rechtsbruch abgehalten werden. Der Bereich der Tertiärprävention hingegen soll den Rückfall oder die Verschlimmerung eines Schadensereignisses verhindern. In diesen Bereich fallen somit zahlreiche Behandlungsmaßnahmen für Menschen mit Sucht oder kriminaltherapeutische Interventionen bei (ehemaligen) Straftätern. Während in der Medizin Prävention vor allem für Primärprävention reserviert scheint (Küfner 1999), ist die obige Unterteilung im Bereich der Kriminalprävention weitestgehend erhalten geblieben und wird daher auch hier benutzt.

> **Merke**
> Im (sucht-)medizinischen Bereich hat sich Prävention zunehmend mit Primärprävention gleichgesetzt, da in den Bereichen der Sekundärprävention bereits auch Frühinterventionen und der Tertiärprävention Therapien im klassischen Sinne stattfinden.

Um Präventionsmaßnahmen sinnvoll zu gestalten und damit Entwicklungen von Sucht und Kriminalität als Schadensereignissen entgegenzuwirken, bedarf es einer Vielzahl grundlegender Informationen. Es müssen genaue Kenntnisse über fördernde Risikofaktoren, Ursachen, Aufrechterhaltung, Verminderung und Abbruch vorhanden sein, worauf auf den verschiedenen Präventionsebenen eingewirkt werden soll. Aus den vorangehenden Kapiteln (▶ Kap. 5) ist jedoch ersichtlich, dass den bisherigen Erkenntnissen zu Sucht und Kriminalität ein großes unerschlossenes Wissensfeld gegenübersteht. Es ist daher umso bedeutsamer, dass Präventionsmaßnahmen und damit auch therapeutische Interventionen bezüglich ihrer Wirkung auf Kriminalität und Sucht überprüft werden. Dabei sind die Verwendung von Kontrollgruppenvergleichen und zufällige Stichprobenzuordnung nur einige von vielen wichtigen methodischen Herangehensweisen. Diese sogenannte Evaluation ist dann wiederum Grundlage von Empfehlungen für die Praxis. In der Medizin ist die Evaluation von Präventions- und Behandlungsmaßnahmen weit verbreitet und Grundlage sogenannter Evidenzbasierter Medizin. Im Bereich der Forensischen Psychiatrie stellen sich jedoch häufig ethische Schwierigkeiten in den Weg einer methodisch adäquaten Evaluationsforschung. Kann beispielsweise der Bedarf an Wissen über die Effektivität eines Behandlungsprogramms dazu legitimieren, eine Straftäterstichprobe naiv, also unbehandelt zu lassen? Andersherum führt ein Fehlen von Wirksamkeitsnachweisen mitunter vorschnell zu der Annahme und massenmedialen Verallgemeinerung von Einzelfällen, dass per se keinerlei (Tertiär-)Prävention etwas bringe und allein höhere und härtere repressive Sanktionen erforderlich seien.

Neben das Problem des empirischen Nachweises zur Wirksamkeit von Präventionsmaßnahmen tritt dann noch jenes der Verhältnismäßigkeit hinzu (Neubacher 2014). Präventionsmaßnahmen sind nämlich nicht per se nützlich und vorbeugend, sondern können auch negative Auswirkungen haben. So können Drogeninformationen Neugierverhalten und damit Konsum fördern, greifen omnipräsente Videoüberwachungen immens in Persönlichkeitsrechte ein oder können intensivere Polizeikontrollen zu Verdrängungseffekten führen.

> **Merke**
> Präventionsmaßnahmen bedürfen eines methodisch fachgerechten Wirksamkeitsnachweises (Evaluation) und müssen auch negative Auswirkungen berücksichtigen (Verhältnismäßigkeit).

> **Vertiefung**
> Der Begriff Prävention fiel bereits mit Darstellung der Rechtfertigungsgründe für strafrechtliche Sanktionen im Kapitel 7.1. Nicht dargestellt werden soll hier die umfangreiche Thematik der strafrechtlichen Sanktionsforschung, welche sich im Wesentlichen auf die Effektivität zur Senkung von Kriminalität durch general- oder spezialpräventive Maßnahmen im Sinne der Rechtswirksamkeitsforschung bezieht. Zusammengefasst kann für formelle Sanktionen, die auf den ehemaligen Straftäter individuell abschreckend oder resozialisierend einwirken sollen, anhand empirischer Befunde jedoch tendenziell berichtet werden, dass »nichts für eine harte Haltung und nichts gegen eine große Zurückhaltung als [allgemeine] spezialpräventive Leitlinie [spricht]« (Streng 2012, S. 163). In generalpräventiver Hinsicht lässt es sich vor allem empirisch darstellen, dass »mehr das Ob als das Wie von Strafe relevant ist« (Streng 2012, S. 163), also das Entdeckungsrisiko und die Verfolgungswahrscheinlichkeit wesentlich mehr Einfluss auf eine tatgeneigte Person nimmt und die Strafhärte demgegenüber sehr viel weniger bedeutsam ist. Erklären lässt sich dies unter anderem mit den unterschiedlichen Systemen der sozialen Kontrolle (▶ Kap. 7.1).

8.2 Spezielle Ansätze bei Sucht und Delinquenz

8.2.1 Primärprävention

Die Primärprävention im Suchtbereich kann untergliedert werden in personenorientierte und strukturorientierte Maßnahmen, die dann thematisch auf Gesundheitsförderung, Prävention von Suchtverhalten und Vorbeugen des Suchtmittelmissbrauchs ausgerichtet sind (Gutzwiller et al. 2000a). In Bezug auf die vereinfachte Ursachenzusammenfassung im Sucht-Dreieck (▶ Abb. 6) werden der Aspekt des

8 Präventive Ansätze

Individuums also als personenorientiert und die Aspekte Umwelt und Substanz als strukturorientiert (Beeinflussung der Verhältnisse und situativen Bedingungen) adressiert. Zu den Basismethoden gehören Massenkommunikation, personale Kommunikation im unmittelbaren Kontakt, Modell-Lernen und gesetzliche Maßnahmen. Dieses breite Spektrum wird durch komplexere Methoden ergänzt, wie Trainings zur Lebenskompetenz, Aufklärung und Information, Wert- und Einstellungsänderung und allgemein gesundheitsorientierte Lebensweisen (Küfner 1999). Das inhaltliche Kontinuum der primären Präventionsmaßnahmen mit einerseits Orientierung auf Gesundheitsförderung, Prävention von Suchtverhalten und anderseits Vorbeugen des Suchtmittelmissbrauchs richtet sich an alle Personengruppen, aber insbesondere an alle sozialen Institutionen und Zielgruppen mit Multiplikatoreffekt. Folgende Aufgaben und Ziele sind dabei mit Orientierung auf die Person umzusetzen (modifiziert nach Gutzwiller et al. 2000a):

- Förderung sozialer und emotionaler Kompetenz (Beziehungsfähigkeit, Konfliktfähigkeit, Selbstvertrauen)
- Unterstützung gesundheitsfördernder Lebensstile und Ermächtigung, hierfür selbstbestimmt zu sorgen
- Entwicklung von Interesse und Bereitschaft für Bildungsangebote
- Wissensvermittlung über Sucht (Ursachen und Risiken, spezielle Formen)
- Förderung der Auseinandersetzung mit suchtfördernden Verhaltens- und Denkweisen
- Aufbau seelischer Ausgeglichenheit und Erlernen von Verhaltensweisen hierfür
- Förderung zwischenmenschlicher Beziehungsfertigkeiten und des Selbstwertes
- Erlernen unschädlicher Genuss-, Abenteuer- und Rauschformen
- Verfügbarkeit von Beratung und Unterstützung in bestimmten Problemsituationen
- Information über Risiken des unkontrollierten Konsums von Suchtmitteln

8.2 Spezielle Ansätze bei Sucht und Delinquenz

- Modelle für bewussten und maßvollen Umgang mit Suchtmitteln
- Hervorhebung von Abstinenz als positiver Lebensstil
- Problembewusstsein für Konsum als inadäquates Bewältigungsmittel schaffen
- Förderung der Senkung der konsumierten Gesamtmenge
- legale sowie illegale Suchtmittel in Aufklärung und Information über Suchtpotential und Schädigungsfolgen berücksichtigen
- Vermeidung dämonisierender oder neugierfördernder Informationen

Mit Hinblick auf die umgebenden Verhältnisse und situativen Bedingungen (strukturorientierte Ebene) lassen sich folgende Aufgaben und Ziele benennen (modifiziert nach a. a. O.):

- Etablierung optimaler, chancengleicher Entwicklungsperspektiven für alle
- Prüfung von (neuen) Gesetzen auf gesundheitliche Auswirkungen
- humane Umweltgestaltung im sozialen Nahfeld, bspw. im Arbeits-, Wohn- und Freizeitbereich
- humane Umweltgestaltung im erweiterten Umfeld, bspw. Durchmischung des sozialen Raums mit Vermeidung von Stigmatisierung und Vorurteilen
- Förderung und Ermöglichung sozialer, sich gegenseitig stützender Netzwerke
- Rücksicht auf ökologische Zusammenhänge
- Gesundheitserziehung und -förderung in verschiedenen Bereichen fest etablieren
- Fortbildung von Führungskräften zu Suchtprävention, Etablierung institutionsinterner Selbstkritik zu suchtbegünstigenden Bedingungen, Aufnahme von Sucht in Ausbildungsprogrammen
- Bildung von Problembewusstsein bei Politikern und übergeordneten Interessengruppen
- Nutzung existierender gesetzlicher Rahmenbedingungen zu legalen und illegalen Suchtmitteln und Überprüfung dieser und neuer Gesetze auf Präventionswirkungen

8 Präventive Ansätze

- Zugangserschwernis zu Suchtmitteln und Konsumbeeinflussung über Preisgestaltung
- Verminderung bis Verbot von Werbemaßnahmen für Suchtmittel sowie Etablierung von Gegengewichten
- Förderung suchtpräventiver Infrastruktur
- Stigmatisierungs- und Ausgrenzungstendenzen und damit Etikettierungsphänomenen entgegenwirken

Personenorientierte und strukturelle Maßnahmen sollten sich sinnvollerweise ergänzen und neben einer individuellen ebenso einer kollektiven Verantwortung unterliegen.

Merke
Da auf der primären Präventionsebene eine sehr große Personengruppe zu einem möglichst frühen Zeitpunkt im Leben angesprochen werden soll, ihre Lebensstile auf Gesunderhaltung und (rechts-)normkonformes Verhalten auszurichten, erscheinen diese Maßnahmen auf den ersten Blick sehr allgemein und unspezifisch. Unter Berücksichtigung der gegenwärtigen Kenntnis zu den sehr vielfältigen und umfangreichen Ursachen der Kriminalitäts- und Suchtentwicklung (► Kap. 5) wird dies aber verständlich.

Die Primärprävention im Bereich Kriminalprävention kann sich in vielen Punkten der Suchtprävention anschließen, da es eine Vielzahl angenommener gemeinsamer sozialer Bedingungsfaktoren gibt. Trotz der äußerst schwierigen Nachweismöglichkeiten zur Effektivität von Präventionsbemühungen auf dieser allgemeinen Stufe können doch anhand der komplex-vielfältigen Entstehungsbedingungen multisystemische Ansätze als am wirksamsten vermutet werden. Dementsprechende sozial-, familien-, wirtschafts-, und gesundheitspolitische Maßnahmen sollen dann quasi indirekt zur Verhinderung von Kriminalität beitragen. Die Feststellung, dass eine gute Sozialpolitik die beste Kriminalpolitik sei, wurde bereits zu Beginn des 20. Jahrhunderts dokumentiert (von Liszt 1905), woran sich bis heute nicht viel verändert haben dürfte. Allerdings haben sich seither verschiedene teils divergierende, teils ergänzende Theorien zur Ursache verschiedener Kriminalitätsformen entwickelt und nicht alle stellen sozial- oder beschäftigungspolitische Defizite in ein Bedingungsgefüge mit Delinquenz. Auf einer personenorientierten Ebene können zusätzlich zu obigen Ausführungen der Suchtprävention Täterentwicklungen durch Stärkungen des Rechts- und Wertebewusstseins sowie Opferentwicklungen durch allgemeine Aufklärungen über Selbstschutz erfolgen. An strukturellen Maßnahmen können städtebauliche Planungen und kriminalitätsabwehrende Einzelarchitektur genannt werden. Ein wesentlicher Unterschied zu suchtpräventiven Gegebenheiten liegt in einer emotionalen Komponente von Kriminalität. So ist eine Vielzahl von kriminalpräventiven Ansätzen nicht zuletzt an der Kriminalitätsfurcht der Allgemeinbevölkerung ausgerichtet, eine eigentliche Einflussnahme auf Kriminalitätsursachen bleibt mitunter aus. Dies hingegen fördert eine repressive Grundhaltung, wenn man sich vermeintlich vorbeugend erfolglos wähnt.

8.2.2 Sekundärprävention

Früherkennung und -intervention sind die Schlagworte im Bereich der Sekundärprävention der Sucht. Es muss dabei zugrunde gelegt werden, dass das Gros der Betroffenen zunächst keinen Zugang zu professionellen Unterstützungsinstitutionen sucht oder findet, weil unter Umständen keine Problemeinsicht oder bei vorhandener Problemeinsicht keine Interventionseinsicht vorliegt (Werner et al. 2012). Daher erfolgt die wirksamste Früherkennung von Menschen mit problemträchtigem Suchtmittelkonsum im sozialen Nahfeld durch Bezugspersonen beziehungsweise im Lebensumfeld durch Vertreter übergeordneter Institutionen (Gutzwiller 2000b). Dieser Personenkreis (Familie, Freunde, Lehrer, Trainer, Personalverantwortliche) übt dann idealerweise in Kenntnis der Risikokonstellationen und professionellen Ansprechpartner (Suchtberatung,

Dienste der Gesundheitsämter, Haus- und Fachärzte) die Vermittlungstätigkeit der Betroffenen zu geschulten Fachleuten aus. Eine klare Trennung von vermittelnden und therapeutischen Kompetenzen sollte dabei berücksichtigt werden. Zu der Früherkennung im professionellen Bereich, wie soziale Dienste oder medizinische Primärversorgung (Hausärzte), kommen dann auch Aufgaben der Frühintervention (häufig synonym: Kurzintervention), wenn ein sogenannter riskanter oder gar schädlicher Gebrauch oder Missbrauch besteht. Die Professionalität bedingt dabei Kenntnisse über Arten, Wirkungs- und Schädigungsmuster psychotroper Substanzen, sodass Hinweise und klinische Symptome auch wahrgenommen werden können. Des Weiteren sind Techniken der allgemeinen und motivierenden Gesprächsführung hilfreich, um die Betroffenen informativ, aber auch vertrauensvoll stützend zu begleiten. Letzteres ist auch sinnvoll unter dem Aspekt einer weiterführenden Unterstützung nach zwischenzeitlicher Behandlung durch spezialisierte Abteilungen oder Fachstellen. Am Beispiel des legalen Suchtmittels Alkohol können Elemente einer nachgewiesenermaßen wirksamen Kurzintervention dargelegt werden, deren Hauptzielgruppe Personen mit schädlichen Konsummustern sind (nach Kiefer et al. 2016):

- Beginn mit fachlich begründetem Ratschlag und folglich maximal vier Einheiten mit beratendem Charakter und einer Gesamtdauer von maximal einer Stunde
- Informationsvermittlung über allgemein mögliche Alkoholkonsumfolgen
- individuelle Erhebung eingetretener oder zu erwartender Konsumfolgen, wobei der Zusammenhang zum Suchtmittel vom Betroffenen hergestellt werden kann
- Erarbeitung von Unvereinbarkeiten zwischen längerfristigen Zielen und aktuellem Verhalten
- ergebnisoffenes Angebot der Vermittlung suchtspezifischer Hilfen zur Förderung der Auseinandersetzung mit der Konsumproblematik

8.2 Spezielle Ansätze bei Sucht und Delinquenz

> **Merke**
> Die Kenntnis spezifischer Risikofaktoren wird auf der Ebene der Sekundärprävention genutzt, bestimmte Risikogruppen zu identifizieren und spezifischere Maßnahmen anzubieten, die einem Übergang in Sucht oder Kriminalität vorbeugen sollen.

Im Bereich der sekundären Kriminalprävention finden sich verschiedene Strategien, wie mit risikobelasteten Personen oder situativen kriminogenen Gegebenheiten umgegangen wird. Auf personenorientierter Ebene können potentiellen Opfern spezifische Schutzmaßnahmen zuteilwerden oder potentiell delinquenten Personen spezifische Hilfs- und Unterstützungsmaßnahmen angeboten werden. Demgegenüber stehen Versuche, Personen anhand vermeintlicher Risikokonstellationen, die sich aus der individuellen Entwicklungsgeschichte ergeben, selektiv »aus dem Verkehr zu ziehen«, was mit den Ergebnissen der Lebenslaufforschung nicht zu rechtfertigen ist (▶ Kap. 4.2). Auf situativer Ebene geht es bei sekundärer Kriminalprävention um Verminderung von Tatgelegenheiten und Abschreckung Tatgeneigter durch Erhöhung von Tataufwänden einerseits und Verminderung von Gewinnerträgen andererseits. Im gleichen Atemzug ist jedoch auch auf die Eskalation der Intensität krimineller Handlungen durch solche Präventionsmaßnahmen hinzuweisen. Da ein Großteil krimineller Verhaltensweisen und Viktimisierungen im näheren Wohn- und Lebensumfeld der Betroffenen stattfindet, erfolgen zahlreiche Interventionen unter der Einordnung als kommunale Kriminalprävention. So wird beispielsweise in regionalen Präventionsräten – als Zusammenkünfte verschiedenster gesellschaftlicher Interessenvertreter – die Vor-Ort-Situation bezüglich kriminogener Orte und Gegebenheiten erörtert oder entsprechende Strategien zur Vorbeugung delinquenten Verhaltens werden auch mit der Polizei abgestimmt. Nicht ganz unkritisch zu werten ist die zumeist selektive Ausrichtung kommunaler Präventionsräte auf Kriminalitätsbekämpfung im öffentlichen Raum, da dies vorrangig Straßenkriminalität und Jugenddelinquenz betrifft und andere

Bereiche weniger berücksichtigt. Kernpunkte gemeindenaher spezifischer Kriminalprävention werden dabei wie folgt zusammengefasst (Rössner et al. 2002):

* Gemeinschafts- und institutionsbezogene Thematisierung von Straftaten, ihre strikte Aufdeckung und Verfolgung unter Einbeziehung aller Betroffenen sowie der Opferunterstützung und Bemühungen um eine möglichst integrierende Sanktion vor allem in klar abgegrenzten Institutionen wie Kindergarten, Schule, Nachbarschaft, Verein usw.
* Problemorientierte Kontrolle der Kriminalität in unterschiedlichen sozialen Räumen der Gemeinde im Zusammenwirken mit Bürgern, Polizei und Sozialeinrichtungen (Stärkung der informellen sozialen Kontrolle; ▶ Kap. 7). In diesem Zusammenhang sind dezentrale Präventionsräte sinnvoll.
* Videoüberwachung durch aktuelle Monitorbilder mit Aufzeichnung besonders kriminalitätsbedrohter Räume.
* Frühe und intensive Förderung von Kindern und Jugendlichen in Problemfamilien mit Überlegungen zu einem Mentoren- oder Pflegefamilienprogramm, abgerundet und vernetzt mit Vorschulprogrammen zur kognitiven und sozialen Stärkung, Elternschulung zur kompetenten Erziehung und Schulprogramme, die Lehrer-, Eltern- und Schülertraining verbinden. Es geht um eine Multisystem-Therapie, die alle Beteiligten zu verantwortungsvollem Verhalten bewegt.
* Spezifische Behandlungsangebote für kriminalitätsbezogene Problemgruppen wie Gewaltauffällige, Rechtsextreme, Drogenabhängige u. a.

Der Bereich der Sekundärprävention ist etwas gezielter zu evaluieren als indirekte Maßnahmen der Primärprävention. Insbesondere Präventionsprogramme im Jugendbereich wurden verstärkt durch die Forschung fokussiert. So fasst Beelman (2008) in einer Übersichtsarbeit wesentliche Effekte und Beispiele für soziale Trainingsprogramme, Elterntrainingsprogramme, familienbezogene Frühpräven-

8.2 Spezielle Ansätze bei Sucht und Delinquenz

tion und multimodale, entwicklungsorientierte Prävention zusammen. Dennoch verbleiben zahlreiche Schwierigkeiten in der abschließenden Bewertung von Programmen aufgrund von Variablen der Programmimplementierung, Strukturierung oder unzureichender Berücksichtigung multipler Bedingungsfaktoren in einer individuellen Delinquenzentwicklung. So können zum Beispiel parallele, den Präventionen aber entgegengesetzt wirkende Effekte entstehen, wenn weniger kriminalitätsaffine Personen mit stärkeren Delinquenzerfahrenen in Gruppensettings zusammengeführt werden.

> Konkrete Präventionsmaßnahmen, die bei Herrn X eingeleitet wurden, sind retrospektiv nicht mehr eindeutig zu erheben. Sicher wären Interventionen im Rahmen der Schule und der Jugendhilfe möglich gewesen und sind vielleicht auch durchgeführt worden. Diese Primärprävention hätte beispielsweise Lernförderung eingeschlossen, aber auch das Vermeiden des Abgleitens in die negative Peergroup durch Vermittlung anderer sinnvoller und anregender Schul- und Freizeitaktivitäten. Im Bereich der Sekundärprävention wäre unbedingt eine frühe kinder- und jugendpsychiatrische Konsultation und Behandlung erforderlich gewesen. Dabei wäre es um Vermittlung von Wissen über einen Suchtmittelkonsum an den Betroffenen und die Eltern gegangen und im Rahmen des Fortschreitens der Ausbildung einer Störung des Sozialverhaltens um eine entsprechende Therapie. Aufgrund der Unterbringung des Patienten X in der Entziehungsmaßregel erfolgte letztlich eine Tertiärprävention durch langfristige stationäre Suchtbehandlung und ambulante Nachsorge.

Folgende Internetseiten bieten umfassende Informationen zu speziellen internationalen, bundesweiten und regionalen Präventionsangeboten mit Materialien, Adressen von Präventions- und Beratungsstellen sowie Terminhinweisen an (Zugriff jeweils am 06.06.2017).

Sucht

- www.prevnet.de – Fachportal für Suchtvorbeugung
- www.bzga.de/themenschwerpunkte/suchtpraevention – Themenseite der Bundeszentralstelle für gesundheitliche Aufklärung zur Suchtprävention
- www.emcdda.europa.eu/best-practice – englischsprachige Themenseite der europäischen Beobachtungsstelle für Drogen und Drogensucht zu effektiven (und ineffektiven) Interventionen im Zusammenhang mit psychotropen Substanzen

Kriminalität

- www.praeventionstag.de – umfangreiche Zusammenstellung der bisherigen Tagungen und weiterer thematischer Aktualitäten
- www.effekt-training.de – Website zum Projekt »Entwicklung und Entwicklungsförderung in Familien«, welches nachgewiesen soziale Kompetenz fördert und Problemverhalten reduziert
- www.blueprintsprograms.com – Übersichtsdarstellung und wissenschaftliche Wertung von Programmen zur gesunden Entwicklung Jugendlicher (auch Suchtprogramme)
- www.duesseldorf.de/download/dgll.pdf – »Düsseldorfer Gutachten« zur Zusammenfassung der kriminalpräventiven Situation in Deutschland sowie Zusammenfassung des wegweisenden »Sherman-Reports« (Sherman et al. 1998)

8.2.3 Tertiärprävention

Die Tertiärprävention umfasst im Suchtbereich einerseits Therapieformen, die klassisch auf Abstinenzwiederherstellung sowie andererseits primär auf Schadensminimierung orientiert sind. Eine integrative Ergänzung wird der Realität der Betroffenen, die sich in unterschiedlichen Phasen der Motivation zu Konsum, Reduktion und Abstinenz, aber sich je nachdem auch in sehr unterschiedlichen Lebenswelten aufhalten, wohl am ehesten gerecht. Von Suchtmittelabhängigkeit Betroffene, die sozial ausreichend integriert sind und über entsprechende stabilisierende Ressourcen verfügen, können sich eher einer abstinenten Lebensführung zuwenden als jene, deren Fokus auf Sicherung des täglichen Daseins und Umgang mit körperlichen, lebensbedrohlichen Suchtfolgen ausgerichtet ist. Die klassische Kette des Suchthilfesystems von Beratung über Entzug zu Entwöhnung mit Abstinenz und Rehabilitation wird durch spezifische Besonderheiten wie Drogenkonsumräume, Substitutionsbehandlungen oder Orientierung auf Trinkmengenreduktion erweitert. Während die meisten Funktionen in ambulanten Einrichtungen erfolgen, bedingen Entgiftungs- und Entwöhnungsbehandlungen in der Regel (teil-)stationäre Angebote in psychiatrischen Kliniken, insbesondere wenn medikamentöse Maßnahmen innerhalb der akuten Entzugsphase zur Vermeidung prinzipiell letaler Komplikationen erforderlich sind (▶ Kap. 4.1). Die Chronizität von Suchterkrankungen (▶ Kap. 4.2) bedingt eine Bereitstellung langfristiger Behandlungsplanung und Begleitung, die auch der Sucht per se immanente Konsumrückfälle akzeptieren und auffangen kann. Mittlerweile haben auch in der Suchtbehandlung Ansätze Beachtung gefunden, welche die Komplexität der ursächlichen und aufrechterhaltenden Faktoren berücksichtigen und auch eine längerfristige therapeutische Beziehungsgestaltung gewähren oder institutionsübergreifende Ansätze beinhalten. Hier kann beispielsweise auf den »Community Reinforcement Approach« verwiesen werden, welcher auch Verstärker aus dem sozialen Umfeld einbezieht (Hunt und Azrin 1973; Roozen et al. 2004; Stuppe 2013). Zudem umfassen als wirksam evaluierte psychosoziale Interventionen generell kognitive Verhaltenstherapie, motivierende Gesprächsführung, Rückfallprävention und Kontingenzmanagement (Walter et al. 2015).

> **Merke**
> Bei manifester Sucht oder Delinquenzentwicklung ergänzen sich schadensmindernde, rückfallpräventive und rehabilitative, reintegrative Maßnahmen.

Tertiärprävention als Wiederholungsabwehr nach erfolgter Delinquenz respektive Kriminalität beinhaltet auf struktureller Ebene eine Intensivierung physischer und technischer Verhinderung von Angriffen auf Rechtsgüter, opferbezogen ist eine entsprechende Betreuung und Verminderung von Risikomerkmalen möglich, unter Einflussnahme auf Täterseite können beispielsweise Resozialisierungsmaßnahmen, Bewährungs- und Führungsaufsicht, Entlassenenhilfe und andere sozialtherapeutische Unterstützung installiert werden (BMI und BMJ 2006). Nicht zuletzt unter Fortschritten der Erkenntniswissenschaften, wie der Einführung und Weiterentwicklung von Metaanalysen, konnte unter anderem im viel zitierten Sherman-Report (Sherman et al. 1998) aufgezeigt werden, dass es zum Teil wirksame Rehabilitationsprogramme in der Straftäterbehandlung gibt. Gegenwärtig gehen Forschungsanstrengungen der Frage nach, welche Behandlungsmaßnahme bei wem, warum und zu welcher Zeit am besten wirkt (Lipsey und Cullen 2007; Lösel 2012). Dabei zeigt die Arbeit von Lipsey und Cullen (2007), dass die Rückfallquote durch kognitive Verhaltenstherapie (KVT) um 8 bis 32 Prozentpunkte gesenkt werden konnte, wohingegen reine Inhaftierung mit einem Anstieg um 4 Prozentpunkte einherging. Den Erkenntnissen folgend werden bei institutioneller Sanktionierung insbesondere kognitiv-verhaltenstherapeutisch orientierte Programme durchgeführt. Die kognitive Verhaltenstherapie ist in der klinischen Psychologie zur Behandlung psychischer Störungen verwurzelt. Da die wesentlichen Bestandteile auf eine Veränderung maladaptiven Verhaltens und dessen unerwünschten Konsequenzen abzielen, wurde die KVT auch für die Behandlung von Straftätern relevant. Dabei wird im kriminaltherapeutischen Kontext auf eng abgrenzbare, situative Handlungsketten häufig sozial devianten Verhaltens fokussiert. Unter Aufzeigen und Erproben von Alternativen zu problematischen Verhaltensweisen wird eine Senkung des Risikos für zukünftige soziale Devianz und somit auch Kriminalität erwartet. Die meisten der gegenwärtigen Behandlungsprogramme mit (kognitiv-)verhaltenstherapeutischem Hintergrund lassen sich am ehesten in drei Hauptgruppen einteilen: Interventionen für Sexualstraftäter, Interventionen für Gewaltstraftäter, Programme für allgemeine Straftäter (Polaschek

2010). Im deutschsprachigen Raum finden unter anderen folgende Programme zur Straftäterbehandlung Verwendung (modifiziert nach Lamott und Pfäfflin 2009):

- Relapse Prevention (Marlatt 1980)
- Reasoning and Rehabilitation Programme (Ross und Fabiano 1986)
- Cognitive Behavioral Treatment of Sex Offenders und Weiterentwicklungen (Marshall et al. 1999; Marshall und Marshall 2014)
- Sex Offender Treatment Programme (HM Prison Service 2000)
- Behandlungsprogramm für Sexualstraftäter (Wischka et al. 2002)
- Dialectic Behavioral Therapy (DBT; Linehan 1996)
- Mentalization-based Treatment (Bateman und Fonagy 2008)

Darüber hinaus zu beachtende Berücksichtigung des vielfältigen Bedingungsgefüges individueller Delinquenzentwicklung durch Programm-übergeordnete Grundprinzipien und die notwendige Einbeziehung informeller sozialer Kontrollinstanzen sind im Kapitel 7.1 erläutert.

8.2.4 Verortung der Forensischen Psychiatrie im Präventionsbereich

Merke
Forensische Psychiatrie ist vorrangig im Bereich der tertiären Sucht- und Kriminalprävention angesiedelt. Ein Einbringen in die vorgeschalteten sekundären Präventionsbereiche erscheint jedoch möglich und sinnvoll.

Die richterliche Anordnung von Behandlungsmaßnahmen in der Forensischen Psychiatrie, namentlich Entziehungsanstalt gemäß § 64 StGB, bedarf der vorherigen Feststellung eines Zusammenhangs zwischen Sucht und Anlassstraftat sowie weiterer Straftaten. Das heißt, Forensische Psychiatrie wird sowohl bezüglich suchtmedizinischer Maßnahmen als auch in der Kriminalprävention vorrangig auf der dritten Präventionsstufe tätig, nämlich wenn die eigentlichen Schadensereignisse bereits eingetreten waren und nun Rückfälle in alte Konsummuster oder straffälliges Verhalten vermieden werden sollen. Die Therapie innerhalb der stationären Unterbringung als auch die ambulanten Interventionen nach Entlassung aus der Entziehungsanstalt im Rahmen forensischer Nachsorge wurden im Abschnitt 7.2 tiefgehend erläutert. Wiederholt zusammengefasst werden sollen hier allenfalls die Ergebnisse zur Wirksamkeit dieser Maßnahmen. Das Präventionsziel Rückfall in alte Konsummuster ist unzureichend untersucht, einzelne Untersuchungen belegen jedoch eine sehr hohe Rate erneuten einzelnen Konsums sowie einen Rückfall in süchtige Konsummuster in etwa der Hälfte der Fälle (Metrikat 2002; Passow et al. 2015b). Der vorbeugende Einfluss auf wiederholte Kriminalität ist besser bekannt, wenn auch häufig nur durch erneute Verurteilungen in Bundeszentralregisterauszügen erfasst. Den längsten Nachbeobachtungszeitraum weist dabei die bundesweite BZR-Auswertung von Jehle und Mitarbeitern (2013) auf. Innerhalb der ersten drei Jahre wurden 42 % der aus der Entziehungsanstalt Entlassenen erneut verurteilt, in den folgenden drei Jahren kam es zu einem Anstieg von 12 Prozentpunkten auf 54 %. In der kleineren Gruppe der Fälle, in denen bei der Unterbringungsanordnung keinerlei Parallelstrafe angeordnet wurde, betrugen die Rückfallquoten nach drei Jahren 23 % sowie 45 % nach sechs Jahren. Soweit Rückfalluntersuchungen nach ambulanter Nachsorge differenzieren, ergeben sich durchaus günstigere Quoten der Legalbewährung (Passow et al. 2015b). Tendenziell sprechen die Ergebnisse also dafür, die forensischen Ambulanzen auszubauen. Es muss aber auch konstatiert werden, dass die Datenlage im Bereich des § 64 StGB erheblich dünner ist als dies für Evaluationen der psychiatrischen Maßregelbehandlung nach § 63 StGB der Fall ist. Folglich bedarf es unbedingt begleitender Wirksamkeitsforschung, die sich die eigentlich kritisch zu betrachtende, sehr heterogene Versorgungslandschaft zu Nutze machen könnte, um effektive forensische Interventionen herauszuarbeiten.

8.2 Spezielle Ansätze bei Sucht und Delinquenz

Auf einer anderen Ebene als nach richterlicher Verurteilung delinquenten Verhaltens könnte sich die Forensische Psychiatrie einbringen, wenn sie im Austausch mit der allgemeinpsychiatrischen und psychotherapeutischen Versorgungsstruktur ihre Expertise zu prognostischer Risikoeinschätzung zukünftiger Delinquenz und etwaiger Behandlungsoptionen einbringt. Ziel ist es dabei, bei einer für Delinquenz risikobehafteten psychiatrischen Patientenpopulation Maßnahmen zur Verfügung zu stellen, die krankheitsbedingte Kriminalität vermeiden helfen und nicht zuletzt einer daraus eventuell resultierenden Unterbringung im Maßregelvollzug vorbeugen könnten. Der Fokus dieser Vermeidung von Forensifizierung scheint bislang auf Prävention von Unterbringung im psychiatrischen Maßregelvollzug nach § 63 StGB bei psychotischen oder schweren Persönlichkeitsstörungen zu liegen (Luckhaus et al. 2014; Habermeyer et al. 2010; Nitschke et al. 2011). Eine Ausweitung dieses Ansatzes auf genuine Suchterkrankungen erscheint aufgrund der im Kapitel 3 dargelegten Zunahme von Prävalenzzahlen in der Entziehungsanstalt jedoch ebenfalls erforderlich.

Unabhängig von der allgemeinpsychiatrischen Vorbehandlung gibt es einzelne Projekte, die auf Kriminalprävention bei Tatgeneigten abzielen, die psychiatrisch-psychotherapeutisch adressierbare Störungsbilder und Risikofaktoren aufweisen. Insbesondere die Vermeidung von Gewalt- und Sexualdelinquenz steht hier im Vordergrund. Beispielhaft für größere Maßnahmen genannt seien das Präventionsprojekt der Bundesinitiative Opferschutz (BIOS) »Keine Gewalt- und Sexualstraftat begehen« (Scheurer und Keller 2014) oder das Projekt »Kein Täter werden« (Beier et al. 2015), wobei in der Regel explizit Tatgeneigte für spezielle Deliktformen und noch nicht justiziell belangte Personen angesprochen werden sollen. Ob sich eine flächendeckende Umsetzung realisieren lässt, wird jedoch neben Finanzierungsfragen nicht zuletzt von der begleitenden Wirksamkeitsforschung abhängen.

9

Kinder- und jugendpsychiatrische Aspekte

von Oliver Bilke-Hentsch

9.1 Symptomatologie

Suchtverhaltensweisen bei Jugendlichen verlaufen häufig wellenweise mit unterschiedlicher Intensität. Nur die mehrfache Langzeitbeobachtung kann die Diagnose sichern.
Zur Kernsymptomatik gehören stets dazu:

1. langfristiger und deutlicher Interessensverlust
2. Fokussierung auf Beschaffung und Benutzung von Suchtmitteln

3. nachlassende Wirkung bei gleicher Dosis
4. regelmäßige Dosissteigerung
5. bei Absetzen oder längeren Pausen Entzugserscheinungen
6. regelmäßiges, zwanghaftes Denken und Reden in Bezug auf Suchtmittel und ihre positiven Wirkungen
7. Suchtmittel-orientierter Lebensstil mit Szenezugehörigkeit
8. altersinadäquates Verkennen der eigenen Entwicklungsrisiken

Diese Kriterien orientieren sich an der internationalen Klassifikation der Krankheiten (in der aktuellen Version ICD-10) sowie dem diagnostischen und statistischen Manual DSM-5. Die Problematik besteht im Grundsatz darin, dass einzelne Symptome im Jugendalter nicht stabil bleiben, sondern wechseln. Es sind daher nicht Symptome zu addieren oder zu sammeln, sondern der Patient und seine Familie muss in seiner besonderen Gesamtsituation in einem Entwicklungsprozess im Sinne der funktionalen Einschränkungen (vgl. ICF-CY, Hollenweger und Kraus de Camargo 2013) verstanden werden.

Das hier dargestellte Vorgehen stellt den üblichen Ansatz bei psychischen Erkrankungen im Kindes- und Jugendalter im Sinne des sog. multiaxialen Klassifikationsschemas (MAS, Remschmidt et al. 2012) dar, der gerade bei Suchtstörungen mit ihren vielfältigen sozialen und interaktionellen Problemen systematisch angewendet werden sollte, um nicht wichtige diagnostische Bausteine zu übersehen. Es folgt eng den Leitlinien der medizinisch-wissenschaftlichen Fachgesellschaften, z. B. AWMF.

Multiaxiales Klassifikationsschema seelischer Erkrankungen im Kindes- und Jugendalter nach ICD-10/MAS:

Achse 1: Psychiatrische Störung
Achse 2: Teilleistungsstörungen
Achse 3: Intelligenzprofil
Achse 4: körperliche Erkrankungen

Achse 5: abnorme psychosoziale Umstände
Achse 6: Schweregrad

Häufig stehen bei suchtkranken Jugendlichen akut drängende soziale, schulische oder medizinische Probleme im Vordergrund, die zwar geklärt werden müssen, andererseits aber nicht von einer langfristigen Prozessdiagnostik ablenken dürfen. Ansonsten konstelliert der Suchtkranke einen Teufelskreis aus vielfältigen, scheinbar extrem dringenden Alltagsproblemen und langfristig geleugneten innerseelischen Risikokonstellationen.

9.2 Teilleistungsstörungen im Jugendalter

Zur adäquaten multimodalen Diagnostik gehört neben der Abklärung der psychiatrischen Erkrankung und des Suchtstatus (Achse 1 MAS) und der körperlichen Erkrankungen (Achse 4 MAS) aber auch ein Augenmerk auf die sog. Teilleistungsstörungen wie Lese-Rechtschreibschwäche und Rechenschwäche (Achse 2 MAS).

Es ist bekannt, dass Patienten mit unerkannten und unbehandelten Leistungsschwächen durch erhebliches schulisches Versagen (bei testpsychologisch durchschnittlicher Intelligenz) gehäuft an depressiven Erkrankungen, unspezifischen Verhaltensauffälligkeiten und im Jugendalter an Suchterkrankungen leiden. Ein Nichterkennen von Teilleistungsstörungen erschwert den schulischen und sozialen Alltag, die berufliche Integration und führt zu einer Fortsetzung des geringen Selbstwerterlebens.

9.3 Intelligenzprofil als Prädiktor für Integrationsleistungen

Die Erstellung eines Intelligenzprofils (Achse 3 MAS) mittels eines standardisierten Intelligenztests (Hamburg-Wechsler-Intelligenztest für Kinder und Jugendliche, HAWIK; Wechsler-Intelligenztest für Erwachsene, WIE etc.) dient einer Standortbestimmung bei einem suchterkrankten Jugendlichen. Es ist besonderes Augenmerk auf diskrepante Intelligenzprofile zu legen, die beispielsweise im sprachlichen und sozialen Teil beim Klienten eine gute bis überdurchschnittliche Intelligenz feststellen, im Handlungsteil und im Arbeitsgedächtnis aber Defizite zeigen, die für die Umsetzung von Therapieschritten wichtig sind. Dies bedeutet für den Jugendlichen in seiner Interaktion, dass sprachliche Auseinandersetzung und soziale Planung scheinbar gut gelingen, die praktische Umsetzung von Plänen dann aber scheitert.

Tritt ein für suchtkranke Jugendliche typisches Verhalten der Verschleierung und Beschönigung (Dissimulierung) hinzu, entstehen teilweise langwierige interaktionelle Schleifen und Therapieabbrüche. Der jeweilige Therapeut und Berater räumt dem Jugendlichen aufgrund seiner scheinbaren sprachlichen und sozialen Kompetenz viel mehr Gestaltungsmöglichkeit und Motivation ein, als dieser aufgrund seiner Handlungsplanung und Umsetzungsfähigkeit überhaupt realisieren kann. Enttäuschungen und Überforderungen sind vorprogrammiert.

9.4 Forensische Aspekte im Jugendalter

Das Jugendgerichtsgesetz regelt in § 7 JGG, dass als Maßregeln der Besserung und Sicherung die Unterbringung von Jugendlichen und

Heranwachsenden (Altersbereich 14 bis 21) in einem psychiatrischen Krankenhaus oder in einer Erziehungsanstalt möglich ist. Eine Prüfung hat in dieser Altersgruppe besonders sorgfältig zu erfolgen. Es gelten die Vorschriften des StGB i. S. des § 63 StGB: wenn eine psychische Erkrankung ausreichender Schwere vorliegt, die Straftaten erheblich sind und weitere schwere Straftaten zu erwarten sind. Da die Unterbringung gemäß § 63 StGB de iure lebenslang erfolgen kann, ist hier der verfassungsrechtliche Grundsatz der Verhältnismäßigkeit zu beachten (siehe § 62 StGB). Die Anwendung von Maßregeln zur Besserung und Sicherung bleibt wegen dieser Unabsehbarkeit der Unterbringungsdauer die ultima ratio, wenn es keine anderen geeigneten Maßnahmen gibt.

Eine Unterbringung nach § 64 StGB (Unterbringung in einer Entziehungsanstalt) ist auch bei Jugendlichen von vorne herein zeitlich befristet. Tatsächlich werden diese Maßregeln nur in wenigen Fällen angewendet.

9.5 Besonderheiten forensisch untergebrachter Jugendlicher

Die Mehrzahl der Untergebrachten zeigen schwere Bindungs- und Beziehungsprobleme im Sinne frühkindlicher Bindungsstörungen. Viele Klienten haben gescheiterte Jugendhilfemaßnahmen in der Vorgeschichte, sie stammen überproportional aus Pflege- oder Adoptivfamilien.

Weissbeck und Brünger (2016) berichten über die aktuelle Situation in Deutschland auf dem Boden der Erhebungen des Arbeitskreises Jugendforensik:

»2015 waren nach zur Publikation eingereichten Daten von in den jugendforensischen Einrichtungen in Deutschland, die sich an einer jährlich stattfindenden Erhebung von Basisdaten beteiligen, 198 Jugendliche und Heranwachsende untergebracht. Nach Zahlen des statistischen Bundesamtes waren im Altersbereich bis 25 Jahre sogar 813 Patienten strafrechtlich in Psychiatrie und Entziehungsanstalt untergebracht (Statistisches Bundesamt 2015b). Dies bedeutet, dass weiterhin die meisten Unterbringungen außerhalb spezialisierter Einrichtungen erfolgen, wobei einschränkend zu sagen ist, dass diese Zahlen nicht direkt zu vergleichen sind, da die genannte Statistik eine juristisch nicht relevante Altersgrenze zieht und nicht die Rechtsgrundlage § 7 JGG berücksichtigt.

Die Rechtsgrundlage der Unterbringung in unserer Erhebung war etwa hälftig nach § 63 und § 64 StGB, lediglich 4 % waren gem. § 126 a StPO untergebracht. Die Mehrheit der Untergebrachten ist, wie zu erwarten, männlich (95 %), der Ausländeranteil ist mit 14 % weiterhin, im Vergleich mit Unterbringungen im Strafvollzug, gering. Die Anlassstraftaten, die zur Unterbringung führten, waren mehrheitlich Sexualdelikte, Delikte gegen das Eigentum, Körperverletzungen, seltener Brandstiftungen und lediglich bei 2 % handelte es sich um ein Tötungsdelikt, welches bei Erwachsenen Tätern häufiger als Anlassdelikt zur Unterbringung führt (Quelle: Basisdatenerhebung Jugendmaßregelvollzug 2015). Insgesamt ist eine Zunahme der Unterbringung gem. § 64 StGB über die Jahre zu verzeichnen. Diese Veränderung führte zu einer Veränderung der Haupt- und Nebendiagnosen. So lautet die Hauptdiagnose bei 151 Fällen Störungen aus dem Bereich Alkohol und Drogen (F1), bei den Nebendiagnosen wurde bei 42 Fällen eine Diagnose aus diesem ICD-10 Kapitel vergeben. Hier zeichnete sich somit eine deutliche Zunahme über die Zeit ab. Immerhin gelang es 31 der Patienten während der Maßregel einen Schulabschluss zu erlangen. Bei 26 % kam es zu einer Entlassung, wenngleich hier einschränkend hinzugefügt werden muss, dass die Entlassungsart sich deutlich nach Rechtsgrundlage unterscheidet.«

9.6 Therapieplanung

Grundsätzlich ist bei Jugendlichen stets das am wenigsten restriktive Behandlungssetting zu wählen, in dem eine hinreichende Sicherheit und Effektivität der Behandlung gewährleistet werden kann (American Association of Child and Adolescent Psychiatry, AACAP 2005). Dies betrifft zunächst die physische Sicherheit des Jugendlichen selbst (akute körperliche Gefährdung, rauschhaft bedingte Eigengefährdung) und dritter Personen (Fremdgefährdung durch den Jugendlichen).

Neben der leitlinienorientierten Behandlung bei vorliegenden jugendpsychiatrischen Störungsbildern kommen kriminalpräventive, aus der Erwachsenen-Forensik bekannte Methoden zum Einsatz, wie Methoden der Deliktbearbeitung, beispielsweise die Tathergangsanalyse i. S. einer auf die Tat bezogene Verhaltensanalyse (s. Weissbeck und Häßler 2015; s. umfassend: Bilke-Hentsch und Sevecke 2016). Es gelten auch bei Jugendlichen forensische Prinzipien wie im Abschnitt 7.1 beschrieben.

Die speziellen, in der Delinquenzbehandlung eingeführten Methoden müssen in der Regel für Jugendliche adaptiert werden. Dies gilt beispielsweise für die forensische Form des DBT (DBT-F nach Oermann et al. 2008) oder für das Reasoning & Rehabilitation-Programm (R&R nach Ross und Fabiano 1986). Diese Methoden wurden zumeist auf durchschnittlich begabte Straftäter hin entwickelt; die adoleszenten Täter sind häufig unterdurchschnittlich begabt. In der Unterbringung gemäß § 63 StGB finden sich 27 % mit mindestens leichter Intelligenzstörung im Sinne der Diagnosegruppe F7). Hinzu kommen 8 % mit Teilleistungsstörungen (Weissbeck et al. 2015).

Mit dem in Zürich entwickelten forensischen Therapieprogramm für junge Straftäter (Best et al. 2015) steht aktuell ein spezielles Therapieprogramm für Jugendliche und junge Erwachsene mit alterstypischen Delikten, insbesondere im Bereich Vermögen, Gewalt und Verkehr zur Verfügung. Für die in diesem Altersbereich wichtige Gruppe der Sexualstraftäter wird das Behandlungsprogramm für Sexualstraftäter (BPS-R, Wischka 2012) vorgehalten, von dem es eine adaptierte Form für Lernbehinderte gibt (Löhr und Wenzlaw 2013).

Zur Behandlung bei Suchtstörungen gibt es bundesweit mehrere jugendpsychiatrische Modellprojekte sowie im Bereich der Weiterbildung das jugendpsychiatrische Sucht-Curriculum der DGKJP – Deutsche Gesellschaft für Kinder- und Jugendpsychiatrie, Psychosomatik und Psychotherapie. Vereinzelt sind manualisierte Programme zum Einsatz bei alkoholassoziierten Störungen und Cannabis (z. B. Hoch et al. 2011).

9.7 Therapieschritte nach den Leitlinien

(nach Deutsche Gesellschaft für Kinder- und Jugendpsychiatrie, Psychosomatik und Psychotherapie 2007; AACAP 2005)

- Primäres Behandlungsziel bei psychisch kranken Jugendlichen ist das Erreichen und Aufrechterhalten von Abstinenz. Vertretbare Zwischenziele können im Einzelfall jedoch sein: Verringerung des Substanzkonsums und sich daraus ergebender negativer Folgen, Verringerung von Rückfallhäufigkeit und -schwere, Verbesserung des Funktionsniveaus des Jugendlichen.
- Gelingt es einem Patienten z. B. aufgrund paranoider Verzerrungen nicht, Einsicht in seine Abhängigkeitsproblematik zu gewinnen, so stellt es ein wichtiges primäres Therapieziel dar, Problemeinsicht und die Motivation zu einer weiterführenden Behandlung zu bewirken.
- Hohe Eigenmotivation ist jedoch keine Voraussetzung für die Effektivität einer Behandlung, sondern auch Sanktionen durch wichtige Bezugspersonen oder juristische Weisungen können den Behandlungserfolg signifikant erhöhen.
- Eine Entgiftung ist besonders bei schizophrenen Patienten nur ein Bestandteil einer effektiven Behandlung, die von weiteren Interventionen begleitet und gefolgt werden muss.
- Da es häufig zu Therapieabbrüchen kommt und die Behandlungsdauer mit dem Therapieerfolg positiv korreliert ist, sind Maßnahmen zur Verminderung der Abbruch-Wahrscheinlichkeit von hoher Bedeutung. Die Jugendlichen benötigen bei jedem Therapieschritt Klarheit über die weitere Entwicklung, verlässliche Zusagen und transparente Kommunikation der Hilfeanbieter.
- Verhaltensorientierte Interventionen sind unverzichtbare Komponenten jedes Behandlungsprogramms.
- Familientherapeutische Interventionen sind ein außerordentlich wichtiger Bestandteil der Behandlung von substanzabhängigen Patienten.

- Die Wirksamkeit der Behandlung muss wiederholt durch objektive Befunde, in der Regel mittels Urinkontrollen und Bestimmung der Medikamentenspiegel im Sinne eines therapeutischen Drug Monitoring überprüft werden. Bereits im Vorfeld sind im Rahmen der Entwicklung des Behandlungsplans verbindliche Absprachen zu treffen, welche Konsequenzen ein positiver Testbefund nach sich zieht.
- Die Zusammenarbeit mit sozialen Diensten, Schule und Jugendamt ist zur Entwicklung weiterer Lebensperspektiven für den Jugendlichen von hoher Bedeutung.
- Zum Erreichen dauerhafter Abstinenz ist der Aufbau eines substanzfreien Lebensstils mit Beziehungen zu prosozialen, abstinenten Jugendlichen und der Entwicklung geeigneter Freizeitaktivitäten von hoher Bedeutung.
- Bei vorhandener Selbstmordgefährdung ist diese vor der Störung durch psychoaktive Substanzen zu behandeln.
- Bei weiteren komorbiden psychiatrischen Störungen: wenn nicht durch Entgiftung ausreichend behandelt, Abwägung des Behandlungsbedarfs; bei signifikanter komorbider psychiatrischer Störung: gleichzeitige Behandlung aller Störungen.

9.8 Nachsorge und Case Management

Konsequente Nachbehandlung ist für die Stabilisierung des Behandlungserfolgs sehr wichtig. Ein Rückfall ist innerhalb der ersten drei Monate nach Abschluss der Behandlung am wahrscheinlichsten. Jugendliche mit weiteren komorbiden psychiatrischen Störungen, hoher psychosozialer Belastung, geringem Interesse an Ausbildung und Beruf, geringen sozialen Fertigkeiten und wenig aktiver Freizeitgestaltung und Jugendliche, bei denen keine Nachbehandlung erfolgt, sind am stärksten rückfallgefährdet. Im Rahmen der Behandlung sollte daher ein möglichst kontinuierlicher Übergang des Patienten in die multimodale Nachbehandlung sichergestellt werden.

9.8 Nachsorge und Case Management

Trotz früher Verhaltensauffälligkeiten in der Schule, Lernschwierigkeiten sowie späterem Suchtmittelkonsum und ersten kriminellen Handlungen vor Erreichen der Strafmündigkeit war Herr X wohl zu diesem Zeitpunkt nicht in kinder- und jugendpsychiatrischer Behandlung. Gleichwohl hätte es bei ihm durchaus die diagnostische Zuordnung zu einer Störung des Sozialverhaltens mit oppositionellem Verhalten (F91.3) geben können. Als weiterer Faktor muss die Lernbehinderung genannt werden und der schon angeführte Alkoholkonsum, der aufgrund der Anbindung an eine Peergroup gebahnt und unterhalten wurde (neben der Deliktbegehung). Eine frühe kinder- und jugendpsychiatrische Behandlung hätte die Chance eröffnet, eine durchgreifende Verhaltensänderung einzuleiten und somit die letztlich negative Persönlichkeitsentwicklung zu verhindern. Die spätere Behandlung im 17. Lebensjahr wegen der Angstsymptomatik vermochte keine Veränderung herbeizuführen.

10
Ausblick

Die vorliegenden Kapitel mit Informationen zu möglichen Ursachen, Verlauf und Interventionen bei den Phänomenen Sucht und Kriminalität offenbaren in einigen Punkten Gemeinsamkeiten, bei tiefergehenden Spezifizierungen hingegen individuelle Besonderheiten. Die forensisch relevanten Überschneidungen lassen sich in ihrer eigenen Komplexität durch eine umfassende Kenntnis der einzelnen Aspekte am ehesten erschließen. In der Zusammenschau scheint es zum gegenwärtigen Zeitpunkt einer der relevantesten Punkte zu sein, dass es anhand empirischer Belege ungerechtfertigt ist, bei beidem von determinierten Phänomenen zu sprechen, deren Auftreten anhand biologischer, psychischer oder sozialer Faktoren quasi gesetzmäßig vorhersehbar ist. So sehr solche Faktoren allenfalls Aussagen über die Wahrscheinlichkeit der Manifestation von Sucht oder Kriminalität erlauben, so wenig geeignet sind sie, bestimmte Lebensverläufe vorzubestimmen. Vielmehr zeigt sich sowohl für abhängiges als auch kriminelles Verhalten über die Lebensspanne eine nahezu kontinuierliche Einflussnahme verschiedener Faktoren, die sowohl eine Manifestation aber auch eine Veränderung und Reduktion bis zum Abbruch bewirken können. Es wäre äußerst vermessen, für diese verschiedenen Faktoren einen Hoheitsanspruch der Forensischen Psychiatrie zu fordern. Zwar wirkt es zunächst, als kulminierten die individuellen Problemlagen von Personen mit Sucht und Delinquenz in der Unterbringung in einer forensisch-psychiatrischen Entziehungsanstalt, diese Annahme wird jedoch durch die dargelegten Prozesse der Selektion und Ausfilterung auf verschiedenen Ebenen ernüchtert. Sucht und Kriminalität sind seit jeher Phänomene, die sowohl gesellschaftlichen und damit auch rechtswissenschaftlichen sowie zudem medizinisch-psychiatrischen Betrachtungsweisen unterliegen. Viel relevanter erscheint es daher für die Forensische Psychiatrie, aufgrund der vielfältigen Berührungspunkte mit anderen Professionen den interdisziplinären Austausch beizubehalten und auszubauen. Neben Anregungen zum weiter erforderlichen Erkenntnisgewinn dient ein solcher Austausch nicht zuletzt dem Transfer vorhandenen Wissens. Darüber hinaus adressiert ein reger Austausch über fachliche Grenzen hinweg folgende Punkte:

- Die Akzeptanz und das gegenseitige Verstehen zwischen den beteiligten Berufsgruppen kann gefördert werden durch die Darlegung von unterschiedlichen Aufgaben- und Kompetenzbereichen und daraus resultierenden Rollenverständnissen. Wer ist was, wer kann was, wer macht was?
- Ein basales Verständnis über Inhalt und Ausgestaltung der Tätigkeitsfelder der verschiedenen Disziplinen ermöglicht einen ressourcenorientierten und damit möglicherweise effektiveren Umgang mit Suchtmittel-abhängigen Straftätern. Wer macht was wie und warum?
- Damit können übergeordnete gemeinsame Ziele klar formuliert und verstanden werden (bspw. Abstinenz, Straffreiheit) und sich

Zielvorstellungen einzelner interdisziplinärer Professionen darin einordnen.
* Es kann eine vertrauensvolle, anerkennende, aber dennoch kritische Zusammenarbeit gefördert werden. Verbreiteten Ressentiments und Vorbehalte wie »Blackbox Maßregelvollzug«, soziale Hilfen als »Fürsorgewissenschaft« (Stender 2013) oder »zu lasche oder scharfe« staatliche Sozialkontrolle kann somit sachlich begegnet und entgegengewirkt werden.

In diesen Bereichen hofft dieses Buch einen Impuls gesetzt zu haben, den eine Vielzahl angesprochener Berufsgruppen aufgreift und weiter fördert. Beispiele für bisherige fruchtbare und gelungene Interdisziplinarität zwischen Gerichten und forensischen Sachverständigen sind die Verbreitung von Mindestanforderungen in der Begutachtung von Schuldfähigkeit und Prognose (Boetticher et al. 2005; 2006) sowie zahlreiche jährliche Tagungen mit Einbezug verschiedener Berufsgruppen. Bei den einzelnen Kapiteln wurden mitunter jeweils Erkenntnis- und Bewertungsdefizite skizziert, die fortwährend anzugehen sind. Speziell für die forensische Maßregelbehandlung nach § 64 StGB soll jedoch noch folgender Problemabriss und Ausblick gegeben werden.

Der in Deutschland gewählte spezielle Weg der Einführung der Entziehungsmaßregel wird immer wieder diskutiert, insbesondere seitdem die Unterbringungszahlen seit den 1990er Jahren weiter steigen. Eine Fachdiskussion in internationalen wissenschaftlichen Zeitschriften findet nicht statt, da weltweit die Suchttherapie von Straftätern in den Haftanstalten durchgeführt wird oder nachfolgend in Rehabilitationseinrichtungen der freien Suchthilfe. Hier wäre allenfalls ein Vergleich mit der Strafrückstellung gemäß § 35 BtMG möglich, dazu fehlen allerdings deutsche Studien.

Betrachtet man die Katamneseergebnisse nach einer Entziehungsmaßregel, fällt auf, dass es wesentliche Einschränkungen im Vergleich zur psychiatrischen Maßregel gibt. Schon die hohe Abbrecherrate während der Unterbringung lässt Zweifel an dieser Maßnahme aufkommen. Aber auch nach der umfangreichen Behandlung von in der Regel zwei Jahren (und enormen Kosten für die Gesellschaft) sehen wir eine zum Teil extrem hohe Rückfallrate in Bezug auf den Suchtmittelkonsum. Die Rückfälligkeit im Bereich Straftaten dagegen scheint insbesondere nach der Einführung von forensischen Ambulanzen einen positiven Trend zu nehmen. Woran liegt das und bedarf es ggf. weiterer Reformen?

Ein wesentlicher Grund für die hohe Abbruchrate in der Behandlung selbst ist in der immer größer werdenden Zahl von Einweisungen von Patienten mit ausgeprägter dissozialer Fehlentwicklung zu sehen. Außerdem steigt auch die Zahl der Patienten, die nur geringe intellektuelle Leistungsvoraussetzungen haben bzw. erhebliche sekundäre hirnorganische Beeinträchtigungen aufweisen (Bastert et al. 2012a; 2012b). Damit einher gehen Verurteilungen, die die Einweisung bei voller Schuldfähigkeit vornehmen und oft Haftstrafen von deutlich über sechs Jahren aburteilen. Im erkennenden Verfahren kann sich dann ein »Deal« lohnen, da die gemeinsame Dauer von Vorwegvollzug und Maßregelunterbringung auf den Halbstrafentermin ausgelegt wird. Eine Entlassung zum Halbstrafentermin kommt bei alleiniger Freiheitsstrafe in der JVA hingegen kaum zur Anwendung.

Nun ist es natürlich oft schwer oder unmöglich, eine Trennung zwischen einer primär dissozialen bzw. primär süchtigen Entwicklung eines Betroffenen herzustellen. Deshalb würde dieses Kriterium eher dann wirksam werden, wenn der Gesetzgeber sich entscheiden würde, auch die Entziehungsmaßregel mit der Schuldminderung/ Schuldunfähigkeit zu verbinden. In der Regel erscheinen viele Straftaten dissozialer Menschen eher planvoll und zweckgerichtet, sodass eine Schuldminderung meist nicht zu konstatieren wäre. Würde der Vorwegvollzug auf einen theoretischen Zwei-Drittel-Entlassungszeitpunkt verändert werden (d. h. Vorwegvollzug plus zwei Jahre Entziehungsmaßregel ergibt den Zwei-Drittel-Termin), insbesondere bei den Klienten, die einschlägig vorbestraft sind, würden eher solche Patienten eingewiesen werden, die eine deutlichere Therapiemotivation aufwiesen.

Das Einweisungskriterium »Erfolgsaussicht« der Entziehungsmaßregel erscheint aus praktischer Sicht kaum umsetzbar. In den

10 Ausblick

Einweisungsgutachten erfolgt dazu eine wenig substantielle Diskussion, da es letztlich auch keine geeigneten Kriterien zur diesbezüglichen Prognose gibt (Schalast 2012). Ab welchen intellektuellen Voraussetzungen ist ein Patient in der Lage, eine solch aufwändige Therapie erfolgreich zu absolvieren? Ab wann sind hirnorganische Beeinträchtigungen ein Ausschlusskriterium für die Unterbringung? Letztlich gibt es für diese Beurteilung keine Standards, die Kliniken arbeiten therapeutisch in Kleingruppen und legen die therapeutischen Erwartungen auf den Bereich der suchtmittelfreien Unterbringungszeit und einer Organisation von geeigneten Nachsorgeeinrichtungen zum Entlassungszeitpunkt. Für die forensische Nachsorge sollte eine frühzeitige Intervention bei Suchtmittelrückfall möglich werden, um gerade ein Abgleiten in das dissoziale und kriminogene Milieu zu verhindern. Die Frage wäre natürlich auch hier, ob eine Strafbewährung des Suchtmittelkonsums bei Abhängigen und auch weiterer dissozialer Verhaltensweisen sicher rechtlich zu bestimmen wäre. Dazu sollte es keine Auslegungen, sondern juristische Absicherungen geben. Insgesamt kann man aber eine prinzipielle Infragestellung der Entziehungsmaßregel nicht unterstützen. Zum einen erreicht eine große Zahl süchtiger Rechtsbrecher eine Straffreiheit und für einen (begrenzten) Zeitraum auch Suchtmittelabstinenz, zum anderen lässt sich aus der Langzeitbehandlung durchaus ein gesellschaftlicher und ökonomischer Nutzen berechnen, d. h., die Therapieergebnisse und Rückfallraten sind im Vergleich mit der alleinigen Haft günstiger (Entorf 2010; Schalast 2002).

Literatur

AACAP (2005) Official Action: Practice Parameter for the Assesment and Treatment of Children and Adolescents with Substance Use Disorders. J Am Acad Child Adolesc Psychiatry 44: 609–621.

Alsleben H, Hand I (Hrsg.) (2013) Soziales Kompetenttraining. 2. Aufl. Wien: Springer.

Andrews DA, Bonta J (2010) The psychology of criminal conduct. 5th ed. Albany, N.Y.: Lexis Nexis.

BAST (Bundesanstalt für Straßenwesen) (2009) Begutachtungsleitlinien zur Kraftfahreignung. Berichte der Bundesanstalt für Straßenwesen – Mensch und Sicherheit. Heft M115.

Bastert E, Schläfke D, Fegert JM (2012a) Lernbehinderte und hirnorganisch beeinträchtigte Patienten in der Entziehungsmaßregel. Nervenheilkunde 31: 48–54.

Bastert E, Schläfke D, Pein A, Kupke F, Fegert JM (2012b) Mentally challenged patients in a forensic hospital. Internat J Law Psychiatry 35: 207–212.

Bateman A, Fonagy P (2008) Psychotherapie der Borderline-Persönlichkeitsstörung: Ein mentalisierungsgesteuertes Behandlungskonzept mit einem umfangreichen Behandlungsmanual. Gießen: Psychosozial-Verlag.

Beck A, Heinz A (2010) Lerntheoretische Erklärungsansätze zur Entstehung und Aufrechterhaltung von Suchtverhalten. Public Health Forum 18: 6–8.

Beelmann A (2008) Jugenddelinquenz – Aktuelle Präventions- und Interventionskonzepte. Forens Psychiatr Psychol Kriminol 2: 190–198.

Beelmann A, Raabe T (2007) Dissoziales Verhalten von Kindern und Jugendlichen: Erscheinungsformen, Entwicklung, Prävention und Intervention. Göttingen: Hogrefe.

Beier K M, Grundmann D, Kuhle L F, Scherner G, Konrad A, Amelung T (2015) The German Dunkelfeld Project. A Pilot Study to Prevent Child Sexual Abuse and the Use of Child Abusive Images. The Journal of Sexual Medicine 12: 529–542.

Berger J, Scheurer H, Honecker Y, Andritsch F, Six A (1999) Straffällige Alkohol- und Drogenabhängige. Fortschr. Neurol Psychiat 67: 502–508.

Berner W, Becker K H (2001) »Sex Offender Treatment Programme« (SOTP) in der Sozialtherapeutischen Abteilung Hamburg-Nesselstraße. In: Rehn G,

Literatur

Wischka B, Lösel F, Walter M (Hrsg.) Behandlung »gefährlicher Straftäter«. Grundlagen, Konzepte, Ergebnisse. Herbolzheim: Centaurus. S. 206–217.

Berner W, Briken P, Hill A (2007) Sexualstraftäter behandeln. Köln: Deutscher Ärzteverlag.

Berzins L G, Trestman R L (2004) The development and implementation of dialectical behavior therapy in forensic settings. International Journal of Forensic Mental Health 3: 93–103.

Best T, Aebi M, Bessler C (2015) Forensisches Therapieprogramm für junge Straftäter. Das ForTiS-Manual. Göttingen: Hogrefe.

Bezzel A (2008) Therapie im Maßregelvollzug – und dann? Eine Verlaufsuntersuchung an forensischen Patienten (§§ 63 und 64 StGB). Dissertation, Universität Regensburg.

Bezzel A (2010) Können Patienten aus dem Maßregelvollzug (§ 64 StGB) resozialisiert werden? Forens Psychiatr Psychol Kriminol 4: 264–268.

Bilke-Hentsch O, Sevecke K (Hrsg.) (2016) Aggressivität, Impulsivität und Delinquenz. Von gesunden Aggressionen bis zur forensischen Psychiatrie bei Kindern und Jugendlichen. Stuttgart: Thieme.

Birkel C, Guzy N, Hummelsheim D, Oberwittler D, Pritsch J (2014) Der Deutsche Victimisierungssurvey 2012. Erste Ergebnisse zu Opfererfahrungen, Einstellungen gegenüber der Polizei und Kriminalitätsfurcht. Hrsg. Albrecht PA, Sieber U, Max-Planck-Institut für ausländisches und internationales Strafrecht, Bundeskriminalamt. Freiburg i. Br.: Schriftenreihe des Max-Planck-Instituts für Ausländisches und Internationales Strafrecht.

Bischoff-Mews A (1998) Perspektiven des Maßregelvollzugs nach § 64 StGB – katamnestische Untersuchungen an alkoholkranken Straftätern im Maßregelvollzug. Dissertation, Erlangen-Nürnberg.

Boer DP, Hart SD, Kropp PR, EWebster CD (1997) Manual for the Sexual Violence Risk – 20. Mental Health, Law, and Policy Institute, Burnaby: Simon Fraser University.

Boetticher A, Nedopil N, Bosinski HAG, Saß H (2005) Mindestanforderungen für Schuldfähigkeitsgutachten. NStZ 25: 57–62.

Boetticher A, Kröber H-L, Müller-Isberner R, Böhm KM, Müller-Metz R, Wolf T (2006) Mindestanforderungen für Prognosegutachten. NStZ 26: 537–545.

Bogerts B, Möller-Leimkühler AM (2013) Neurobiologische Ursachen und psychosoziale Bedingungen individueller Gewalt. Nervenarzt 84: 1329–1344.

Bohus M, Haaf B, Stiglmayr C, Pohl U, Linehan M (2000) Evaluation of an inpatient dialectical-behavioral therapy for borderline personality disorder: A prospective study. Behavior Research and Therapy 38: 875–887.

Brand H, Künzel J, Braun B (2015) Suchthilfe in Deutschland 2014. Jahresbericht der Deutschen Suchthilfestatistik (DSHS). Hrsg. München Institut für Therapieforschung, Deutsche Suchthilfestatistik DSHS (http://www.suchthilfe-statistik.de/cms/images/dshs_jahresbericht_2014.pdf; Zugriff am 09.02.2016).

Buchholz A, Rist F, Küfner H, Kraus L (2009) Die deutsche Version des Measurements in the Addictions for Triage and Evaluation (MATE): Reliabilität, Validität und Anwendbarkeit. Sucht 55: 219–242.

Bundesgesetzblatt (2007) Gesetz zur Reform der Führungsaufsicht und zur Änderung der Vorschriften über die nachträgliche Sicherungsverwahrung. Jahrgang 2007 Teil I Nr. 13, ausgegeben zu Bonn am 17. April 2007. (http://www.bgbl.de/xaver/bgbl/start.xav?start=%2F%2F*[%40attr_id%3D%27bgbl107s2614.pdf%27]#__bgbl__%2F%2F*[%40attr_id%3D%27bgbl107s0513.pdf%27]__1457463851766; Zugriff am 14.06.2015).

Bundeskriminalamt (2014) Polizeiliche Kriminalstatistik Jahrbuch 62. Ausgabe. (https://www.bka.de/DE/AktuelleInformationen/StatistikenLagebilder/PolizeilicheKriminalstatistik/PKS2014/pks2014_node.html; Zugriff am 09.10.2017).

Bundesministerium des Innern, Bundesministerium der Justiz (Hrsg.) (2006) Zweiter Periodischer Sicherheitsbericht. (http://www.bmi.bund.de/SharedDocs/Downloads/DE/Veroeffentlichungen/2_periodischer_sicherheitsbericht_langfassung_de.pdf?__blob=publicationFile; Zugriff am 12.05.2015).

Brünger M, Weissbeck W (2008) Psychisch kranke Straftäter im Jugendalter. Berlin: Medizinisch Wissenschaftliche Verlagsgesellschaft.

Calabria B, Degenhardt L, Briegleb C, Vos T, Hall W, Lynskey M (2010) Systematic review of prospective studies investigating »remission« from amphetamine, cannabis, cocaine or opioid dependence. Addictive behaviors 35: 741–749.

Colins O, Vermeiren R, Vreugdenhil C, van den Brink W, Doreleijers T, Broekaert E (2010) Psychiatric Disorders in Detained Male Psychiatric Disorders in Detained Male Adolescents: A Systematic Literature Review. Can J Psychiatry 55: 255–263.

De Tribolet-Hardy F, Mokros A, Habermeyer E, Eher R (in Vorbereitung) Schützt höheres Alter vor sexueller Rückfalldelinquenz? Ein Vergleich zwischen Vergewaltigern und Kindesmissbrauchern.

de Vogel V, de Ruiter C, Bouman Y, de Vries Robbé M (2010) SAPROF. Leitlinien für die Erfassung von protektiven Faktoren bei einem Risiko für gewalttätiges Verhalten (German translation of the SAPROF guidelines by Aranke Spehr and Peer Briken). Utrecht: Forum Educatief.

Literatur

Degkwit P (2007) Plädoyer für ein psychosziales Verständnis von Sucht. In: Dollinger B, Schmidt-Semisch H (Hrsg.) Sozialwissenschaftliche Suchtforschung. Wiesbaden: Verlag für Sozialwissenschaften. S. 59–81.

Dessecker A (1996) Suchtbehandlung als strafrechtliche Sanktion. Kriminologie und Praxis, Schriftenreihe der Kriminologischen Zentralstelle (KrimZ), Band 19. Wiesbaden: Eigenverlag KrimZ.

Dessecker A (1997) Straftäter und Psychiatrie. Eine empirische Untersuchung zur Praxis der Maßregel nach § 63 StGB im Vergleich mit der Maßregel nach § 64 StGB und sanktionslosen Verfahren. Kriminologie und Praxis, Schriftenreihe der Kriminologischen Zentralstelle (KrimZ), Band 21. Wiesbaden: Eigenverlag KrimZ.

Deutsche Gesellschaft für Kinder- und Jugendpsychiatrie, Psychosomatik und Psychotherapie (Hrsg.) (2007). Leitlinien zu Diagnostik und Therapie von psychischen Störungen im Säuglings-, Kindes- und Jugendalter. 3. Aufl. Köln: Deutscher Ärzte-Verlag.

Dilling H, Mombour W, Schmidt MH, Schulte-Markwort E (Hrsg.) (2006) Internationale Klassifikation psychischer Störungen. ICD-10 Kapitel V (F). Weltgesundheitsorganisation. 4. überarb. Aufl. Bern: Huber.

Dimeff L A, Linehan MM (2008) Dialectical behavior therapy for substance abusers. Addict Sci Clin Pract 4: 39–47.

Dittmann V (1998) Die schweizerische Fachkommission zur Beurteilung »gemeingefährlicher« Straftäter. In: Müller-Isberner R, Gonzalez Cabeza S (Hrsg.) Forensische Psychiatrie: Schuldfähigkeit, Kriminaltherapie, Kriminalprognose. Godesberg: Forum-Verlag. S. 173–184.

Dittmann V (2009) Schuldfähigkeit unter dem Einfluss psychotroper Substanzen. Rechtsmedizin 19: 213–218.

Dönisch-Seidel U, Hollweg T (2003) Nachsorge und Wiedereingliederung von (bedingt) entlassenen Maßregelvollzugspatienten in Nordrhein-Westfalen. R & P 21: 14–16.

Dowden C, Antonowicz D, Andrews D A (2003) The Effectiveness of Relapse Prevention with offenders: a meta-analysis. Int J Offender Ther Comp Criminol 47: 516–528.

Dreßing H, Habermeyer E (2015) Persönlichkeitsstörungen. In: Dressing H, Habermeyer E (Hrsg.) Psychiatrische Begutachtung. 6. Aufl. München: Urban & Fischer Elsevier. S. 290–306.

Ebert D, Loew T (2008) Psychiatrie systematisch. 7. Aufl. Bremen: UNI-MED.

Entorf H (2010) Evaluation des Maßregelvollzuges: Grundsätze einer Kosten-Nutzen-Analyse. In: Fegert JM, Schläfke D (Hrsg.) Maßregelvollzug zwischen

Kostendruck und Qualitätsanforderungen. Lengerich: Pabst Science Publ. S. 87–135.

Eucker S (1992) Relapse Prevention. In: Müller-Isberner R, Gretenkord L (Hrsg.) Psychiatrische Kriminaltherapie, Bd 1. Lengerich: Pabst Science Publ. S. 18–28.

Evershed S, Tennant A, Boomer D, Rees A, Barkham M, Watson A (2003) Practice-based outcomes of dialectical behavior therapy (DBT) targeting anger and violence, with male forensic patients: a pragmatic and noncontemporaneous comparison. Criminal Behav Ment Health 13: 198–213.

Ewing JA (1984) Detecting alcoholism – the CAGE questionnaire. JAMA 252: 1905–1907.

Falkai P, Wittchen HU (Hrsg.) (2015) Diagnostisches und statistisches Manual psychischer Störungen DSM-5. American Psychiatric Association. Göttingen: Hogrefe.

Fazel S, Danesh J (2002) Serious mental disorder in 23 000 prisoners: a systematic review of 62 surveys. The lancet 359 (9306): 545–550.

Fazel S, Bains P, Doll H (2006) Substance abuse and dependence in prisoners: a systematic review. Addiction 101: 181–191.

Feuerlein W, Küfner H, Ringer Ch, Antons K (1979) Münchner Alkoholismustest MALT, Manual. Weinheim: Beltz.

Feuerlein W, Küfner H, Soyka M (1998) Alkoholismus – Mißbrauch und Abhängigkeit: Entstehung – Folgen – Therapie. Stuttgart: Thieme.

Foerster K, Habermeyer E (2015) Begutachtung bei zivilrechtlichen Fragen. In: Dreßing H, Habermeyer E (Hrsg.) Psychiatrische Begutachtung. 6. Aufl. des von Venzlaff begründeten und Foerster fortgesetzten praktischen Handbuches für Ärzte und Juristen. München: Urban & Fischer. S. 473–496.

Foerster K, Dreßing C, Dreßing H (2015) Begutachtung bei sozialrechtlichen Fragen. In: Dreßing H, Habermeyer E (Hrsg.) Psychiatrische Begutachtung. 6. Aufl. des von Venzlaff begründeten und Foerster fortgesetzten praktischen Handbuches für Ärzte und Juristen. München: Urban & Fischer. S. 545–575.

Franqué von F, Briken P (2012) The good lives model. Forens Psychiatr Psychol Kriminol 7: 22–27.

Freese R (2003) Ambulante Versorgung psychisch kranker Straftäter. Entstehung und Entwicklung, aktueller Stand und Zukunft der 63er-Nachsorge in Hessen. Ein Nach-Lese-Buch. In: Müller-Isberner R, Gretenkord L (Hrsg.) Psychiatrische Kriminaltherapie, Bd. 2. Lengerich: Pabst Science Publ.

Freese R (2010) Nachsorge ehemals strafrechtlich untergebrachter Menschen in Deutschland. In: Hahn H, Stiels-Glenn M (Hrsg.) Ambulante Täterarbeit. Intervention, Risikokontrolle und Prävention. Bonn: Psychiatrie-Verlag. S. 25–59.

Freese R (2014) Zum Stand der forensischen und forensisch-psychiatrischen Nachsorge in der Bundesrepublik Deutschland (Daten aus der sog. Pfingstabfrage 2013). Forens Psychiatr Psychol Kriminol, Epub ahead of print 13.03.1014, DOI: 10.1007/s11757-014-0260-9.

Freese R, Schmidt-Quernheim F (2014) Mindeststandards forensischer Nachsorge. Forens Psychiatr Psychol Kriminol 8: 191–198.

Funke W, Funke J, Klein M, Scheller R (1987) Trierer Alkoholismusinventar (TAI). Göttingen: Hogrefe.

Gaebel W, Zielasek J (2011) Ätiopathogenetische Konzepte und Krankheitsmodelle. In: Möller HJ, Laux G, Kapfhammer HP (Hrsg.) Psychiatrie, Psychosomatik, Psychotherapie. Band 2: Spezielle Psychiatrie. 4., erw. u. vollst. neu bearb. Aufl. Berlin, Heidelberg: Springer. S. 79–107.

Giggel F, Schläfke D (2015) Straftaten in Verbindung mit Alkohol, Drogen und Medikamenten. In: Häßler F, Kinze W, Nedopil N (Hrsg.) Praxishandbuch Forensische Psychiatrie. Grundlagen, Begutachtung, Interventionen im Erwachsenen-, Jugendlichen- und Kindesalter. Berlin: Medizinisch Wissenschaftliche Verlagsgesellschaft. S. 197–212.

Glaeske G, Holzbach R, Boeschen D, Gaßmann R (2015) Medikamentenabhängigkeit. Suchtmedizinische Reihe, Bd 5. Hamm: DHS.

Glenn AL, Raine A (2014) Neurocriminology: implications for the punishment, prediction and prevention of criminal behaviour. Nat Rev Neurosci 15: 54–63.

Göbbels S, Ward T, Willis M G (2013) Offender rehabilitation. Forens Psychiatr Psychol Kriminol 7: 122–132.

Goldstein RZ, Volkow ND (2011) Dysfunction of the prefrontal cortex in addiction: neuroimaging findings and clinical implications. Nat Rev Neurosci 12: 652–669.

Gouzoulis-Mayfrank E (2008) Komorbidität von Sucht und anderen psychischen Störungen – Grundlagen und evidenzbasierte Therapie. Fortschr Neurol Psychiatr 76: 263–271.

Gretenkord L (2002) Das Reasoning and Rehabilitation Programm (R&R). In: Müller-Isberner R, Gretenkord L (Hrsg.) Psychiatrische Kriminaltherapie. Bd 1. Lengerich: Pabst Science Publ. S. 29–40.

Gsellhofer B, Küfner H, Vogt M, Weiler D (1999). Deutsche Version des European Addiction Severity Index (EuropASI). München: Institut für Therapieforschung.

Gustafsson NK (2015) Places and differences in young people's vulnerability: substancegenic exposure and substance use propensity. 15th Annual conference of the European Society of Criminology, Porto, Portugal.

Gustafsson NK (2015) Substance Use Framed as Situational Theory. Stockholm Criminology Symposium, Stockholm, Sweden.

Gustafsson NK (2016) personal note 25.01.2016.

Gutzwiller F, Wydler H, Stähli R (2000a) Ziele und Aufgaben der Suchtprävention. In: Uchtenhagen A, Zieglgänsberger W (Hrsg.) Suchtmedizin. München Jena: Urban & Fischer. S. 243–250.

Gutzwiller F, Wydler H, Stähli R (2000b) Früherkennung und Schadensminderung. In: Uchtenhagen A, Zieglgänsberger W (Hrsg.) Suchtmedizin. München Jena: Urban & Fischer. S. 250–254.

Habermeyer E, Herpertz SC (2006) Dissoziale Persönlichkeitsstörung. Nervenarzt 77: 605–615.

Habermeyer E, Wolff R, Gillner M (2010) Patienten mit schizophrenen Störungen im Maßregelvollzug. Ergeben sich Konsequenzen für die Allgemeinpsychiatrie? Nervenarzt 81: 1117–1124.

Haffner H-T, Dettling A (2015) Begutachtung der Fahreignung. In: Dreßing H, Habermeyer E (Hrsg.) Psychiatrische Begutachtung. 6. Aufl. des von Venzlaff begründeten und Foerster fortgesetzten praktischen Handbuches für Ärzte und Juristen. München: Urban & Fischer. S. 651–669.

Hare RD (1991) Manual fort he Hare Psychopathy Chrcklist – Revised. Toronto: Multi-Health Systems.

Heilemann M, Fischwasser-von Proeck G (2001) Gewalt wandeln: Das Anti-Aggressivitäts-Training AAT. Lengerich: Pabst Science Publ.

Heinz A, Batra A, Scherbaum N, Gouzoulis-Mayfrank E (2012) Neurobiologie der Abhängigkeit. Grundlagen und Konsequenzen für Diagnose und Therapie von Suchterkrankungen. Stuttgart: Kohlhammer.

Heinz A, Friedel E (2014) DSM-5: wichtige Änderungen im Bereich der Suchterkrankungen. Nervenarzt 85: 571–577.

Heinz, W (2012) Konstanzer Inventar. (http://www.uni-konstanz.de/rtf/kis/¬Sanktionierungspraxis-in-Deutschland-Stand-2012.pdf, Zugriff 13.12.2015).

Hellmann DF (2014) Repräsentativbefragung zu Viktimisierungserfahrungen. Forschungsbericht Nr. 122, Kriminologisches Forschungsinstitut Niedersachsen e.V. (http://www.kfn.de/versions/kfn/assets/FoB122.pdf; Zugriff am 28.01.2016).

Herpertz SC, Habermeyer V, Bronisch T (2011) Persönlichkeitsstörungen. In: Möller HJ, Laux G, Kapfhammer HP (Hrsg.) Psychiatrie, Psychosomatik, Psychotherapie. Band 2: Spezielle Psychiatrie. 4., erw. u. vollst. neu bearb. Aufl. Berlin, Heidelberg: Springer. S. 989–1059.

Heyman GM (2013) Quitting drugs: quantitative and qualitative features. Annu Rev Clin Psychol 9: 29–59.

Literatur

Hinsch R, Pfingsten U (2002) Gruppentraining sozialer Kompetenzen (GSK). Grundlagen, Durchführung, Anwendungsbeispiele. Weinheim: Beltz.

HM Prison Service (2000) Sex offender treatment programme: The SOTP core programme. Core 2000 Treatment Manual. London: Offending Behaviour Programmes Unit.

Hoch E, Zimmermann P, Henker J, Rohrbacher H, Noack R, Bühringer G, Wittchen H-U (2011) Modulare Therapie von Cannabisstörungen. Das CANDIS-Programm. Göttingen: Hogrefe.

Hoff P, Sass H (2011) Psychopathologische Grundlagen der forensischen Psychiatrie. In: Kröber HL, Dölling D, Leygraf N, Sass H (Hrsg.) Handbuch der forensischen Psychiatrie: Band 2. Berlin, Heidelberg: Steinkopff. S. 1–156.

Hoffmann K, Ross T, Mielke R, Kluttig T, Fontao M I (2012) Gruppen in der forensischen Psychotherapie. In: Strauß B, Mattke D (Hrsg.) Gruppenpsychotherapie. Berlin: Springer. S. 427–438.

Hollenweger J, Kraus de Camargo O (Hrsg.) (2013) ICF-CY Internationale Klassifikation der Funktionsfähigkeit, Behinderung und Gesundheit bei Kindern und Jugendliche. Bern: Huber.

Hunt G M, Azrin N H (1973) A community-reinforcement approach to alcoholism. Behaviour Research and Therapy 11: 91–104.

Institut für forensische Psychiatrie Haina e.V. (2004) Reasoning & Rehabilitation. Handbuch zur Vermittlung kognitiver Fertigkeiten. Haina: IFPH.

Jacobi F, Wittchen HU, Hölting C, Höfler M, Pfister H, Müller N, Lieb R (2004) Prevalence, co-morbidity and correlates of mental disorders in the general population: results from the German Health Interview and Examination Survey (GHS). Psychological medicine 34: 597–611.

Janka C (2012) Alter und Sexualdelinquenz. Dissertation, Freie Universität Berlin.

Jehle JM (2007) Drogentherapie im strafrechtlichen Rahmen – die Zurückstellungslösung der §§ 35, 38 Betäubungsmittelgesetz. In: Kröber HL, Dölling D, Leygraf N, Sass H (Hrsg.) Handbuch der forensischen Psychiatrie: Band 1. Berlin Heidelberg: Steinkopff. S. 349–378.

Jehle J-M, Albrecht H-J, Hohmann-Fricke S, Tetal C in Kooperation mit dem Bundesamt für Justiz (2013) Legalbewährung nach strafrechtlichen Sanktionen. Eine bundesweite Rückfalluntersuchung 2007 bis 2010 und 2004 bis 2010. Mönchengladbach: Forum Verlag Godesberg.

John U, Veltrup C, Schnofl A, Bunge S, Wetterling T, Dilling H (1992) Entwicklung eines Verfahrens zur Erfassung von Ausprägungen der Alkoholabhängigkeit aufgrund von Selbstaussagen: die Lübecker Alkoholabhängigkeitsskala (LAS). Sucht 38: 291–303.

Johnson G, Hunter R M (1995) Evaluation of the Specialized Drug Offender Program. In: Ross RR, Ross B (Hrsg.) Thinking straight. Ottawa: Cognitive Center of Canada. S. 215–234.

Keller U (1969) Praxis und Erfolg der Unterbringung seelisch gestörter Delinquenten nach § 42b und 42c StGB. Dissertation, Freiburg i. Br.

Kiefer, F (2010) Neurobiologie und Genetik von Suchterkrankungen. Bundesgesundheitsbl 53: 284–288.

Kiefer F, Soyka M (2011) Störung durch Alkohol. In: Möller HJ, Laux G, Kapfhammer HP (Hrsg.) Psychiatrie, Psychosomatik, Psychotherapie. Band 2: Spezielle Psychiatrie. 4., erw. u. vollst. neu bearb. Aufl. Berlin, Heidelberg: Springer. S. 133–162.

Kiefer F, Heinz A, Mann KF, Müller AM (2016) Alkoholabhängigkeit. In: Voderholzer U, Hohagen F (Hrsg.) Therapie psychischer Erkrankungen. 11. Aufl. München: Urban & Fischer Elsevier. S. 24–38.

Kienast T, Reiske S, Förster J, Schmitt C, Lauterbach E, Heinz A (2008) Dialektisch Behaviorale Therapie für Patienten mit emotional instabiler Persönlichkeitsstörung und komorbider Abhängigkeitserkrankung: DBT Substance Abuse. Sucht 54: 205–207.

Kienast T, Heinz A, Soyka M (2011) Drogen- und Medikamentenabhängigkeit. In: Möller HJ, Laux G, Kapfhammer HP (Hrsg.) Psychiatrie, Psychosomatik, Psychotherapie. Band 2: Spezielle Psychiatrie. 4., erw. u. vollst. neu bearb. Aufl. Berlin, Heidelberg: Springer. S. 163–202.

Koch G (1988) Katamnesen bei suchtkranken Straftätern nach bedingter Entlassung aus dem Maßregelvollzug gem. § 64 StGB. Dissertation, Hannover.

Köhler D, Heinzen H, Hinrichs G, Huchzermeier C (2008) The Prevalence of Mental Disorders in a German Sample of Male Incarcerated Juvenile Offenders. Int J Offender Ther Comp Criminology 53: 211–227.

Körkel J, Schindler C (2003) Rückfallprävention mit Alkoholabhängigen. Das strukturierte Trainingsprogramm S.T.A.R. Berlin: Springer.

Konrad N (1997) Leitfaden der forensisch-psychiatrischen Begutachtung. Stuttgart: Thieme.

Konrad N (2004) Begutachtung der Haft-, Vernehmungs- und Verhandlungsfähigkeit. In: Foerster K (Hrsg.) Psychiatrische Begutachtung. 4. Aufl. des von Venzlaff begründeten und Foerster fortgesetzten praktischen Handbuches für Ärzte und Juristen. München: Urban & Fischer. S. 363–370.

Konrad N, Opitz-Welke A (2015) Spezielle Störungsbilder im Justizvollzug. In: Dressing H, Habermeyer E (Hrsg.) Psychiatrische Begutachtung. 6. Aufl. München: Urban & Fischer Elsevier. S. 352–362.

Koons C R, Robins C J, Tweed J L, Lynch T R, Gonzalez A M, Morse J Q, Bastian L A (2001) Efficacy of dialectical behavior therapy in women veterans with borderline personality disorder. Behavior therapy 32: 371–390.

Korpi ER, den Hollander B, Farooq U, Vashchinkina E, Rajkumar R, Nutt DJ (2015) Mechanisms of Action and Persistent Neuroplasticity by Drugs of Abuse. Pharmacological reviews 67: 872–1004.

Kraus L, Pabst A, Piontek D (2011) Europäische Schülerstudie zu Alkohol und anderen Drogen 2011 (ESPAD) Befragung von Schülerinnen und Schülern der 9. und 10. Klasse in Bayern, Berlin, Brandenburg, Mecklenburg-Vorpommern und Thüringen. Hrsg. IFT München (http://drogenbeauftragte.de/fileadmin/dateien-dba/DrogenundSucht/Suchtstoffuebergreifende_Themen/Downloads/abschlussbericht_2011bd_181_espad_111221_subm_i.pdf; Zugriff am 06.08.2015).

Kraus L, Piontek D, Pabst A, de Matos EG (2013) Studiendesign und Methodik des Epidemiologischen Suchtsurveys 2012. SUCHT 59: 309–320.

Kreuzer A, Römer-Klees R, Schneider H (1991) Beschaffungskriminalität Drogenabhängiger. Wiesbaden, BKA-Forschungsreihe. Band 24.

Kreuzer A (2009) Kriminologische Grundlagen der Drogendelinquenz. In: Kröber HL, Dölling D, Leygraf N, Sass H (Hrsg.) Handbuch der forensischen Psychiatrie. Band 4. Darmstadt: Steinkopff. S. 500–546.

Kreuzer A (2015) Zusammenhänge zwischen Drogen und Kriminalität. Forens Psychiatr Psychol Kriminol 9: 3–9.

Kröber H-L (1996) Kriterien verminderter Schuldfähigkeit nach Alkoholkonsum. NStZ 16: 569–576.

Kröber H-L (2000) Individuelle Schuldfähigkeit nach Alkoholkonsum. In: Egg R, Geisler C (Hrsg.) Alkohol, Strafrecht und Kriminalität. Kriminologie und Praxis. Bd. 30. Wiesbaden: KrimZ. S. 27–42.

Kröber H-L, Dölling D, Leygraf N, Sass H (Hrsg.) (2010) Handbuch der Forensischen Psychiatrie. Band 2. Berlin: Springer.

Kröber H-L (2013) Good live. Forens Psychiatr Psychol Kriminol 7: 146–147.

Küfner H, Feuerlein W und Huber M (1988) Die stationäre Behandlung von Alkoholabhängigen: Ergebnisse der 4-Jahreskatamnesen, mögliche Konsequenzen für Indikationsstellung und Behandlung. Suchtgefahren 34: 157–272.

Küfner H (1999) Prävention. In: Gastpar M, Mann K, Rommelspacher H (Hrsg.) Lehrbuch der Suchterkrankungen. Stuttgart: Thieme. S. 15–27.

Küfner H, Duwe A, Schuman J, Bühringer G (2000) Prädiktion des Drogenkonsums und der Suchtentwicklung durch Faktoren in der Kindheit. Grundlagen und Ergebnisse einer empirischen Studie. Sucht 46: 32–53.

Ladewig D, Graw P, Miest PC, Hobi V, Schwarz E (1976) Basler Drogen-und Alkoholfragebogen (BDA). Pharmacopsychiatry 9: 305–312.

Lamott F, Pfäfflin F (2009) Psychotherapie für Straftäter. Psychotherapeut 54: 245–250.

Lau S (2003) Wirkt ambulante Kriminaltherapie? Literaturübersicht zur Effektivität gemeindenaher rückfallpräventiver Maßnahmen bei Straftätern und psychisch kranken Rechtsbrechern. Psychiat Prax 30: 119–126.

Leonhardt H-J, Mühler K (2006) Chronisch mehrfachgeschädigte Abhängigkeitskranke. Freiburg i. Br.: Lambertus.

Lew M, Matta C, Tripp-Tebo C, Watts D (2006) Dialectical behavior therapy (DBT) for individuals with intellectual disabilities: A program description. Mental Health Aspects of Developmental Disabilities 9: 1–13.

Lindenmeyer J (2005) Alkoholabhängigkeit. 2. überarb. Aufl. Göttingen: Hogrefe.

Linehan MM, Armstrong HE, Suarez A, Allmon D, Heard HL (1991) Cognitive-behavioral treatment of chronically parasuicidal borderline patients. Arch Gen Psychiatry 48: 1060–1064.

Linehan MM (1993) Cognitive-behavioral treatment of borderline personality disorder – diagnosis & treatment of mental disorders. New York: Guilford.

Linehan MM (1996) Dialektisch-Behaviorale Therapie der Borderline-Persönlichkeitsstörung. München: CIP.

Linehan MM, Schmidt H, Dimeff L A, Craft JC, Kanter J, Comtois KA (1999) Dialectical behavior therapy for patients with borderline personality disorder and drug-dependence. Am J Addict 8: 279–292.

Linehan MM, Dimeff LA, Reynolds SK, Comtois KA, Welch SS, Heagerty P, Kivlahan DR (2002) Dialectical behavior therapy versus comprehensive validation therapy plus 12-step for the treatment of opioid dependent women meeting criteria for borderline personality disorder. Drug Alcohol Depend 67: 13–26.

Lipsey MW, Cullen FT (2007) The effectiveness of correctional rehabilitation: a review of systematic reviews. Annu Rev Law Soc Sci 3: 297–320.

Lipsey MW, Landenberger NA, Wilson SJ (2007) Effects of Cognitive-Behavioral Programs for Criminal Offenders: A Systematic Review. Campbell Systematic Reviews 6: 1–27.

Löhr F, Wenzlaw S (2013) BPS-R. Behandlungsprogramm für Sexualstraftäter: Manual für Lernbehinderte. Lingen: Kriminalpädagogischer Verlag.

Lösel F, Bliesener T (2003) Aggression und Delinquenz unter Jugendlichen. Polizei+Forschung, Bd. 20 herausgegeben vom Bundeskriminalamt, Kriminalistisches Institut, Luchterhand.

Literatur

Lösel F (2012) Offender treatment and rehabilitation: What works? In: Maguire M, Morgan R, Reiner R (Hrsg.) The Oxford handbook of criminology. 5. Aufl. Oxford: Oxford University Press. S. 986–1016.

Lopez-Quintero C, Hasin DS, de Los Cobos JP, Pines A, Wang S, Grant BF, Blanco C (2011) Probability and predictors of remission from life-time nicotine, alcohol, cannabis or cocaine dependence: results from the National Epidemiologic Survey on Alcohol and Related Conditions. Addiction 106: 657–669.

Luckhaus C, Kampka N, Frommann N, Dönisch-Seidel U, Gaebel W, Janssen B (2014) Pilot-Anwendung eines modularen ambulanten Therapieprogramms im Anschluss an PsychKG-Unterbringungen wegen Fremdgefährdung bei Patienten mit Psychose-Erkrankungen. Fortschr Neurol Psychiatr 82: 464–470.

Lukesch H, Mayrhofer S (2001) Konzentrations-Leistungs-Test – Revidierte Fassung (KLT-R) von H. Düker und G.A. Lienert. Göttingen: Hogrefe-Verlag.

Mann RE (1999) The sex offender treatment programme HM Prison Service England and Wales. In: Höfling S, Drewes D, Epple-Waigel I (Hrsg.) Auftrag Prävention. Offensive gegen sexuellen Kindesmißbrauch. Augsburg: Sonderausgabe der Politischen Studien der Hanns Seidel Stiftung ATWERB. S. 346–351.

Mann KF (1999) Konzepte der Alkoholismustherapie. In: Singer MV, Teyssen S (Hrsg.) Alkohol und Alkoholfolgekrankheiten. Grundlagen – Diagnostik – Therapie. Berlin, Heidelberg, New York: Springer. S. 487–495.

Mann K, Schäfer DR, Längle G, Ackermann K, Croissant B (2005) The long-term course of alcoholism, 5, 10 and 16 years after treatment. Addiction 100: 797–805.

Mann KF, Diehl A, Müller CA, Heinz A (2015) Alkoholabhängigkeit. In: Voderholzer U, Hohagen F (Hrsg.) Therapie psychischer Erkrankungen. State of the art 2015. 10. Aufl. München: Elsevier Urban & Fischer. S. 23–26.

Mann KF, Batra A, Hoch E (2015) S3-Leitlinie »Screening, Diagnose und Behandlung alkoholbezogner Störungen«. Stand 22.04.2015. Hg. v. Arbeitsgemeinschaft der Wissenschaftlichen und Medizinischen Fachgesellschaften (AWMF). (http://www.awmf.org/uploads/tx_szleitlinien/076-001l_S3-Leitlinie_Alkohol_2015-04.pdf; Zugriff am 11.02.2016).

Marlatt GA (1980) Relapse prevention. A self-control program for the treatment of addictive behaviors. Unpublished manuscript. Seattle: University of Washington.

Marshall WL, Anderson D, Fernandez Y (1999) Cognitive behavioural treatment of sexual offenders. Chichester: Wiley.

Marshall WL, Marshall LE (2014) A strengths-based treatment for sexual offenders: a manual. Revised: November. Kingston: Rockwood Psychological Services.

McCann RA, Ball EM, Ivanhoff A (2000) DBT with an inpatient forensic population: The CMHIP Forensic model. Cognitive and Behavioral Practice 7: 447–456.

Melchinger H (1988) Therapie unter Freiheitsentzug. Katamnestische Untersuchungen bei Klienten der Fachklinik Brauel. In: Feuerlein W, Bühringer G, Wille R (Hrsg.) Therapieverläufe bei Drogenabhängigen. Kann es eine Lehrmeinung geben? Berlin: Springer. S. 245–264.

Metrikat A (2002) Die Unterbringung in einer Entziehungsanstalt nach § 64 StGB – Eine Maßregel im Wandel? In: Maiwald M (Hrsg.) Schriften zum Strafrecht und Strafprozeßrecht. Bd. 60. Frankfurt a. M.: Peter Lang.

Meyer C, Rumpf HJ, Hapke U, Dilling H, John U (2014) Prevalence of alcohol consumption, abuse and dependence in a country with high per capita consumption: findings from the German TACOS study. Soc Psychiatry Psychiatr Epidemiol 35: 539–547.

Miller AL, Rathus JH, Linehan MM, Wetzler S, Leigh E (1997) Dialectical behavior therapy adapted for suicidal adolescents. Journal of Psychiatric Practice 3: 78.

Missel P, Jung C, Herder F, Fischer R, Bachmeier R, Funke W, Garbe D, Kersting S, Lange N, Medenwaldt J, Mielke D, Schneider B, Seeliger C, Verstege R, Weissinger V (2014) Effektivität der stationären Suchtrehabilitation – FVS-Katamnese des Entlassjahrgangs 2011 von Fachkliniken für Alkohol- und Medikamentenabhängigkeit. Sucht aktuell 21: 5–18.

Mitchell J, Palmer E J (2004) Evaluating the »reasoning and rehabilitation« program for young offenders. Journal of Offender Rehabilitation 39: 31–45.

Mokros A, Habermeyer E (2012) Behandlung von Straftätern mit ausgeprägten psychopathischen Eigenschaften. In: Endrass J, Rossegger A, Urbaniok F, Borchard B (Hrsg.) Interventionen bei Gewalt- und Sexualstraftätern. Risk-Management, Methoden und Konzepte der forensischen Therapie. Berlin: MWV. S. 291–301.

Mokros A (2013) PCL-R/PCL:SV – Psychopathy Checklist-Revised/Psychopathy Checklist: Screening Version. In: Rettenberger M, von Franqué F (Hrsg.) Handbuch kriminalprognostischer Verfahren. Göttingen: Hogrefe. S. 83–107.

Mokros A, Vohs K, Habermeyer E (2014) Psychopathy and violent reoffending in German-speaking countries: A meta-analysis. Eur J Psychol Assess 30: 117–129.

Müller J (2010) Neurobiologie der Aggressionsgenese. In: Müller J (Hrsg.) Neurobiologie forensisch-relevanter Störungen. Stuttgart: Kohlhammer. S. 127–138.

Müller-Isberner R, Gretenkord L (2002) Psychiatrische Kriminaltherapie. Bd 1. Lengerich: Pabst Science Publ.

Müller-Isberner R, Eucker S, Herpertz SC (2003) Dissoziale Persönlichkeitsstörung. In: Herpertz SC, Bronisch T (Hrsg.) Persönlichkeitsstörungen. Stuttgart: Thieme. S. 71–82.

Müller-Isberner R, Eucker S (2009) Therapie im Maßregelvollzug. Berlin: Medizinisch Wissenschaftliche Verlagsgesellschaft.

Müller-Isberner R, Jöckel D, Gonzalez Cabeza S (1998) Die Vorhersage von Gewalttaten mit dem HCR-20. Haina: Institut für Forensische Psychiatrie.

Müller-Isberner R, Gonzalez Cabeza S, Eucker S (2000) Die Vorhersage sexueller Gewalttaten mit dem SVR-20. Haina: Institut für Forensische Psychiatrie.

Muysers J (2012) Qualitätssicherung im Maßregelvollzug. Forens Psychiatr Psychol Kriminol 6: 227–234.

Nedopil N, Grassl P (1988) Das Forensisch-Psychiatrische Dokumentationssystem (FPDS). Forensia 9: 139–147.

Neubacher F (2014) Kriminologie. 2. Aufl. Baden-Baden: Nomos.

Nitschke J, Osterheider M, Mokros A (2011) Schizophreniforme Erkrankungen, Psychose und Tötungsdelikte: Die Bedeutung sozialtherapeutischer Maßnahmen zur Prävention von Delikten. Psychiatr Prax 38: 82–86.

Oermann A, Brück R, Bohus M (2008) Dialektisch-behaviorale Therapie im forensischen Setting (DBT-F). In: Schmidt-Querheim F, Hax-Schoppenhorst T (Hrsg.) Professionale forensische Psychiatrie. Bern: Huber. S. 201–216.

Oermann A (2013) Dialektisch-Behaviorale Therapie im forensischen Setting. Psychotherapie 18: 115–131.

Pabst A, Kraus L, de Matos EG, Piontek D (2013) Substanzkonsum und substanzbezogene Störungen in Deutschland im Jahr 2012. Sucht 59: 321–331.

Passow D, Prinz E, Bastert E (2015a) Behandlung im Erwachsenen-Maßregelvollzug. In: Häßler F, Kinze W, Nedopil N (Hrsg.) Praxishandbuch Forensische Psychiatrie. Grundlagen, Begutachtung, Interventionen im Erwachsenen-, Jugendlichen- und Kindesalter. Berlin: Medizinisch Wissenschaftliche Verlagsgesellschaft. S. 437–454.

Passow D, Prinz E, Maaß C, Wedler K, Bordel U, Schläfke D (2015b) Legalbewährung und Konsumverhalten bei Probanden der forensischen Nachsorge nach Unterbringung in einer Entziehungsanstalt (§ 64 StGB). Suchttherapie. DOI: 10.1055/s-0041-107758.

Pein A, Kliemann A, Schläfke D, Kupke F, Wettermann A, Tardel D, Fegert JM (2012) Profitieren dissoziale Suchtpatienten von der DBT-F? Nervenheilkunde 31: 30–35.

Petermann F, Lepach AC (Hrsg.) (2012) Wechsler Memory Scale. 4. Ed. In deutscher Übersetzung und Adaptation der WMS-IV von Davis Wechsler. Frankfurt a. M.: Pearson Assessment & Information GmbH.

Pfaff H (1998) Ergebnisse einer prospektiven Katamnesestudie nach Entziehungstherapie gemäß § 64 StGB bei Alkoholkranken. Nervenarzt 69: 568–573.

Pfaff H, Stripf L, Steinberg R (1993) Entziehungstherapie nach § 64 StGB: Soziodemographische Daten und Therapieergebnisse einer anfallenden Dreijahresstichprobe. Nervenarzt 64: 606–611.

Pfaff H, Noetzel M, Steinberg R (1997) Verlaufsuntersuchungen bei gemäß Paragraph 64 StGB untergebrachten alkoholkranken Patienten. In: Steinberg R (Hrsg.) Forensische Psychiatrie. 20. Psychiatrie-Symposion, Pfalzklinik Landeck, Klingenmünster. Regensburg: Roderer. S. 122–129.

Pfäfflin F, Ross T (2004) Zum Umgang mit Delinquenz in der Borderline-Therapie. Persönlichkeitsstörungen: Theorie und Therapie 8: 49–54.

Plattner B, Aebi M, Steinhausen HC, Bessler C (2011) Psychopathologische und komorbide Störungen inhaftierter Jugendlicher in Österreich. Zeitschrift für Kinder- und Jugendpsychiatrie und Psychotherapie 39: 231–242.

Polaschek DLL (2011) Many sizes fit all: A preliminary framework for conceptualizing the development and provision of cognitive-behavioral rehabilitation programs for offenders. Aggression and violent behavior 16: 20–35.

Rathus JH, Miller AL (2002) Dialectical behavior therapy adapted for suicidal adolescents. Suicide and life-threatening behavior 32: 146–157.

Raynor P, Vanstone M (1996) Teasoning and Rehabilitation in Britain: the results oft he Straight Thinking on Probation (STOP) Programme. Int J Offend Ther Comp Criminol 40: 272–284.

Regier DA, Farmer ME, Rae DS, Locke BZ, Keith SJ, Judd LL, Goodwin FK (1990) Comorbidity of mental disorders with alcohol and other drug abuse. Results from the Epidemiologic Catchment Area (ECA) Study. JAMA 264: 2511–2518.

Reis O (2016) Risiko- und Schutzfaktoren der Suchtentwicklung, entwicklungsdynamische Aspekte. In: Batra A, Bilke-Hentsch O (Hrsg.) Praxisbuch Sucht. 2. Aufl. Stuttgart: Thieme.

Remschmidt H, Schmidt MH, Poustka F (Hrsg.) (2012) Multiaxiales Klassifikationsschema für psychische Störungen des Kindes- und Jugendalters nach ICD-10 der WHO. 6. Aufl. Bern: Huber.

Retz W (2010) Genetik forensisch-relevanten Verhaltens. In: Müller J (Hrsg.) Neurobiologie fornsisch-relevanter Störungen. Stuttgart: Kohlhammer. S. 96–108.

Robinson D (1995) The Impact of Cognitive Skills Training on Post-Release Recidivism among Canadian Federal Offenders. Ottawa: Correctional Service of Canada.

Robison AJ, Nestler EJ (2011) Transcriptional and epigenetic mechanisms of addiction. Nature reviews Neuroscience 12: 623–637.

Literatur

Roozen HG, Boulogne JJ, van Tulder MW, van den Brink W, de Jong Cor AJ, Ad Kerkhof JFM (2004) A systematic review of the effectiveness of the community reinforcement approach in alcohol, cocaine and opioid addiction. Drug and Alcohol Dependence 74: 1–13.

Ross RR, Fabiano E (1986) Reasoning and Rehabilitation: A Handbook for Teaching Cognitive Skills. Ottawa: Cognitive Center of Canada.

Rössner D, Bannenberg B, Coester M (2002) Düsseldorfer Gutachten: Leitlinien wirkungsorientierter Kriminalprävention. Hg. Landeshauptstadt Düsseldorf. (http://www.duesseldorf.de/download/dgll.pdf; Zugriff am 29.02.2016).

Roxin C (1966) Sinn und Grenzen staatlicher Strafe. Juristische Schulung: 377–387.

Rumpf H-J, Kiefer F (2011) DSM-5: Die Aufhebung der Unterscheidung von Anhängigkeit und Missbrauch und die Öffnung für Verhaltenssüchte. Sucht 57: 45–48.

Rumpf H-J, Mann K (2015) ICD-11: Was können wir für Suchtforschung und Suchttherapie erwarten? Sucht 61: 123–125.

Sakdalan JA, Shaw J, Collier V (2010) Staying in the here-and-now: A pilot study on the use of dialectical behaviour therapy group skills training for forensic clients with intellectual disability. Journal of Intellectual Disability Research 54: 568–572.

Sampson RJ, Laub JH (2003) Life-Course Desisters? Trajectories of Crime Among Delinquent Boys Followed to Age 70. Criminology 41: 301–340.

Sass H (1986) Zur Klassifikation der Persönlichkeitsstörungen. Nervenarzt 57: 193–203.

Schalast N (1994) Unterbringung in der Entziehungsanstalt: Probleme der Behandlung alkoholabhängiger Straftäter – Argumente für eine Vollzugslösung. Recht & Psychiatrie 12: 2–10.

Schalast N (2000a) Therapiemotivation im Maßregelvollzug gemäß § 64 StGB. Patientenmerkmale, Rahmenbedingungen, Behandlungsverläufe. München: Wilhelm Fink.

Schalast N (2000b) Zur Frage der Behandlungsmotivation bei Patienten des Maßregelvollzugs gemäß § 64 StGB. Psychiat Prax 27: 270–276.

Schalast N (2002) Behandlungsperspektiven in der Unterbringung gemäß § 64 StGB. In: Dt. Hauptstelle gegen die Suchtgefahten, Gaßmann R (Hrsg.) Suchtprobleme hinter Mauern. Drogen, Sucht und Therapie im Straf- und Maßregelvollzug. Freiburg i. Br.: Lambertus. S. 83–100.

Schalast N (2012) Die gesetzliche Neuregelung der Unterbringung gemäß § 64 StGB und die Kapazitätsprobleme der Entziehungsanstalten. R & P 30: 81–90.

Schalast N, Leygraf N (1994) Maßregelvollzug gemäß § 64 StGB: Unterbringungsgutachten über alkoholabhängige Patienten. Monatsschr Kriminol 77: 1–12.

Schepker R, Frank U (2015) Die strafrechtliche Verantwortlichkeit: Grundlagen. In: Häßler F, Kinze W, Nedopil N (Hrsg.) Praxishandbuch Forensische Psychiatrie. Grundlagen, Begutachtung, Interventionen im Erwachsenen-, Jugendlichen- und Kindesalter. Berlin: Medizinisch Wissenschaftliche Verlagsgesellschaft. S. 75–106.

Scherbaum N (1999) Grundprinzipien der Therapie. In: Gastpar M, Mann K, Rommelspacher H (Hrsg.) Lehrbuch der Suchterkrankungen. Stuttgart: Thieme. S. 94–103.

Scherbaum N, Specka M (2008) Factors influencing the course of opiate addiction. Int J Methods Psychiatr Res 17 (Suppl 1): 39–44.

Scheurer H, Keller L (2014) Behandlungskonzeption Präventionsprogramm »Keine Gewalt- und Sexualstraftat begehen«. BIOS Opferschutz (Hrsg.) (http://www.bios-bw.de/images/stories/aktuelles/Behandlungskonzeption_¬ Tatgeneigte.2014.pdf; Zugriff am 25.02.2016).

Schiffer B, Müller BW, Scherbaum N, Hodgins S, Forsting M, Wiltfang J (2011) Disentangling structural brain alterations associated with violent behavior from those associated with substance use disorders. Arch Gen Psychiatry 68: 1039–1049.

Schläfke D, Bordel U, Dette C, Keiper P, Wendland A (2004) Möglichkeiten und Grenzen von therapeutischer Einflussnahme im Maßregelvollzug. In: 14. Bad Rehburger Fachtagung zur Unterbringung gem § 64 StGB »Drinnen und Draußen«. Rehburg-Loccum: Ev. Akademie Loccum. S. 8–42.

Schläfke D, Kupke F, Dette C (2010) Substanzabhängigkeit und Aggressivität. Journal für Neurologie, Neurochirurgie und Psychiatrie 11: 70–76.

Schläfke D, Giggel F (2015) Substanzmissbrauch und -abhängigkeit im Erwachsenenalter. In: Häßler F, Kinze W, Nedopil N (Hrsg.) Praxishandbuch Forensische Psychiatrie. Grundlagen, Begutachtung, Interventionen im Erwachsenen-, Jugendlichen- und Kindesalter. Berlin: Medizinisch Wissenschaftliche Verlagsgesellschaft. S. 259–271.

Schmidt LG (1999) Diagnostik der Abhängigkeitserkrankungen. In: Gastpar M, Mann K, Rommelspacher H (Hrsg.) Lehrbuch der Suchterkrankungen. Stuttgart: Thieme. S. 70–82.

Schmidt B, Alte-Teigeler A, Hurrelmann K (1999) Soziale bedingungsfaktoren von Drogenkonsum und Drogenmißbrauch. In: Gastpar M, Mann K, Rommelspacher H (Hrsg.) Lehrbuch der Suchterkrankungen. Stuttgart: Thieme. S. 50–69.

Schmidt-Quernheim F (2008) Forensische Ambulanz – Rehabilitation und Nachsorge. In: Schmidt-Quernheim F, Hax-Schoppenhorst T (Hrsg.) Professionelle forensische Psychiatrie. Behandlung und Rehabilitation im Maßregelvollzug. 2. Aufl. Bern: Verlag Hans Huber. S. 295–351.

Schulz M, Schmoldt A (2003) Therapeutic and toxic blood concentrations of more than 800 drugs and other xenobiotics. Pharmazie 58: 447–474.

Schulzke M, Rach L, Wolken H (1993) Wissenschaftliche Begleitung der Fachklinik Brauel. Endbericht: Untersuchungen zur Evaluation der Rehabilitationsbehandlung. Hannover: Institut für Entwicklungsplanung und Strukturforschung.

Schulzke M (1995) Wissenschaftliche Begleitung der Fachklinik Brauel – Endbericht. Untersuchungen zur Evaluation der Rehabilitationsbehandlung. Sucht 41: 81–84.

Seifert D (2015) Unterbringung im Maßregelvollzug gemäß § 64 StGB. In: Dreßing H, Habermeyer E (Hrsg.) Psychiatrische Begutachtung (ehemals herausgegeben von Venzlaff U und Foerster K). 6. Aufl. München: Urban & Fischer. S. 389–403.

Seifert D, Schiffer B, Leygraf N (2003) Plädoyer für die forensische Nachsorge: Ergebnisse einer Evaluation forensischer Ambulanzen im Rheinland. Psychiat Prax 30: 235–241.

Shelton D, Sampl S, Kesten KL, Zhang W, Trestman RL (2009) Treatment of impulsive aggression in correctional settings. Behav Scienc Law 27: 787–800.

Shelton D, Kesten K, Zhang W, Trestman R (2011) Impact of a dialectic behavior therapy – Corrections Modified (DBT-CM) upon behaviorally challenged incarcerated male adolescents. Journal of child and adolescent psychiatric nursing 24: 105–113.

Sherman LW, Gottfredson D, MacKenzie D, Eck J, Reuter P, Bushway S (1998) Preventing Crime: What works, what doesn't, what's promising, National Institute of Justice. (https://www.ncjrs.gov/works/; Zugriff am 11.07.2015).

Soyka M (1998) Drogen- und Medikamentenabhängigkeit. Stuttgart: Wissenschaftliche Verlagsgesellschaft.

Soyka M, Preuss U, Zingg C (2010) Neurobiologische Grundlagen aggressiven Verhaltens unter Alkohol. In: Müller J (Hrsg.) Neurobiologie forensischrelevanter Störungen. Stuttgart: Kohlhammer. S. 368–377.

Spanagel R, Kiefer F (2013) Neurobiologie der Alkoholabhängigkeit. Psychopharmakotherapie 20: 199–208.

Stadtland C, Nedopil N (2003) Alkohol und Drogen als Risikofaktoren für kriminelle Rückfälle. Fortschr Neurol Psychiat 71: 654–660.

Statisches Bundesamt Wiesbaden (2014) Statistisches Jahrbuch Deutschland 2014. (https://www.destatis.de/DE/Publikationen/StatistischesJahrbuch/¬ StatistischesJahrbuch2014.pdf; Zugriff am 27.07.2015).

Statistisches Bundesamt Wiesbaden (2015a) Strafverfolgung – Fachserie 10 Reihe 3 – 2013 (https://www.destatis.de/DE/Publikationen/Thematisch/Rechtspfle¬ ge/StrafverfolgungVollzug/Strafverfolgung2100300137004.pdf?__blob=publi¬ cationFile; Zugriff am 22.12.2015).

Statistisches Bundesamt Wiesbaden (2015b) Strafvollzugsstatistik im psychiatrischen Krankenhaus und in der Entziehungsanstalt aufgrund strafrichterlicher Anordnung Untergebrachte (Maßregelvollzug). (https://www.destatis.¬ de/DE/Publikationen/Thematisch/Rechtspflege/StrafverfolgungVollzug/¬ KrankenhausMassregelvollzugPDF_5243202.html; Zugriff am 25.01.2016).

Statistisches Bundesamt Wiesbaden (2015c) Fachserie 10 Reihe 2.6 2014 Staatsanwaltschaften (https://www.destatis.de/DE/Publikationen/Thema¬ tisch/Rechtspflege/GerichtePersonal/Staatsanwaltschaften2100260147004.¬ pdf?__blob=publicationFile; Zugriff am 10.02.2016).

Statistisches Bundesamt (Destatis) Wiesbaden (2015d) Statistisches Jahrbuch Deutschland 2015. (https://www.destatis.de/DE/Publikationen/Statistisches¬ Jahrbuch/StatistischesJahrbuch2015.html; Zugriff am 20.09.2017).

Stelly W, Jürgen T (2005) Kriminalität im Lebenslauf. Eine Reanalyse der Tübinger-Jungtäter-Vergleichsuntersuchung (TJVU). Tübinger Schriften und Materialien zur Kriminologie, 10.

Stender W (2013) Rezension vom 15.03.2013 zu: Anhorn R, Bettinger F, Horlacher C, Rathgeb K (2012) Kritik der Sozialen Arbeit – kritische Soziale Arbeit. Wiesbaden: Springer VS Verlag für Sozialwissenschaften. (http://¬ www.socialnet.de/rezensionen/12051.php; Zugriff am 23.02.2016).

Stetter F (2002) Therapie und Prognose der Alkoholintoxikation und -abhängigkeit. In: Schneider F, Frister H (Hrsg.) Alkohol und Schuldfähigkeit. Entscheidungshilfen für Ärzte und Juristen. Berlin, Heidelberg, New York: Springer. S. 159–179.

Stöver H (2002) DrogengebraucherInnen und Drogenhilfe im Justizvollzug – eine Übersicht. Suchttherapie 3: 135–145.

Stöver A, Weissbeck W, Wendt F (2008) Wo steht der Jugendmaßregelvollzug in Deutschland aktuell? Forens Psychiatr Psychol Kriminol 2: 255–262.

Streng F (2012) Strafrechtliche Sanktionenlehre. Die Strafzumessung und ihre Grundlagen. 3. überarb. Aufl. Stuttgart: Kohlhammer.

Stuppe M, Froesa G, Pinzke R (2013) Community Reinforcement Approach in einer psychiatrischen Klinik. Suchttherapie 14: 56–63.

Literatur

Taupitz J, Weis F (2015) Juristische Grundlagen im Zivilrecht. In: Dreßing H, Habermeyer E (Hrsg.) Psychiatrische Begutachtung. 6. Aufl. des von Venzlaff begründeten und Foerster fortgesetzten praktischen Handbuches für Ärzte und Juristen. München: Urban & Fischer. S. 429–472.

Tessenow A (2002) Jugendliche und Heranwachsende im psychiatrischen Maßregelvollzug. Frankfurt: Peter Lang Verlag.

Thomasius R (Hrsg.) (2000) Psychotherapie der Suchterkrankungen. Krankheitsmodelle und Therapiepraxis – störungsspezifisch und schulenübergreifend. Stuttgart, New York: Thieme.

Tong LSJ, Farrington DP (2006) How effective is the »Reasoning and Rehabilitation« programme in reducing reoffending? A meta-analysis of evaluations in four countries. Psychology Crime Law 22: 3–24.

Tong LSJ, Farrington DP (2008) Effectiveness of »reasoning and rehabilitation« in reducing reoffending. Psicothema 20: 20–28.

Tretter F, Grünhut C (2010) Der freie Wille und der »Homo neurobiologicus« – Perspektiven der Neurophilosophie. In: Stompe T, Schanda H (Hrsg.) Der freie Wille und die Schuldfähigkeit. Berlin: MWV. S. 63–85.

Tretter F (2012) Suchtmedizin kompakt. 2. Aufl. Stuttgart: Schattauer.

Trupin EW, Stewart DG, Beach B, Boesky L (2002) Effectiveness of a dialectical behaviour therapy program for incarcerated female juvenile offenders. Child and Adolescent Mental Health 7: 121–127.

Urbaniok F (2003) Der deliktorientierte Therapieansatz in der Behandlung von Straftätern – Konzeption, Methodik und strukturelle Rahmenbedingungen im Züricher PPD-Modell. Psychotherapie Forum 11: 202–213.

van den Bosch LM, Koeter MW, Stijnen T, Verheul R, van den Brink W (2005) Sustained efficacy of dialectical behaviour therapy for borderline personality disorder. Behaviour Research and Therapy 43: 1231–1241.

Von der Haar M (2002) Therapie im Maßregelvollzug – Konzepte und Erfahrungen. In: Deutsche Hauptstelle gegen die Suchtgefahren, Gassmann R (Hrsg.) Suchtprobleme hinter Mauern. Drogen, Sucht und Therapie im Straf- und Maßregelvollzug. Freiburg i. Br.: Lambertus. S. 145–165.

Von Liszt F (1905) Das Verbrechen als sozial-pathologische Erscheinung. In: Strafrechtliche Aufsätze und Vorträge, 2. Band, Berlin. S. 230–250.

Verheul R, van den Bosch LM, Koeter MW, de Ridder MA, Stijnen T, van den Brink W (2003) Efficacy of Dialectical Behavior Therapy: a Dutch randomised controlled trial. Br J Psychiatry 182: 135–140.

Waldmann H (1975) Stadieneinteilung und Typologie jugendlicher Drogenkonsumenten. In: Waldmann H, Zander W (Hrsg.) Zur Therapie der Drogenabhängigkeit. Göttingen: Vandenhoek und Rupprecht. S. 9–29.

Walter M, Dürsteler K, Petitjean S, Wiesbeck G, Euler S, Sollberger D, Lang UE, Vogel M (2015) Psychosoziale Behandlungen bei Suchterkrankungen – Suchtspezifische Psychotherapieformen und ihre Wirksamkeit. Fortschr Neurol Psychiatr 83: 201–210.

Ward T, Göbbels S, Willis G (2014) Good Lives Model. In: Bruinsma G, Weisburd D (Hrsg.) Encyclopedia of Criminology and Criminal Justice. New York: Springer. S. 1966–1976.

Webster CD, Douglas KS, Eaves D, Hart SD (1997) HCR-20. Assessing Risk for Violence. Mental Health, Law, and Policy Institute, Burnaby: Simon Fraser University.

Weidlich S, Derouiche A, Hartje W (2011) Diagnosticum für Cerebralschädigung – II (DCS-II). Ein figuraler visueller Lern- und Gedächtnistest nach F. Hillers. Bern: Verlag Hans Huber.

Weidner J (1995) Anti-Aggressivitäts-Training für Gewalttäter: Ein deliktspezifisches Behandlungsangebot im Jugendvollzug. 3. erw. Aufl. Bonn, Bad Godesberg: Forum.

Weissbeck W, Brünger M (2016) Jugendmaßregelvollzug. In: Bilke-Hentsch O, Sevecke K (Hrsg.) Aggressivität, Impulsivität, Delinquenz. Stuttgart: Thieme. S. 152–157.

Weissbeck W, Häßler F (2015) Psychotherapeutische Behandlung delinquenter Jugendlicher im Maßregelvollzug. In: Häßler F, Kinze W, Nedopil N (Hrsg.) Praxishandbuch Forensische Psychiatrie. Grundlagen, Begutachtung, Interventionen im Erwachsenen-, Jugendlichen- und Kindesalter. Berlin: Medizinisch Wissenschaftliche Verlagsgesellschaft. S. 465–500.

Werner P, Rath M, Constantinescu-Fomino J, Grec A (2012) Therapie. In: Tretter F (Hrsg.) Suchtmedizin kompakt. 2. Aufl., Stuttgart: Schattauer. S. 70–80.

Werner P, Schwejda C, Tretter F (2012) Illegale Drogen. In: Tretter F (Hrsg.) Suchtmedizin kompakt. 2. Aufl., Stuttgart: Schattauer. S. 147–197.

Whitehead PR, Ward T, Collie RM (2007) Time for a Change: Applying the Good Lives Model of Rehabilitation to a High-Risk Violent Offender. International Journal of Offender Therapy and Comparative Criminology 51: 578–598.

WHO (1990) Composite International Diagnostic Interview. World Health Organisation Geneva.

Wikström P-OH (2015) Situational Action Theory. MschrKrim 98: 177–186.

Wilson BA, Alderman N, Burgess PW, Emslie H, Evans JJ (2000) Behavioural Assessment oft he Dysexevutive Syndrom (BADS). Bury St. Edmunds: Thames Valley Test Company.

Wilson DB, Bouffard LA, Mackenzie DL (2005) A Quantitative Review of Structured, Group-Oriented, Cognitive-Behavioral Programs for Offenders. Criminal Justice Behav 32: 172–204.

Wischka B, Foppe E, Griepenburg P, Nuhn-Naber C, Rehder U (2002) Behandlungsprogramm für Sexualstraftäter (BPS). Linger: Selbstverlag.

Wischka B, Rehder U, Foppe E (2012) BPS-R. Behandlungsprogramm für Sexualstraftäter – revidiertes Manual. Lingen: Kriminalpädagogischer Verlag.

Wittchen HU, Zaudig M, Schramm E (1990) SKID. Structured clinical interview for DSM-III-R. Weinheim: Beltz.

Zurhold H, Verthein U, Reimer J (2013) Medizinische Rehabilitation Drogenkranker gemäß § 35 BtMG (»Therapie statt Strafe«): Wirksamkeit und Trends. Abschlussbericht August 2013. Hg. v. Bundesministeriums für Gesundheit, Zentrum für Interdisziplinäre Suchtforschung der Universität Hamburg. (https://www.bundesgesundheitsministerium.de/service/publikationen/einzelansicht.html?tx_rsmpublications_pi1[publication]=2356&tx_rsmpublications_pi1[action]=show&tx_rsmpublications_pi1[controller]=Publication&cHash=4c1a66466169c2d4c6a6516c71ea17c6; Zugriff am 08.02.2016).

Anhang: Ausfilterung im Strafverfahren 2013

5 962 000 polizeilich registrierte Fälle

Ausgefiltert: Nicht aufgeklärte Fälle

3 249 000 aufgeklärte Fälle

Ausgefiltert: Mehrfachtaten bereits erfasster Tatverdächtiger

2 094 000 ermittelte Tatverdächtige

Ausgefiltert: Tatverdächtige unter 14 Jahren, die nicht strafmündig sind

2 025 000 strafmündige Tatverdächtige

Ausgefiltert: Tatverdächtige, die nicht angeklagt wurden etwa weil der Tatverdacht nicht hinreichend oder die Schuld geringfügig war

754 000 Abgeurteilte

Ausgefiltert: Angeklagte, die vom Gericht freigesprochen oder deren Verfahren eingestellt wurden

596 000 Verurteilte

Ausgefiltert: Verurteilte zu Bewährungsstrafe, Geldstrafe, sonstige Sanktionen

38 000 zu unbedingter Freiheits- bzw. Jugendstrafe Verurteilte (ohne Bewährungsstrafen)

Ohne Straßenverkehrsdelikte.
Quellen: Bundeskriminalamt (Polizeiliche Kriminalstatistik),
 Statistisches Bundesamt (Strafverfolgungsstatistik)

Abb. 10: Prozess der Ausfilterung und Entkriminalisierung (ohne Dunkelfeld; Statistisches Bundesamt 2015d, S. 309)

Stichwortverzeichnis

§

§ 63 StGB 18, 35
§ 64 StGB 18, 20
– Anordnungshäufigkeit 38
– Behandlung 125
– Prävention 167
– Stichtagserhebung 35
– Therapieeffektivität 145
– Voraussetzungen 125
§ 7 JGG 173

A

Abhängigkeitssyndrom 46
– Ätiologie 76
– Verlauf von
 Abhängigkeitserkrankungen 55
Actio libera in causa 98
Antisoziale Persönlichkeitsstörung
 Siehe Dissoziale
 Persönlichkeitsstörung

B

Behandlungsplan 129–130
Betäubungsmittelgesetz (BtMG)
 20, 124
Blutalkoholkonzentration 95

C

Community Reinforcement
 Approach 165

D

Delinquenz 15
Depravation 48
Devianz 15, 166
Diagnostik 87
– Störungen durch
 Substanzgebrauch im DSM-5 und
 der ICD-10 89
Dissoziale
 Persönlichkeitsstörung 51
Downer Siehe Psychotrope
 Substanzen
Drogenkriminalität 17
Dunkelfeld 18

E

Entkriminalisierung 16
Entwöhnungsbehandlung 131
Entzugssyndrome 47
Erwerbsminderung 105

F

Fahreignung 107
Forensische Ambulanz 147, 168

G

Generalprävention 113
Gewahrsamsfähigkeit 106

Stichwortverzeichnis

H

Halluzinogene *Siehe* Psychotrope Substanzen
Hellfeld 18

I

Intoxikation 46
- Achsensyndrome 95

J

Jugenddelinquenz 31

K

Komplementärtherapie 133
Kriminalisierung 16
Kriminalität 16
- Alters-Kriminalitätskurve 59
- Verlauf kriminellen Verhaltens 56
Kriminalitätstheorien 66
- Bio-psycho-soziales Modell 68
- Situational Action Theory 71
Kriminalprävention 158, 161, 167–168
Kriminaltherapie 116
- Good Lives Model 121–122
- Risk-Need-Responsivity (RNR) Model 118–119

M

Motivation 143
Multiaxiales Klassifikationsschema (MAS) 171

O

Opfererfahrung 30

P

Polizeiliche Kriminalstatistik (PKS) 30
Prävention 152
- Evaluation 154
Prognosebeurteilung 98
psychopathy 51–54
Psychotische Störung 48
Psychotrope Substanzen 42

R

Reasoning & Rehabilitation-Programm 133, 137
Relapse Prevention 140
Resozialisierungsgedanke 116

S

Sanktionsforschung 155
Schadensminimierung 164
Schuldfähigkeitsbeurteilung 93
Soziale Normen 109
Soziales Kompetenztraining 133
Sozialkontrolle 110
Soziomilieutherapie 133
Spezialprävention 113
Stimulanzien *Siehe* Psychotrope Substanzen
Straftatbearbeitung 140
Straftäterbehandlung 166
Straftäterrehabilitation *Siehe* Kriminalterapie
Straftheorien 112
Sucht-Dreieck 45, 82, 155

T

Therapieprogramm für junge Straftäter 176

U

Unterbringung, zivilrechtliche 103

V

Verhandlungsfähigkeit 107
Vernehmungsfähigkeit 107
Viktimisierungssurvey 30
Vollzugsuntauglichkeit 106

Gerhard A. Wiesbeck

Kokainabhängigkeit

2017. 167 Seiten mit 5 Abb. und 6 Tab. Kart.
€ 29,-
ISBN 978-3-17-023948-7

Sucht: Risiken – Formen – Interventionen

Kokain gilt als attraktive Leistungsdroge unserer Zeit. Nicht wenige werden von der Droge abhängig – teilweise mit gravierenden körperlichen und seelischen Folgen. Das vorliegende Buch gibt einen allgemeinverständlichen Überblick über den aktuellen Wissensstand zum Thema Kokainabhängigkeit. Es informiert über die Wirkung des Kokains, körperliche und psychische Konsequenzen des Konsums und der Abhängigkeit, die Diagnostik der Kokainabhängigkeit sowie die neuesten Möglichkeiten der Behandlung.

Kai W. Müller
Klaus Wölfling

Pathologischer Mediengebrauch und Internetsucht

2017. 152 Seiten mit 9 Abb. und 3 Tab. Kart.
€ 29,-
ISBN 978-3-17-023361-4

Sucht: Risiken – Formen – Interventionen

Der Begriff Internetsucht beschreibt eine unkontrollierte, zeitlich ausufernde Beschäftigung mit Internetinhalten, die für den Nutzer zu einer nachhaltigen Einschränkung der Lebensführung wurde. Wie macht das Internet süchtig? Muss ein Betroffener nach erfolgter Therapie auf alle digitalen Vorteile verzichten? Sind alle Nutzergruppen gleichermaßen gefährdet? Diese und weitere Fragen werden in diesem Buch geklärt.

Barbara Schneider
Tilman Wetterling

Sucht und Suizidalität

2016. 170 Seiten mit 4 Abb. und 10 Tab. Kart.
€ 32,-
ISBN 978-3-17-023360-7

Sucht: Risiken – Formen – Interventionen

Dieses Buch fasst das aktuelle Wissen zu Suizidalität sowie die wissenschaftlichen Erkenntnisse zu Suizidalität bei Suchterkrankungen zusammen. Internationale Erfahrungen zeigen, dass wichtige Elemente einer erfolgreichen Suizidprävention die Information und Schulung von Fachkräften und Kontaktpersonen von Suizidgefährdeten sind. Das Buch richtet sich insbesondere an diese Personengruppen.

Leseproben und weitere Informationen unter www.kohlhammer.de

W. Kohlhammer GmbH
70549 Stuttgart

Kohlhammer